文化を映す鏡を磨く

異人・妖怪・フィールドワーク

橘 弘文・手塚恵子 編
TACHIBANA Hirofumi　TEZUKA Keiko

せりか書房

文化を映す鏡を磨く——異人・妖怪・フィールドワーク　目次

まえがき　山 泰幸　5

Ⅰ　異人論　13

「移動する子ども」という記憶と社会　川上郁雄　15
開かれた儀礼と伝説――矢代の手杵祭をめぐって　橘 弘文　35
読み替えられる〈国境の島〉――戦後における対馬イメージの変遷をめぐって　村上和弘　53
韓国で栄えた日本の花札　魯 成煥　70

Ⅱ　妖怪　87

異形と怪類――『和漢三才図会』における「妖怪的」存在　マティアス・ハイエク　89
妖怪としての人形　香川雅信　109
「妖怪」を探すということ――検索技術の発展と課題　今井秀和　123
神なき時代の妖怪学――現代怪異譚の「始末」について　飯倉義之　140

Ⅲ　図像と象徴　157

童子と鳥畜――『融通念仏縁起』「諸神諸天段」「鳥畜善願段」をめぐって　徳永誓子　159
開放される「化物絵」　木場貴俊　172
象徴としての菊御紋　村山弘太郎　189
絵本における表象と影響――現代における妖怪イメージの形成を中心に　松村薫子　206

Ⅳ　フィールドワークからの視座　225

オーラルナラティブ研究のバージョンアップ――記紀歌謡からラップミュージックまで　手塚恵子　227
声の力のつかまえ方――大辻司郎の映画説明を例として　真鍋昌賢　244
映像民俗誌における語りとその背景――『明日に向かって曳け――石川県輪島市皆月山王祭の現在』より　川村清志　261
出産の「痛み」を語る声――陣痛から医療処置の痛みへ　安井眞奈美　277

あとがき――小松和彦先生の思い出　手塚恵子　294

まえがき

山　泰幸

　現代日本を代表する文化人類学者・民俗学者であり、現在、人間文化研究機構・国際日本文化研究センター所長を務められている小松和彦先生が、二〇一七年に満七十歳、古希を迎えられることを一つの機会と捉えて、小松先生の学問に影響を受けた研究者の有志が集まり、数年前に研究会を立ち上げて、小松先生の学問から何を学び、自らの研究を進めてきたのかを反省的に振り返り、危機が叫ばれて久しい人文学を再興するための手掛かりを探るべく、数回にわたり研究会を行った。本書『文化を映す鏡を磨く――異人・妖怪・フィールドワーク』は、その成果をもとにまとめられた論集である。

　本書の執筆者は、小松先生が勤務された大阪大学、国際日本文化研究センターにおいて、学生として小松先生から指導を受けた者、あるいは国際日本文化研究センターの共同研究班や比較日本文化研究会などで小松先生から学恩を受けた者を中心に構成されている。もちろん、小松先生から、直接、指導を受け、学恩を受けた者以外にも、先生の著作を通じて影響を受けた同時代の研究者は数知れず、また先生の著作がきっかけとなり、研究者の道に進んだ者も多数にのぼる。実際、本書の執筆者の多くは、小松先生の教え子である以前に、小松先生の著作の熱烈な愛読者であり、小松先生の学問に魅了されて、かつてその門を叩いた者たちである。

小松和彦先生は、文化人類学が活気と魅力にあふれていた時代に、文化人類学に出会い、石田英一郎や馬渕東一、山口昌男や宮田登など、キラ星の如く輝いていた、いまでは伝説的な多くの研究者たちとの交流を通じて、その影響を受けながら、自らの学問を形成されてきた。その時代は、伝播論的な文化史的民族学、機能主義、そして猛烈な勢いで信奉者を獲得しつつあった構造主義など、新旧の理論や立場が並存し、拮抗する、まさにパラダイム転換の時代であった。そのような時代に、学生時代を送られた先生は、文化人類学という学問の年輪を体感的に学ばれた最後の世代と言ってよいだろう。それゆえ、先生の学問は、理論的に研究対象に切り込む持ち前のシャープさと、かつての文化人類学がもっていた、時間と空間を自由に駆けめぐる伸びやかさと、研究対象の守備範囲の広さとを兼ね備えた稀有なスタイルとなっている。このことが、専門の文化人類学や民俗学の研究者のみならず、歴史学、文学、美術史、宗教学、心理学、社会学、経済学など、人文社会科学の諸分野にわたる研究者に影響を与え、いまも刺激を与え続けている理由であろう。

このようなスケールの大きい先生の学問からの影響もまた、研究者によって、じつに多方面にわたり、そのすべてを網羅することは、とても容易なことではない。そこで、本書を編むにあたって、私たち後進が共通して大きな影響を受けたと考える四つのテーマに絞って、論集をまとめることにした。すなわち、「異人論」「妖怪」「図像と象徴」「フィールドからの視座」である。本書は、これらの四つのテーマごとに、一つの部を構成し、それぞれ四本の論考を配置し、計十六本の論考を収録することになった。

古希となる七十歳の人生を前半と後半に分けてみれば、ちょうど中間地点となる一九八三年、三六歳になる年に、小松先生は信州大学教養部から大阪大学文学部に赴任されている。その翌年、雑誌『現代思想』に論考「異人殺しのフォークロア」が掲載され、これを中心に構成された論文集『異人論』が出版されたのが、一九八五年である。『異人論』および、同じく「異人殺し」伝説をテーマとする論文集『悪霊論』（一九八九）を含む一連の「異人論」は、小松先生の大阪大学時代の代表的研究ということになる。

第Ｉ部「異人論」は、最初の論文集『神々の精神史』（一九七二）で展開された、説話や民話など物語の構造分析から、物語の背景となっている社会のメカニズムを抽出する社会反映論的な読み解きと、『憑霊信仰論』（一九八二）で展開された、「限定された富のイメージ」から社会集団内部での嫉妬と排除のメカニズムを説いた「憑きもの」をめぐる民俗社会論が合流した議論と捉えることができる。言い換えれば、説話や民話など物語の内側から見出されたメカニズムを、民俗社会のなかに実際に確かめることになった議論ということができ、いわば物語の研究から現実社会の「異人問題」に切り込んだ議論となっている。第Ｉ部では、この点に影響を受けた研究者たちが、「異人」や「異人」概念とは分けて考えることのできない、「境界」や「周縁」、「移動」や「交流」などのキーワードを手に、現代的課題としての異人論を展開している。異人論の影響を強く受けた世代である大阪大学時代の教え子たちが論考を寄せている。

一方、小松先生の「異人」概念は、人間ならざる存在を含んだ意味で用いられている。「他者」が基本的に人間を想定しているのに対して、「異人」は、「神」や「妖怪」など人間以外の存在と重ねられて観念され、あるいは表象される存在として考えられているのである。とりわけ、周縁的存在であり、排除の対象とされ、負のイメージを背負った異人は、妖怪との親和性が高い。『憑霊信仰論』の副題が「妖怪研究への試み」であり、『異人論』の最終章は、「妖怪と異人―新たな妖怪論」と題されていたように、『妖怪学新考』（一九九四）までの流れを見ると、異人論は妖怪研究へと向かう大きな流れのなかの一つの極をなしていると捉えることもできるだろう。一九九七年に国際日本文化研究センターに移籍された小松先生は、共同研究を足場にして本格的に妖怪研究に取り組んでいくことになる。

第Ⅱ部では、国際日本文化研究センターで指導を受けた世代、共同研究に参加した者たちを中心に、「妖怪」

をテーマに、論考を寄せている。研究対象に広がりを見せるとともに、思想史的あるいは知識社会学的とも言うべき、妖怪研究のメタ的研究が登場しており、妖怪研究の深化が注目されるだろう。

ところで、小松先生の学問が、修士論文で取り上げた『信貴山縁起』の研究を重要な出発点としているように、象徴論や図像学などを駆使して、物語と物語を描いた画像資料を解読する点が先生の学問の当初からの際立った特徴となっている。特に、画像資料を積極的に活用する研究手法は、国際日本文化研究センターという格好の研究環境を得て、妖怪研究とあいまって、大きく進展することになる。

第Ⅲ部では、「図像と象徴」というテーマをもとに、第Ⅱ部と同様に、国際日本文化研究センターで指導を受けた世代、共同研究に参加した者を中心に論考を寄せている。国際日本文化研究センターにおける画像資料コレクションの蓄積や、データーベース化が進み画像資料へのアクセスが格段に容易になったことなどを背景にして、画像資料の利用は、この世代の研究者には、当然のこととなっていることがわかるだろう。また、画像資料を主に利用してきた歴史学や美術史の研究者たちが、妖怪研究に関心をもち、果敢に参入してきたと捉えることもできる。妖怪研究は、いまや文化人類学や民俗学にとどまらず、人文社会科学の諸分野の研究者に開かれたプラットホームとなっているのである。第Ⅲ部は、そのことがよくわかる構成となっている。

一方、高知県旧物部村での「いざなぎ流」と呼ばれる民間信仰の調査や、ミクロネシア・トラック諸島での説話の調査など、フィールドワークによるファーストハンドのデータを重視する文化人類学や民俗学の手法を堅持してきたことも、小松先生の学問の大きな特徴であろう。

第Ⅳ部「フィールドワークからの視座」というタイトルには、フィールドワークを、対象を調査するための手法としてだけでなく、研究のための「視座」を獲得するための営みとして捉えようとする意図が込められている。これには、御伽草子や絵巻物などの考察にあたっても、フィールドワークの成果から練り上げられた人類学の理論と照らし合せることによって、多くの斬新な成果をもたらしてきた小松先生の学問的スタイルに対する敬意と憧れがある。第Ⅳ部では、小松先生が文化人類学や民俗学の教育にあたられた大阪大学時代の教え子たちが、自らのフィールドから見えてきた視座を提示する、じつに多様なテーマの論考を寄せている。このことは、小松先生がこの世代の研究者にとって、文化人類学が輝いていた時代のシンボルであり、文化人類学に魅力を感じ、これを学びたいと考えた数多くの学生が、小松先生のもとに挙って集まってきた証しであり、また多様な関心を持つ学生たちを受け入れ、活動の場を与えてくださった小松先生の教育方針の賜物であろう。

以上、本書は四つの部から構成されている。各部の概要については、冒頭に置いたリード文に譲ることにしたい。

もちろん、これら四つのテーマに収まり切らない重要なテーマがまだ数多く残されていることも忘れてはならない。たとえば、二〇一一年に浩瀚な著作『いざなぎ流の研究』としてまとめられた、「いざなぎ流」は、小松先生が取り上げて以来、多くの関心を呼び起し、専門的に取り組む研究者も増えている。またこれと関連して、陰陽道への関心が高まり、陰陽師・安倍晴明がブームとなり、世間を席巻したことも記憶に新しいだろう。また、「異人論」の背景となっている貨幣をめぐる問題系は、『信貴山縁起』の研究以来、『憑霊信仰論』や栗本慎一郎との対談『経済の誕生』（一九八二）、『福の神と貧乏神』（一九九八）まで、小松先生の学問の一貫する関心事であり、これらの研究は、社会学者や経済学者の関心を引き、高い評価を得ている。

さらに、重要な成果として、「人神信仰」をめぐる研究がある。二〇〇一年に出版された『神になった人びと』では、柳田国男が「人を神に祀る風習」で指摘した、従来的な「祟り神」タイプだけではなく、「顕彰神」と先生自らが名づけたタイプの人神に着目したもので、このタイプの人神が近代以降に国家神道とあいまって近代国家を支えるために増産された点、その流れのなかに靖国の英霊も位置づけられる点、さらに戦後は国家神道の解体にともなって、神社ではなく人物記念館というかたちで顕彰がされている点などを指摘した、日本の宗教史、あるいは日本人の神観念の研究史に一石を投じた著作も発表されている。この研究の背景には、民話を記憶の依代と捉える『神々の精神史』から、編著『記憶する民俗社会』（二〇〇〇）に収録された「『たましい』という名の記憶装置」まで、記憶をめぐる問題系への先生の一貫した関心がある。小松先生が、現在、人文社会科学の諸分野で一定の位置を占めている記憶論の先駆的研究者であったことも忘れてはならないだろう。

このように、小松先生が文化人類学に出会い、学問の世界に身を投じられて以来、四十年以上の長きにわたる学問的業績は、日本の人文学に聳え立つ巨峰と言っても、決して過言ではないだろう。そこには危機が叫ばれて久しい人文学を再興するための手掛かりとなる魅力が詰まっているはずである。かつて私たちが小松先生の門を叩いたのも、その魅力に魅了されたからにほかならない。

かつて、文化人類学者のクライド・クラックホーンが、「人間のための鏡（Mirror for Man）」と呼んだように、文化は人間が自らを知るための鏡なのである。しかし、現在、その文化を映す鏡であるところの人文学が危機に瀕しているのである。小松先生の学問的業績を手掛かりにして、今一度、人文学という文化を映す鏡に磨きをかけ、その魅力を取り戻すことはできないか。本書のタイトル『文化を映す鏡を磨く――異人・妖怪・フィールドワーク』には、そのような願いが込められている。

本書を通じて、人文学の魅力を少しでも読者に伝えることができ、そのことが小松先生から受けた学恩にわずかでも報いることになるとすれば、執筆者一同、大きな喜びである。（参考のために小松先生の主要著作を掲載する）。

主な著作（共著、編著等は省略、括弧内は文庫化を示す）

『神々の精神史』一九七八年、伝統と現代社（一九九二年　福武文庫、一九九七年　講談社学術文庫）
『憑霊信仰論』一九八二年、伝統と現代社（一九九四年　講談社学術文庫）
『異人論』一九八五年、青土社（一九九五年　ちくま学芸文庫）
『鬼の玉手箱』一九八六年、青玄社（一九九一年　福武文庫）
『説話の宇宙』一九八七年、人文書院
『日本の呪い』一九八八年、光文社カッパ・サイエンス、光文社（一九九五年　光文社文庫、二〇一四年　角川ソフィア文庫：改題『呪いと日本人』）
『悪霊論』一九八九年、青土社（一九九七年　ちくま学芸文庫）
『神隠し』一九九一年、弘文堂（二〇〇二年　角川ソフィア文庫：改題『神隠しと日本人』）
『日本妖怪異聞録』一九九二年、小学館（一九九五年　小学館ライブラリー、二〇〇七年　講談社学術文庫）
『異界巡礼』一九九二年、青玄社
『日本人と異界』（NHK教育テレビ・人間大学、テキスト）一九九三年、日本放送出版協会
『妖怪学新考』一九九四年、小学館（二〇〇〇年　小学館ライブラリー、二〇〇七年　洋泉社MC新書、二〇一五年、講談社学術文庫）
『酒呑童子の首』一九九七年、せりか書房
『福の神と貧乏神』一九九八年、筑摩書房（二〇〇九年　ちくま文庫）
『異界を覗く』一九九八年、洋泉社
『安倍晴明「闇」の伝承』二〇〇〇年、桜桃書房
『神になった人びと』二〇〇一年、淡交社（二〇〇六年　光文社知恵の森文庫）
『京都魔界案内』二〇〇二年、光文社知恵の森文庫　光文社
『日本魔界案内』二〇〇二年、光文社知恵の森文庫　光文社
『異界と日本人』二〇〇三年、角川学芸出版（二〇一五年　角川ソフィア文庫）
『妖怪文化入門』二〇〇六年、せりか書房（二〇一二年　角川ソフィア文庫）

『京都聖地案内』二〇〇六年、光文社知恵の森文庫　光文社
『百鬼夜行絵巻の謎』二〇〇八年、集英社新書、集英社
『神になった日本人』（ＮＨＫ教育テレビ・知るを楽しむ、テキスト）二〇〇八年、日本放送出版協会
『いざなぎ流の研究』二〇一一年、角川学芸出版
『「伝説」はなぜ生まれたか』二〇一三年、角川学芸出版
『鬼と日本人』二〇一八年、角川ソフィア文庫、KADOKAWA

Ⅰ　異人論

小松和彦は、『異人論』のあとがきにおいて、「これまで断片的に考えてきたさまざまな事柄が「異人」と「妖怪」というキー・タームのもとに組織化しうる」との手ごたえを得た、と述べている。そのキー・タームのひとつを表題に冠した『異人論』そして『悪霊論』に収められた諸論考は、それぞれ独立した論考でありながらも〈異人〉をキーワードとしてゆるやかに連関し、ひとつの山系を形成しているかのようである。だが、なかでも圧巻なのは、やはり「異人殺しのフォークロア」(『異人論』所収)であろう。「異人殺し」伝説からはじまった事例紹介が、随所に挟まれる分析と考察を経て、やがて「大歳の火」型の昔話へと、綱渡りのようでありながらも説得力ある論理で結び付けられてゆく。異人歓待と異人殺し、民俗社会における家の盛衰の説明原理、解釈者／叙述者としての宗教者、あるいは物語の生成メカニズムなど、この一篇からだけでも膨大な量の示唆が得られるに違いない。

さて、本章に収められた四篇は、明示的か暗示的かを問わず、この〈異人〉をめぐる諸論考に何らかの影響を受けているが、同時に、いずれも近現代以降の状況、すなわち近代国家の存在を一定の前提としたうえで、〈いまを生きる人々〉に着目している点に特徴がある。

冒頭の川上論文は、明示的かつ正面から異人概念の検討を行なうとともに、それらの検討を踏まえたうえで、グローバル化が進む今日の社会的現実への適用を図るという、きわめて骨太の論考である。川上はジンメルの「異郷人」(集団外部から集団内へ移動する人)から出発し、小松の「関係概念としての異人」を経由したのち、ふたたび、移動する人々への考察へと進んでいく。それは流動化する社会状況の中で、いわば「移動し続ける」人々であり、移動と定住といった問題設定ではとらえきれない存在でもある。そこで川上は〈移動する子ども〉という概念、すなわち幼少期から複数の言語環境の中で成長する子どもの〈経験と記憶〉への注目を主張する。

次の橘論文は、一種の異人殺し伝説を起源とする「手杵祭」に着目し、戦中戦後から現在に至る儀礼の変容過程を丹念に追跡する。その過程で浮かび上がってくるのは、外部との関係の中で手杵祭が変容するプロセスであり、また、儀礼の変化に対応するかのように、伝説そのものも〈異人殺し〉から〈異人歓待〉へと変容していく姿であった。

続く村上論文は、人びとが語る地域の歴史叙述への懐疑から出発し、その生成過程を可能な限り探ろうとしたものであり、そこには『悪霊論』で展開された、ムラの事件とシャーマンによる「歴史叙述」をめぐる問題設定との関連が見て取れる。村上は広く流通する〈国境の島での日韓交流〉という分かりやすいストーリーへの懐疑から出発し、〈国境の島〉の意味内容は時代状況に応じ、その都度、事後的に読み替えられてきたのだと主張する。このような機会主義的な〈読み替え〉のメカニズムは、人々の生活力の表れであると同時に、おそらくは〈草の根の社会構築主義〉とでもいうべき現象にも通じるものであろう。

最後を飾る魯論文は、花札の韓国社会への受容過程を分析することで、庶民たちは知識層の反発にもかかわらず日本の花札を受容したが、それは韓国式に変容させながらの受容でもあった、と論じている。花札は図像的にも好みに合うよう作り替えられ、また、遊び方も独自のルールが複数普及しているようだ。そこに見て取れるのは娯楽に徹した健全な実用主義であり、それこそが民俗社会のありかたを象徴するものであるかのようだ。

（村上和弘）

小松和彦『異人論』青土社　一九八五年
小松和彦『悪霊論』青土社　一九八九年

「移動する子ども」という記憶と社会

川上郁雄

一　人の移動をめぐる思索

移民、難民を含む大量人口移動が最大の特徴の一つと言われた二〇世紀後半の傾向は、二一世紀に入ってからも大きく変化していないばかりか、ますます強まっている感がある。グローバル化とテクノロジーの発達、そしてその背景にある政治・経済的要因が人々の生活のあらゆる場面に強く、かつ複合的に影響を与えている。

このような状況で、国境を超えて移動する人々に関する課題は、国民国家とその成員との関係を改めて突きつけている。人の移動にともなう移民政策や難民対策、国家の安全保障や危機管理などはその一例であり、学際的な研究課題として広く関心を集めている。その中心的な課題は、国民国家のメンバーシップを持つ人をどのように認めるのかという課題でもある。

この課題は、集団の枠を超えて移動する人や集団内における移動する人についての課題であり、すでに社会学や人類学などにおいては一〇〇年以上前から探究されてきたテーマでもある。本章では、「人の移動」の視点から、人と集団の関係について考察する。集団の外部にいる人と集団の関係性、あるいは集団とその内部にいる外部にルーツを持つ人との関係性の課題を振り返る。そして、そこから現在の人の移動に関する研究課題の捉え方、また研究方法について検討することを目的とする。

人の移動は、当然ながら、これまでの世界的な社会的状況の激変に応じて、大きく変化してきた。ここで改めて「人の移動」の視点から、集団と個の関係性を問うことは、現代および未来の人と社会を問うことになると考える。

二　移動する人々と社会の関係——「異人」をめぐる議論

人が集団を作り生活していくとき、その集団がどのように形成されるのか、またその場合、集団の外部の人と集団の内部の人はどのような関係になるのかについて、以前より理論的な研究が世界各地で行われてきた。その中心的な論点の一つは、集団の外部から集団内部に移動してくる人と集団内部の人の関係性であった。

ドイツのベルリン生まれの社会学者、ゲオルグ・ジンメル（G. Simmel）は、一九〇八年に発表した論文で、集団の外部から集団内部に移動してくる「異郷人」を、「今日訪れ来て明日去り行く放浪者」としてではなく、「今日訪れて明日とどまる者」で、一定の空間的な広がりの「内部に定着している」が、「はじめからそこへ所属していない」者と定義した〔ジンメル　一九九四〕。

ジンメルの議論の背景には一九世紀後半の欧州で見られた、急速な都市化や人口移動という社会現象がある。たとえば、都市の外部で生産される生産物を都市にもたらす商人の存在や彼らによって生じる経済活動等である。そのように都市が、あるいは集団が機能するために集団外部から流入する人が集団にとっては必要なものとして考察された。集団外部から流入する人々の特徴は、まず移動性であり、さらに、集団内の習慣や忠誠や前例に拘束されない自由さ、それゆえの客観性であるとジンメルはいう。しかし、集団内部にいる外部の人が、たとえ血縁的、地縁的、職業的な定着化が進んでも社会に受け入れられることにはならないともいう。

また集団の外部の人から見れば、自らが集団の外部の人間であることを意識するのは、集団内部においてであるとジンメルはいう。したがって、集団外部の人は集団にとって「近くもあれば同時にまた遠くもある」関係にあるという。集団の内部に長くいても、もともと集団内部にいる人と異なる租税がかけられた、中世のユダヤ人税がその傍証としてあげられる。

このようなジンメルの議論は、集団外部から集団内へ移動する人を、内部の人と異なる「異人」と捉えた研究としてさまざまな学問領域で展開された。たとえば、一九二八年に民族学者である岡正雄は、このジンメルの議論を踏まえ、集団外部から集団内部へ移動する人の表象概念が文化史、経済史、宗教史あるいは神の表象に深く関わっており、極めて重要な概念であることを指摘した〔岡　一九七九〕。つまり、「異人」との経済交流、あるいはその経験が反映した神話や説話などのフォークロア、また神概念に「異人」の表象が残っているという指摘である。

ジンメルの「異郷人」に関する議論を、文化人類学者の山口昌男は次のように解釈する。①集団内の「我々」のアイデンティティを確認するために集団外の「彼ら」が必要であり、有用となる。また、②集団の境界という観念はけっして固定的なものではなく、その境界は流動的で、拡大したり縮小したりする。そして、③その利害は基本的に「我々」と「彼ら」の間で対立する。④我々側の「此方」と彼らの側の「彼方」も、意識の下層にある状態の投影物であって、それがなければ「彼ら」を創出しなければならない。山口は、ヨーロッパの中世におけるキリスト教社会の周縁に位置づけられたユダヤ人を例に論じている〔山口　一九七五〕。

山口がまとめたように、集団が集団として成立するために集団の外部が必要であり、そこに「異人」が生まれるという構造には、集団内部の人々の社会意識によるところが大きい。

文化人類学者の小松和彦は、このような議論の「異人」について類型化した四つのモデルを提示している。第一群は集団内に一時的に滞在するが、用がなくなれば立ち去る「異人」、第二群は集団に定着するようになった「異人」、第三群は集団内部から差別・排除される形で生まれてくる「異人」(この場合、集団内部に留まるものと、集団外部へ追放されるものがいる)、第四群は、遠くにいて間接的にしか知らない「異人」(鎖国時代の外国人など)や想像の中の「異人」(異界に住む善霊や悪霊など)である(小松 一九九五)。

この小松の四類型には、岡正雄の述べた文化史全体に及ぶ「異人」の表象概念が含まれるし、山口昌男の指摘した「異人」と集団の関係性が含まれている。小松の類型の第一群と第二群は、集団外部から集団へ移動する人であるが、第三群は集団内で追放・排除される「移動させられる人」であるし、第四群は、移動の前提あるいは結果としての歓迎や畏怖の対象となる、移動する人である。

その上で、小松は「異人」をどう捉えるかは集団側の意識の問題であることを指摘する。つまり、「異人」は「関係概念」であると小松はいう。これは、集団が成立するためには外部の集団を想定しなければならず、その関係性の中に、差異を持つ他者が立ち現われるという意味である。さらに、関係概念という意味には、誰もが「異人」になれるという含意がある。つまり、「異人とは、特定の集団との関係によって決定されるものであるから、私たちすべてがある局面で異人となるが、別の局面では異人ではない。」(小松 一九九五 一七六)となる。

小松のいうように「異人」を関係概念という視点で捉えると、視野は一気に広がる。この点は、後述する。

以上のように、ジンメルの提起した「移動する人」に関する議論は、広く文化史を読み解くキーコンセプトになるだけでなく、移動する人と社会の関係を考える原点となる。ジンメルの視野には一九世紀から二〇世紀の陸続きの欧州における「人の移動」や経済活動、ジンメル自らの出自であるユダヤ人の歴史も入っていたはずだ。

だからこそ、ジンメルは社会とはそれを構成する諸要素の「相互作用」によって成立すると捉え、中でも個人の「心的相互作用」「主観的文化」に注目した。つまり、個人のもつ主観的な社会認識あるいは世界認識が「異郷人」あるいは「移動する人」を捉える上で重要な働きをするという指摘だ。次に、その論点がジンメル以後、どのように展開したかを見てみよう。

三　マージナル・マンとストレンジャー

ジンメルの「心的相互作用」「主観的文化」という議論は、アメリカ合州国でさらに展開される。社会学者のロバート・E・パーク（R.E.Park）は、アメリカ合州国に移住する移民のうち、「混血者」を「文化的なハイブリッド」となる新しい人間として「マージナル・マン」（marginal man）と呼んだ〔PARK 1928〕。またパークは、「マージナル・マン」は「けっして融合することのない二つの異なる社会と文化の周縁に位置する」人であり、ゆえにどちらの社会や文化へも所属意識を持てず、それらの間で分裂した自己を形成することになり、その結果、心的ストレス、葛藤や不安に悩まされ、安定して生活することができない人と捉えた。

パークはアメリカに移住した多くの移民の自伝を分析し、「マージナル・マン」という概念を提示したが、この概念には二〇世紀前半のアメリカの社会的状況が大きく影響している。「黄禍論」（yellow peril）の隆盛の中で、ユダヤ人、黒人、日系移民などはアメリカ社会に同化しない、同化できないと見るパークの見方には、固定的な「人種」観や「文化」観で移動する人を捉える、その時代の傾向が見て取れる。まさに、前述した小松の類型の第三群の「異人」であろう。

ジンメルは社会の持つ「心的相互作用」「主観的文化」に注目していたが、パークの議論は、ジンメルのいう移動する人の持つ客観性や自由という側面だけではなく、移動する人の心理により焦点化した点で注目される。つまり、受け入れ社会が移動する人をどう捉えるかが移動する人の心理へ影響を与えるとし、「マージナル・マン」の心理面の研究をすることが新しい時代に必要な研究であるとした点が、それまでの研究と異なる点であろう。

次に現象学的社会学のアルフレッド・シュッツ（A. Schuetz）の議論を見てみよう。シュッツはオーストリア生まれだが、ユダヤ系であったため、戦時中にナチスの迫害を逃れアメリカ合州国へ移住した社会学者である。欧州からアメリカ合州国へ移住した経験をもとに、新たな社会に参入する「移動する人」の立場から論を展開している。

シュッツは、'The Stranger' と題する論文で、次のようにいう。「ストレンジャーとは、われわれの時代、文明に生きる成人した個人を意味し、彼が接近する集団に永久に受け入れられようとするか、少なくともその集団に許容されようとする人を指す」〔SCHUETZ 1944：499〕。

シュッツが米国移住を果たしたのは一九三九年であった。戦中戦後を通じて世界各地から自由とアメリカ的価値を求めてアメリカ合州国へ移住する者が増加した時代であった。その頃はすでに「メルティング・ポット」神話が崩れ、移民はそれぞれのエスニシティを維持し、民族集団化しようとしていた。その中で、シュッツは新しい国に移住する移民の心理面から、受け入れた国・社会と個の関係を考察した。

シュッツは、人が社会を認識するのは、自分との関連性（relevance）[1]によると述べる。その認識と関連する知識は等高線で描く地図のように、いくつもの層によって形成される。そのため明確な知識から曖昧な知識や未知の領域まであり、かつ、その知識は統一的ではなく、明確なところもあれば不明確な部分もあり、矛盾する場合もあると見る。したがって、ある集団の内部の人にとって、集団内の習慣や制度や価値判断などの「文化的パターン」（cultural pattern）に関する知識も同様の関連性で認識されていると考えられる。同様に、集団外部から移動してくる人（ストレンジャー）も、元の自分の集団（home group）の「文化的パターン」に関する知識を持っている。そのため、新たな集団内に移動してくる人は、元の集団の「文化的パターン」の知識によって、新たな集団の「文化的パターン」を解釈し、その集団に対する自分の認識を調整していくことになる。

そのように考えるシュッツが注目するのは、新たな集団に移動してくる人（ストレンジャー）が持つ「客観性」と「忠誠心の曖昧さ」である。ストレンジャーは接近集団（approached group）の「文化的パターン」に関する知識に対して判断する「関連性」を持ち得ない、まさに文字通り「不案内な人」であるからこそ「客観性」を持ち、接近集団から距離を持つことができると説明される。また、そのようなストレンジャーは、接近集団のメンバーから見れば集団に対する忠誠心が曖昧であると判断されるという。パークの「マージナル・マン」という概念もここから生まれてくると、シュッツは見る。

その上で、シュッツは、接近集団への新参者（new comer）が、その集団の「文化的パターン」を探求していく過程がその集団への社会的適応のプロセスであり、それが成功し、その「文化的パターン」を当然のこととして、また疑いのない生活様式として、あるいは自分を守ってくれる場所として理解されるようになれば、もはやストレンジャーではなくなり、ストレンジャーの問題も解消しているという。

このシュッツの「ストレンジャー」論には、いくつかの論点がある。一つ目の論点は、日常生活の現実に対する人の認識は間主観的で、かつ多元的であるという点である。この点は、集団内の人にとっても集団内に移動してくる人にとっても同様である。二つ目の論点は、集団に移動してくる人はその集団内の「文化的パターン」を探究していくことに成功する場合と失敗する場合があるという点である。成功すればストレンジャーではなくなり、失敗すれば「マージナル・マン」になる。三つ目の論点は、これらは人の主観的な解釈によるものであるという点である。それは、集団内の人から見た移動してくる人への解釈であり、かつ、移動してくる人の接近集団への解釈でもある。

移動する人に関する研究は、以上のように、ジンメルが示した「異郷人」の議論から集団間に見られる移動する人に関する思索、文化史全体に及ぶ他者表象の概念、さらに、日常生活の現実への主観的認識という心理的側面からのアプローチまで広がることがわかる。

ただし、これらの議論には疑問点が三点ある。第一は、これまでジンメルの「異郷人」の議論から、集団内と集団外という枠内で移動する人、特に、集団形成力学としての包摂と排除のメカニズムに議論が焦点化してきたが、それらは定住対移動という二項対立の議論ではなかったかという点である。第二は、集団に移動する人の心理面の議論は集団に参入する人（成人）の社会認識の議論であるが、この議論も、定住あるいは集団の成員となることを前提とする議論ではないかという点である。第三は、集団間の人の移動を議論する場合、集団が本質主義的な統一体として捉えられる傾向があり、その結果、集団および移動する人の個別性、動態性、複合性が十分に考慮されていないのではないかという点である。

これらの点に留意しながら、グローバル化の進む二一世紀の社会的現実の中で、移動する人々の課題をどのように考えたらよいかについて検討してみよう。

四　エスノスケープと想像力、ディアスポラ

文化人類学者のアルジュン・アパデュライ（A. Appadurai）は、グローバルな人の移動をエスノスケープ（ethnoscapes）という造語で説明しようとした〔APPADURAI 1996〕。アパデュライは、現代社会の文化経済が複合的で重層的で、乖離的（disjunctive）な秩序であるとして、人、メディア、テクノロジー、資本、イメージ（観

念）がフローとなって世界を覆っていると見た。この状況は、今も変わらないだけではなく、ますます活性化しているように見える。

アパデュライの問題関心は、多様なフローの中で、近代の国民国家（nation-state）を超える「グローバル、ナショナル、ローカルを関係づける枠組み」をどう構築するかにあった。ある領土に血縁、言語によって社会的、文化的に結びつけられる集団的アイデンティティを生産することで成り立つ国民国家は、グローバルな人の移動によって生まれる脱領土化した人々による多様な「ディアスポラの公共圏」の出現によって変質せざるを得なくなったからだ。

その結果、脱領土化した人々、つまり移動する人々が想像する「集団的アイデンティティ」はどのように生成されるのかが課題となる。

ここでディアスポラについて確認しておこう。ディアスポラの特徴について、政治学者のウィリアム・サフラン（W. Safran）は離散の歴史、祖国への記憶、ホスト社会での疎外感、最終的に帰り着く場所としての祖国、祖国への関わりの維持、祖国への集団的意識と結束をあげている〔SAFRAN 1991〕。しかし、サフラン自身もその定義だけでディアスポラをすべて語れないとも述べているように、現実は多様化している。文化人類学者のジェームズ・クリフォード（J. Clifford）は、ディアスポラを、グローバルな諸条件の中で旅をしハイブリッド化していく、新たな言説を考える出発点になると指摘する〔CLIFFORD 1994〕。クリフォードはポール・ギルロイ（P.Gilroy）の「ブラック・アトランティック」（黒い大西洋）に見られる黒人移動と「黒人性」の意識や系譜の議論も視野に入れながら、人の移動にともなう集団的アイデンティティを論じようとしている。「ディアスポラ的地図」「ディアスポラ的帰属感」「ディアスポラ文化」「ディアスポラ共同体」「ディアスポラ的アイデンティティ」「ディアスポラ的次元」などの用語を駆使してクリフォードが論じようとしているのは、人の移動とその意識についてである。クリフォードが「旅する文化」（Traveling cultures）という論考〔CLIFFORD 1997〕で論じているのも、人の移動と意識である。そこでは「ディアスポラ的状況」がこれまで使用されてきたエスニシティやアイデンティティの再概念化を求め、二元論的な捉え方の再考を迫ると主張している。人の移動を常態と考えることにより、定住してフィールドワークする文化人類学的アプローチにも疑問を呈する。

アパデュライも、文化人類学者による民族誌のあり様に疑問を提示する。境界によってローカル化された空間と時間に生きる人々の生活を記述してきた、従来の民族誌の方法論は、グローバルな文化フローの研究に対応できていない。今後は流動化する社会生活における人々の「社会的実践としての想像力」を記述する方法論が鍵となると主張する。

では、脱領土化した人々はどのように「ディアスポラの公共圏」を想像するのか。この「想像力」を考えるヒントとして、アパデュライは自身の家族とともにインドへ帰国した際のエピソードを事例として提示する。その事例の概要は以下のようなものだ(2)。

彼はまず自分のことを「タミル族のバラモンの男で、ボンベイで育ちアメリカ合州国で《ホモ・アカデミクス》になった者」であるとし、妻を「白人のアメリカ人女性でインドの歴史研究者」と説明する。そのうえで彼は、一九八八年に妻と一一歳の一人息子（息子はフィラデルフィアから合流したという）、兄の親族とともに、南インド最大の巡礼地の一つであるマドライのミナクシ寺院（Meenaksi Temple）を訪ねたエピソードを語る。寺院を訪ねた理由はさまざまあった。家族や親族の幸福を祈ることや、彼の妻がそれまで二〇年間にわたりその地の研究を行ってきたこともあった。息子は、その地方に古くからあるヒンドゥー教の習俗を知っており、その習俗に従い、年配者や神の前では平然と平伏することができたし、ヒンドゥー教の大寺院の信じがたい騒音や人混み、忙しなさにも堪え忍ぶことができたという。その後、アパデュライ一家は、一四エーカーほどの寺院遺跡群に入って行ったところ、数人の僧侶に出くわす。そこで、彼の妻が僧侶らに、彼女の研究上の情報提供者であるタンガム・バッタールという僧侶の居場所を尋ねると、「タンガム・バッタールはいまヒューストンにいらっしゃいます」という答えだったという。

つまり、米国のヒューストンのインド人コミュニティがインドのマドライの支配神ミナクシを祀るヒンドゥー教寺院をヒューストンで建立し、その寺院に一人の僧侶の着任を要請し、その嘆願を受け、その僧侶は妻子をインドに残したままヒューストンへ赴いたというのだ。インドで「ネイティブ」の僧侶に会おうと思ったら、その僧侶はアメリカ合州国に「移動」していた。つまり、インドから出た人の家族がいろいろな考えや思いを持ってインドへ「再移動」したが、同時に、インドにいる人もいろいろな考えや思いを持ってアメリカ合州国へ「移動」しているという事例である。

この事例に、アパデュライは現代社会の意味とコミュニケーションの巨大で流動的な構造を見る。インドの地方都市マドライの歴史的コスモポリタニズムがグローバルな新しい次元を獲得したこと、ヒンドゥー教がグローバル化を遂げたこと、「ネイティブ」が独自のコスモポリタンへ変容したこと、ミナクシ寺院自体が世界中へ拡散したこと等を指摘する。

そのうえでアパデュライは、その旅に同行した彼の息子について説明している。彼の息子が部分的にインドにつながるアメリカ人（an American of partly Indian descent）として自らの生を作り上げていくとき、この旅を自分の《起源》（Roots）への旅として思い出すかもしれないという。しかし、それよりも、別の有名な寺院へ移動中に、突然トイレに行かなければならなくなり、慈善基金で建設されたゲストハウスのトイレに駆け込み、至福の解放を味わったことを鮮明に思い出すかもしれないともいう。

ただ息子の物語はここで終わらないとアパデュライは言う。なぜなら彼の息子は、好むか好まないかにかかわらず定期的にインドに行き、その度に自らの人生の物語を変換させる幾重もの網の目と遭遇しなければならず、そのため一一歳のハイフンつきアメリカ人（hyphenated American）の息子の物語には、家族や記憶、ツーリズムのダイナミックな力がかかわっていくからだという。

このエピソードからアパデュライが述べたいのは、想像力を場所から解放することによって生まれる民族誌のあり様であり、そのための「厚い記述」なのであろう。

しかし、ここで問われなければならないのは、アパデュライが述べる、脱領土化した人々が想像する「集団的アイデンティティ」という問題設定がどれくらい有効か、また、社会生活において「社会的実践としての想像力」を発揮するのは誰かということではないだろうか。この点は後述する。

アパデュライはまた、アメリカで暮らしてきた彼自身の自己表象について以下のように述懐している。[3] アパデュライはタミル族の家族の息子としてボンベイで育ち、イギリスの植民地政策の影響が残るインド社会で大学教育まで受け、渡米する。そのため、彼はイギリス英語のアクセントがかすかに残る英語を使用し、かつ教育をしっかり受けた「外国人」としてアメリカ人から見られながら暮らし、そのことに満足していたという。

ところが、一九七二年にシカゴのバス停で、ある黒人女性と話をした時に、アパデュライは自身がインドのパスポートを携帯し英語で話していても「東インド人」と見られたことに気づき、彼自身がアメリカ合州国における人種的アイデンティティの政治学から逃れられないと感じるようになったと語る。

つまり、アパデュライはインド生まれの「アメリカ合州国在住の在留外国人」一世で、「アングロサクソン系アメリカ人の白人女性」の妻と、「複数の文化を背負ったティーンエイジャー」の息子とともに、いわゆる国際結婚家庭で暮らしているが、アパデュライは自分の顔色や少数派の身体的特徴が果たす役割や、街角にある人種的偏見との遭遇から、複数文化主義と愛国主義の間の関係や、ディアスポラ的なアイデンティティとパスポートやグリーンカードによって与えられる（不）安定性の結びつきなどを再考せざるを得ないと語る。ポスト植民地的でディアスポラ的で、かつアカデミックなアイデンティティから離れて自由に生きることと、日常的な出会いのなかで人種化されたり少数派に位置づけられたり部族化されたりする不愉快な現実との間で、理論と実践をどう結びつけるのかと問う。

ここで注目するのは、アパデュライ自身がアメリカ合州国という複数文化主義の国民国家の中で自らの身体的特徴とその特徴に与えられたアメリカ社会の意味づけによって自らのアイデンティティについて、あるいはアメリカ社会におけるマイノリティー性を日常的に内省するという、アパデュライにとっての不愉快な経験が、先に述べた「社会的実践としての想像力」の根底にあるという点である。

アパデュライのエピソードで語られるのは、インドとアメリカ合州国の間を移動する人々であり、社会的現実の中でさまざまな力を受けながら生きる人のアイデンティティである。ジンメルから始まる「移動する人と集団の関係」が移動する人の心理的側面に深く関わることが、けっして過去のテーマではなく、今も継続する現実のテーマであることが再確認できる。では、今後この課題を検討していくために必要な視点とはどのような視点かについて、最後に考察してみよう。

五　「移動する子ども」という視点

クリフォードが「旅する文化」を口頭発表した後の「討議（discussion）」で、文化人類学者のケヤ・ガングリー（Keya Ganguly）がクリフォードに対して次のような質問をした〔CLIFFORD　1997：45〕。

ハイチとニューヨークの連続する空間にハイチ人と位置づけたり、インドのインド人とニューヨークのインド人と言ったりすることは、文化的差異で捉えるというイデオロギーを再記述しているのではないか。インド系移民の子どもである私の場合、自分自身をそういった差異のイデオロギーで捉えることは非常に難しい。なぜなら自己同一化（アイデンティフィケーション）が別のレベルで生じるからです。例えば、私は、ボンベイから来たインド人としてよりも、フィラデルフィアの人間という自己同一化を選びます。

これに対して、クリフォードは、次のように答えている。

あなたの質問は、アイデンティティの問題全体を、継承的なものというよりもむしろ政治的なものとして、そしてそれら二つの元となるものが強く相互作用していることを指摘したと思います。あなたがボンベイのインド人よりもフィラデルフィアに住む人に自己同一化（アイデンティファイ）するというとき、私はあなたが、二者択一的なエスニックな問題設定を避けていると感じました。そして、ディアスポラ的な「インド人」とすぐに文化的・人種的に（友好的にも、また敵意を持っても）捉えられることに対して疑問を呈していることに私も同意します。（中略）文化的政治的アイデンティティは、人種や文化、階級、ジェンダー、セクシュアリティなど歴史的に与えられた諸要素の動態的な構成であり、状況によってはそれらの要素が異なる組み合わせとなるものなのです。

つまり、クリフォードは、質問者である移民の子どもが「二者択一的なエスニックな問題設定を避けている」ことに共感するとともに「ディアスポラ的なインド人」という括り方の問題性にも理解を示している。その上で、文化的・政治的なアイデンティティとは、歴史的に与えられた諸要素の影響を受けるものだという点を指摘している。

しかし、この応答は、ガングリーの質問の意図に十分に応えているだろうか。ガングリーの質問は、インド人の移民の子どもである彼女自身の心の葛藤を示唆している。その葛藤は、インド人である親の血統や文化とアメリカで育った自身の経験と意識との間にあって、自らのアイデンティティを探求する生のあり様そのものである。そこには他者が言う「インド人のディアスポラ」という括り方では説明しきれないものがあるだろう。

同様のことが、前述のアパデュライのエピソードで語られる息子についても言える。父親のアパデュライは息子を「部分的にインドにつながるアメリカ人」、「ハイフンつきアメリカ人」、「複数の文化を背負ったティーンエイジャー」と説明しているが、その表象は父親の目線による捉え方であって、息子自身の自己表象ではない。ガングリーと同様に、息子は自身を「フィラデルフィアの人間」と言うかもしれない。

では、アパデュライの息子の自己表象を、クリフォードのように「二者択一的なエスニックな問題設定を避けている」と説明するだけで十分であろうか。アパデュライの息子は「タミル族のバラモンの男で、ボンベイ育ち」の父親と「アングロサクソン系アメリカ人の白人女性」の母親を持ち、アメリカ合州国で生まれ育ったが、アメリカとインドの間を定期的に移動し、インドの言語や文化にも触れて成長した経験と記憶を持つ。先のガングリーも「インド移民の子ども」と自己表象するように、インドに繋がる経験と記憶があるだろうが、それらはアパデュライの想定する、脱領土化した人の「集団的アイデンティティ」と言えるだろうか。

ガングリーやアパデュライの息子のように、移民や難民の子ども、親の都合で国境を越える子どもは、今世界中で激増しており、親の幼少期とは異なる複数言語環境で成長する子どもは、どこにでもいる状況がある。その子どもは親の言語（両親で異なる言語を使用する場合もある）、学校や地域で使用される言語などに触れ、その複数の言語による接触の経験を積む。アパデュライ一家が英語圏以外の国に暮らせば、子どもが体験する言語数は三言語以上になろう。

ここではこのような幼少期より複数言語環境で成長する子どもに注目する。なぜなら、現代社会における移動する人と社会の関係を考える上で、これらの子どもに視点をおくことが有効だと考えるからである。そのことを考える論点は以下の三つである。

第一の論点は、前述した「異郷人」「異人」「マージナル・マン」「ストレンジャー」をめぐる議論の対象は「大人」であり、その議論は集団内外で別々に成長した「大人」同士の包摂と排除の議論であったという点だ。もちろん、ジンメルの時代でも、現実に移動する人の陰に子どももいたはずであるが、議論の対象になることはなかった。さらに、これまでの議論には集団の外部と内部の対立や集団内部の対立を捉える視点、あるいは定住と移動を対立的、固定的に見る視点や、定住社会を中心に置く視点があり、そのため、ホスト社会への定住など、そこに定住社会があることが前提となっていた点が絡む。その上、その多くの定住社会が均質的、単言語的、固定的な社会として捉えられる傾向があった。しかし、現代社会は流動化し、大量人口移動の結果、集団内に多様な背景を持つ人が多様な言語を使用しながら生活しており、かつ、その人が頻繁に集団外へ移動する現実がある（そもそも集団とは何かという議論もあるだろう）。このことを考える上でも、後述するように、子どもが鍵になる。

第二の論点は、移動を視点にして社会をどう捉えるかという点だ。クリフォード〔CLIFFORD 1997〕は、現代社会では誰もが移動していると述べ、人々は「旅の中に暮らす」（dwelling in travel）とも述べた。つまり、定住を視点とするのではなく、移動を視点にして世界を捉えることを主張した。なぜなら移動が未完の近代にとって決定的に重要な場所であると考えたからである。さらに、クリフォードは人間研究に必要な視点として「旅」と「翻訳」を挙げている。この「旅」は「移動」を意味し、「翻訳」は人の解釈・認識と捉えられる。つまり、現代社会では、人は移動しながら、さまざまな事象を解釈し社会認識を構築し続けている。子どもたちは空間的に移動し、日常的に複数の言語間を移動し、異なる言語による学習と思考を体験する。つまり、「空間」「言語間」「言語教育カテゴリー間」の移動の体験が、子ども自身にとって意味のある経験として意味づけられ、記憶として残っていく。この経験と記憶を「移動する子ども」と呼ぶ〔川上編 二〇一三〕。

幼少期より複数言語環境で成長したという経験と記憶は大人になる過程で変化する。先のガングリーが子どもの頃は「インド移民の子ども」と自身を捉えていたが成人していく過程で「フィラデルフィアの人間」と自己同一化したのかもしれない。しかし、さらに壮年期、高齢期になれば、やはり「インド系アメリカ人」と自己表象するかもしれない。つまり、「移動する子ども」という経験と記憶は、日常的な生活実践の中で変化していく動態性を持ち、その結果として、当然、移動する人の社会認識も変化していく。その動態性は、もはや集団の内部と外部という二項対立的な捉え方では捉えられない。つまり、多様な移動の概念から社会を捉えることが求められているのだ。

第三の論点は、認識の問題である。これはすでにジンメルが「心的相互作用」「主観的文化」と指摘したように、また、シュッツが人の社会認識は自身との関連性（relevance）によると指摘したように、また、山口が境界は流動的で、拡大したり縮小したりすると意識の下層を指摘したように、日常生活の現実に対する人の認識は個別的で間主観的で、かつ多元的であるという点は、現代社会においても重要な視点であろう。特に、子どもは成長過程で多様な「移動」を体験し、その中で社会認識を形成することになる。

では、その社会認識はどのように形成されるのか。移動する人の社会認識は、他者との接触場面における言語、非言語を含むコミュニケーションを通じて形成される。特に複数言語環境で成長する子どもの場合、複数の言語による他者との接触体験が社会認識を形成する。シュッツが述べた等高線で描く地図のような社会認識が複数の言語による多元的な地図になる、あるいはならざるを得ないのである。自己の中にある複言語複文化(plurilingual/

pluricultural）の経験と記憶を抱える子どもはやがて成人し、社会活動を担っていく。そのことを考えれば、アパデュライが提起した「脱領土化した人々の集団的アイデンティティ」や「社会的実践としての想像力」を、固定的な大人の視点だけで捉えることはできなくなるだろう。

移動する人の主観的な社会認識や自己認識は、クリフォード〔CLIFFORD 1997〕のいうように、「歴史的に与えられた諸要素」に影響されるであろうが、それらを指摘しただけでは、また「ディアスポラ的」とくくっただけでは、移動する人の葛藤や生を理解したことにはならないだろう。さまざまな社会的かつ歴史的な環境と文脈の中で生きる移動する人の生を当事者の視点でどう捉えるかという方法論と研究が必要なのである。

幼少期より複数言語環境で成長したという記憶を意味する「移動する子ども」とは分析概念であり、小松のいう「関係概念」でもある。

では、「移動する子ども」という記憶は人の成長の中でどのような意味を持つのか。その一例が二〇一七年のノーベル文学賞を受賞したカズオ・イシグロの作品である。彼は、日本人の両親のもと、長崎で生まれ、五歳の時に渡英した。家庭内言語は日本語であったが、英語で教育を受け、英語で小説を書く。彼の作品の根底に子どもの頃の記憶が読み取れる〔イシグロ　二〇〇一〕。このノーベル文学賞作家の作品群を、「移動する子ども」という視点で分析することも可能であろう。

同様に、アパデュライの息子がアメリカ合州国に暮らしながら、あるいはインドを定期的に訪問しながら、それぞれの地で、あるいはその途上でさまざまな事象に出会い、自らの生を捉え直し、あるいは再構築しながら生きていく様を、あるいは成人して老いていく人生を、幼少期より複数言語環境で成長する子どもの記憶を捉える「移動する子ども」という分析概念で、また社会や他者との「関係概念」で捉えていくことも可能ではないか。

ただし、移動する人は排他主義、保護主義、人種主義など流動的な社会動向に影響を受け、「脱領土化した人々の集団的アイデンティティ」を幻想的拠り所として生きることも可能であるだろう。「移動する子ども」という分析概念は、移動する人の個別性、動態性、複合性を捉える方法論のひとつなのである。

注

（1）この「関連性」（relevance）には個人の解釈や価値判断が含まれていることに留意したい。〔山口　一九七五〕はこの relevance を「妥当性」と訳している。

（2）以下の概要は、〔APPADURAI　1996：48―65〕による。

（3）以下の概要は、〔APPADURAI　1996：168―172〕による。

参考文献

イシグロ、カズオ　二〇〇一『遠い山なみの光』（小野寺健訳）早川書房

岡　正雄　一九七九「異人その他――古代経済史研究序説草案の控へ」『異人その他――日本民族＝文化の源流と日本国家の形成』言叢社

川上郁雄　二〇〇八「「移動する子ども」の文化人類学的課題とは何か」小松和彦還暦記念論集刊行会編『日本文化の人類学／異文化の民俗学』法藏館

川上郁雄編　二〇一三『「移動する子ども」という記憶と力――ことばとアイデンティティ』くろしお出版

小松和彦　一九八五『異人論――民俗社会の心性』筑摩書房

小松和彦　一九九五「異人論――「異人」から「他者」へ」『岩波講座現代社会学3――他者・関係・コミュニケーション』岩波書店

ジンメル、ゲオルグ　一九九四「異郷人についての補説」『社会学（下巻）』居安正訳、白水社

山泰幸・小松和彦編　二〇一五『異人論とは何か：ストレンジャーの時代を生きる』ミネルヴァ書房

山口昌男　一九七五『文化と両義性』岩波書店

APPADURAI, A. 1996 *Modernity at Large: Cultural Dimensions of Globalization*, Minneapolis: University of Minnesota Press.

CLIFFORD, J. 1994 'Diasporas' *Cultural Anthropology*, 9. No.3, 302-338.

CLIFFORD, J. 1997 *Routes: Travel and Translation in the Late Twentieth Century*, Cambridge, Mass: Harvard University Press.

GILROY, P. 1995 *The Black Atlantic: Modernity and Double-Consciousness*, Cambridge, Mass: Harvard University Press.

PARK, R.E. 1928 'Human Migration and the Marginal Man' *American Journal of Sociology*, Vol. 33, No.6. 881-893.

SAFRAN, W. 1991 'Diasporas in Modern Societies: Myths of Homeland and Return' *Diaspora*, 1 (1), 83-99.

SCHUETZ, A. 1944 'The Stranger: An Essay in Social Psychology' *American Journal of Sociology*, Vol. 49, No.6. 499-507.

開かれた儀礼と伝説——矢代の手杵（てぎね）祭をめぐって

橘　弘文

一　錦耕三が見た手杵祭

一九四五年四月三日、福井県遠敷郡内外海村矢代（現、福井県小浜市矢代）で手杵祭がおこなわれた。戦時下の祭りのまばらな見物人のなかに、朝日新聞福井支局に勤めながら民俗芸能の研究をすすめようとしていた錦耕三の姿があった。矢代の手杵祭をめぐる本格的な研究は、この日の錦の調査にはじまる。

錦が調査の前に目を通した主な文献は三つ。一つは、小浜の板屋一助が安永六年（一七七七）に書き終えた『稚狭考』の「散楽祭礼」の一節。二つ目は、屋代弘賢の問状に応じて文化末年（一八一六）ごろに小浜の組屋恒久が編集した答書（『若狭國小濱領風俗問状答』）の一節。そして三つ目は、一九三六年に東京神田神保町の上田屋書店から発売された、福井県鯖江女子師範学校教諭の河合千秋編の『福井縣の伝説』。錦は眼前の祭りを、つぎのような『稚狭考』の一節（小浜市　一九七二）を思いおこしつつ観察したと思われる。

遠敷郡矢代村鴨下上大明神あり。其側に観音堂有。毎年三月三日、手杵まつりといふ事あり。此堂は、昔もろこし船の漂泊し来るに、乗来る女をころし、船を砕き侍りしに、一村疫を煩ひくるしみ、右の罪を悔み、観音を安置し舟をもて堂を作るといへり。祭の日歌をうたひて墨にて顔をぬりたる男三人、歯朶の葉をかふり、古き素襖きて縄の襷かけ、はき高くかゝけ、手杵かひこんて出る。うち二人は手杵に縄の弦かけて竹の矢そへて出るは、弓の心もち成へし。麻の上下きたる男六人、小船を竹にて作りて持出る。又年のころ十二三なる女の、かしらに袋いたゝき、左の肩のころもぬきかけ、顔に扇さしあてゝ、老女七人従ひ出て、何れも同音に、てんしよ船のつきたるそ、もろこし舟のつきたるや、福徳や、さいはいやと訇り。太鼓打拍子とりて出る。他郡より見に来る人に恥じて、朝とく此の事を行ふとなり。

錦は、手杵祭の神事の進行、祭りの演者の仮装や所作、行列の構成などを観察し、祭りの歌や観音像の伝説、そして祭祀組織などについて聞き書き調査をおこなった。錦の調査報告の「矢代の手杵祭――福井県遠敷郡内外海村矢代の春の神事――」は、没後の一九六四年に『若越郷土研究』に発表された〔錦 一九六四〕。この遺稿の他に錦は「矢代の手杵祭」と題する調査旅行記を書いている〔錦 二〇〇六〕。錦は一連の研究で手杵祭の二つの側面を浮き彫りにする。一つは伝説の現在性。もう一つは儀礼の変容。

矢代の人びとは、手杵祭の起源伝説をほんとうにあったこととして信じていた。錦は矢代の人の声を書きとめる。「こんなことをいうたら貴方かたはおかしく思うかも知れないが、わしらは唐船の女臈を殺して宝を奪ったことは、本当にこの村の先祖らがやったことだと思うている」〔錦 一九六四〕。

いっぽう錦は儀礼の変容に注目する。まず、祭りの期日の変更。手杵祭は一九四三年までは旧暦の三月三日におこなわれていたが、翌年から新暦の四月三日におこなわれるようになった。ついで、祭りの呼び方。矢代では手杵祭ではなく、「雛まつり」とよばれている。そして祭りの歌の変化。『稚狭考』に記録されていた「てんしよ船のつきたるそ、もろこし舟のつきたるや、福徳や、さいはいや」という歌が、錦が見た手杵祭では歌われていなかった。この歌はどうなったのか、錦は矢代の人にたずねる。かつて「トウセン丸」を中心に「唐船の着きたるぞ、福徳ぞ、幸いぞ」と歌いながら踊ったという。

それでは手杵祭のなかで変容していないものは何か。錦は推測する。祭りの三役とよばれている役者の仮装――シダの葉のかつらをかぶって顔を墨で隈取りする――は、「古い習わしの俤とみられる」。この仮説から錦は「春の初めに祝福する神の姿の信仰」という手杵祭の祖型を想像する〔錦　一九六四〕。

ところで錦が朝日新聞の記者だとあいさつしたとき、錦は人びとの「冷たい眼」を感じた。一九四二年四月十七日におこなわれた手杵祭が四月十九日の『朝日新聞 福井版』で報道された。この記事は冒頭で、「〝殺人祭〟で有名な遠敷郡内外海村矢代の手杵祭は今年も恒例によつて十七日におこなはれた、その昔この漁村に漂着した唐船をめぐつて村人のあひだに争奪戦が演ぜられた」とのべ、手杵棒振りと弓矢持ちの所作の一場面の写真を掲載し、「殺人祭」の見出しをつけていた。矢代の人びとにとって手杵祭は先祖の罪を「懺悔」する祭りだった。「懺悔」の気持ちをこめておこなってきた祭りを「殺人祭」ときめつけられた。矢代の人びとは「殺人祭」という見出しに怒りをおぼえた[1]。錦は矢代の人びとの気持ちを察し、「胸を抉られたやうな気がした」〔錦　二〇〇六〕。

しかし錦に注がれた「冷たい眼」には、「殺人祭」の新聞報道とはべつの要因もあったと思われる。錦の矢代訪問の数年前から外部にたいする警戒心が矢代の人びとのあいだに生まれていた可能性がある。一九四〇年四月に施行された「宗教団体法」が矢代の人びとを不安にさせていたと思われる。小川原正道によれば、宗教団体法は「東亜新秩序の建設」に、言いかえれば戦争協力に宗教団体を動員することを目的として制定された〔小川原二〇一四〕。それぞれの宗教団体は、教義や組織、財産などを規定した教団規則を作成し、文部大臣の認可をうけることが義務づけられた。文部大臣は戦時体制に協力しない宗教団体の設立認可を取り消す権限をもった。

矢代の観音堂（福寿寺）は本山・末寺関係の網から独立しており、延宝年間（一六七三〜一六八一）には無住の寺となっていた。[2]観音堂の儀礼については小浜の万徳寺の和尚が執行したが、観音堂の管理は矢代の住民にゆだねられてきた。それゆえ、観音堂の管理者である矢代の人びとは観音堂を存続してゆくために、宗教団体法の施行にともなう諸手続をする必要があった。

観音堂の管理は矢代の人びとのあいだで平等に分担されていたわけではない。栗駒清左ヱ門家が中心になって観音堂を管理してきた。中世、日本海沿岸の漁村における政治的・経済的なリーダーは「刀禰」とよばれていたが、栗駒家はその刀禰の職についていた。栗駒家は「若狭の三刀禰」の一つといわれるほど勢力をもち、近世には庄屋をつとめ、近代においても区長などを歴任する。

宗教団体法は観音堂の地所管理にも影響を及ぼした。内外海半島の外面山の山林に約二十七町歩の矢代の飛び地がある。矢代で語られる源頼政の鵺退治伝説が、この飛び地の由来を伝えている。それによれば、天皇を悩ませる怪物（鵺）退治を命じられた頼政は、矢代の観音の霊夢による指示によって見事に鵺を射ることができた。頼政は矢代の観音へのお礼として外面山の土地を矢代の観音に奉納した。この外面山の山林は、共有地として矢代の人びとに木材資源を供給しただけでなく、外面山が面する沿岸海域の漁業権を矢代にもたらしてきた。土地登記簿には外面山の土地の所有権者名は「矢代観世音」と記載されていた。宗教団体法の施行により、外面山の土地の所有権者名を個人名に変更しなければならなくなった。一九四二年十二月に矢代の人びとは相談の結果、外面山の土地の所有権者名を「矢代観世音」から栗駒家の当主の氏名に書き換えた。

法律を制定する側の国家や官僚からすれば、新法のための手続きなどは何でもないことだろうが、弁護士や司法書士などの専門家のいない地方の一漁村の住民にとって、戦時期における新法のための手続きは不安をかきたてたにちがいない。矢代の人びとが新聞や国家という外部によってゆさぶられた記憶が生々しいころに、錦は手杵祭の調査に赴いたといえる。

錦は田烏から約一時間の山道を歩いて矢代に到達したが〔錦　二〇〇六〕、矢代は隔絶の僻地ではない。矢代に通じる自動車道路が整備される、はるか以前から矢代はつねに外部と関係してきた。古代から中世にかけて、矢代は賀茂別雷社の供祭人として海上交通を中心に活動していた〔網野　一九九七〕。近世以降、手杵祭や観音像の開帳儀礼には信仰のために多くの人びとが矢代の観音堂に参詣した。源頼政が外面山の土地を観音堂に奉納したという伝説を根拠にして、矢代は外面山の地所とその沿岸の漁業権を所有してきた。観音堂をめぐる伝説は経済的な次元においても外部とつながっている。

広井良典は、農村型コミュニティにおいて神社や寺院がコミュニティの中心の役割と同時に「外部に開かれた窓」として外部との接点の役割を果たしてきた、とのべる〔広井　二〇〇九〕。矢代の観音堂という「外部に開かれた窓」をさまざまな媒介者が出入りする。この稿は、そうした媒介者や外部との関係に焦点を合わせ、約六〇年間の手杵祭を概観する。この見直しをとおして、手杵祭研究の一つの方向が立ち現れると考える。

二　文化財の手杵祭

錦耕三と親交のあった小林一男が、一九五九年に手杵祭を調査したとき、錦の報告では外部の人間に口外すれば、その霊力が失われるといわれていた「甚句」の歌詞は、もはや秘密ではなくなっていた〔小林　一九六四〕。一九六一年十一月三日に開催された小浜市文化祭で、小浜市郷土研究会が手杵祭の八ミリ映画を上映した〔赤貝一九七二〕。手杵祭は矢代の観音への信仰とは別な次元で知られてゆくようになる。

一九六七年二月三日に矢代の観音像が福井県指定文化財に指定された。矢代の観音像は檜の一材から優れた手法によって彫りだされており、平安時代後期の特色を示すとみられている〔福井県　一九八九〕。同年の四月三日に県文化財専門委員の斎藤槻堂と杉原丈夫が手杵祭の調査をおこなった。この調査を経て手杵祭は翌年三月二十九日に県の「無形の民俗資料」に指定される。斎藤は調査報告書で手杵祭の全体像をあきらかにし、「矢代の人々は、今日にいたるまでなお、漂流唐王女の伝承をかたく信じ、この手杵祭を以て、その罪障消滅――懺悔の行為を、現した神事としている。つつしみ深いその部落感情は、まことに哀れにも美しいと考えられる。しかし、現在行われている祭事の、様相だけについて考えるならば、この祭りは、はなはだ多くの祭礼様式の、綜合されたものの様に観察される。」とのべている〔斎藤　一九六九〕。

斎藤もまた錦耕三と同様に、手杵祭の伝説と儀礼という二側面のうち、儀礼の側面に重点を置いているようにみえる。ところが、斎藤たちの調査過程で手杵祭の伝説研究の側面にとって重要な「矢代観音に関する縁起」が「発見」された。斎藤らの調査に同行していた苅田益二によれば、栗駒家から矢代区長に移管された古文書のなかに、明和三年（一七六六）と寛政六年（一七九四）に書かれた「矢代観音に関する縁起」が「発見」された〔苅田　一九六七〕。

しかしながら斎藤は「矢代観音に関する縁起」について言及していない。矢代の古文書約一五〇点は、一九六九年からはじめられた『小浜市史』の編さん過程で調査され、『小浜市史　諸家文書編二』〔小浜市一九八七〕において四九点が翻刻されたが、「矢代観音に関する縁起」はそれらにふくまれていない。苅田の指摘にもかかわらず、「矢代観音に関する縁起」は、すぐには注目されなかった。手杵祭の伝説研究のアプローチは、まだ醸成されていなかったと思われる。

一九六八年十一月二十八日（木）午後八時放送の「ＮＨＫふるさとの歌まつり」で手杵祭が演じられた。「ふるさとの歌まつり」は、ＮＨＫアナウンサー宮田輝の司会で日本各地の郷土芸能を紹介する人気番組だった。小浜市の若狭高校体育館で収録される「ふるさとの歌まつり」に出演するかどうかについては、矢代の人びとのあいだでも意見がわかれたともいわれているが、この番組出演によって手杵祭は全国的な知名度を得たことになる。

一九七五年に読売新聞記者の白石喜和が矢代を訪れ、区長が管理していた古文書をしらべた。その取材をもとにした記事が同年十一月二十日（木）の『読売新聞　夕刊』に掲載される。「幻のシルクロード」と題するシリーズ連載の九回目に手杵祭とその起源伝説がとりあげられた。白石は書いている。「寛政六年（一七九四）の古文書など数点に地元の伝説が明記されていた」。記事は、矢代に漂着した唐船に乗っていた高貴な女性は楊貴妃だったという伝説をクローズアップし、「玄宗の後宮　唐を脱出　流れついた女たち」、「財宝を奪い、殺す」、そして「たたり恐れて手杵祭」などの見出しから構成されていた。興味深いことに、白石の古文書調査に一晩中つきあった当時の区長は、この取材をきっかけに手杵祭についてくわしくしらべるようになったという。同年に矢代に「手杵祭保存会」が形成され、福井県民俗芸能大会第六回に参加し手杵祭を演じた。

一九七八年から毎年のように、『福井新聞』は手杵祭の記事を季節の風物詩の一つとして掲載する。いくつか記事の見出しをひろってみよう。「杵振り故事を再現」「先祖の罪悔い手杵祭」（一九七八）、「古式ゆかしく奉納」「悲しい伝説今に伝える」（一九七九）、「唐船襲う伝説披露」（一九八三）……。文化財となった手杵祭は、テレビや新聞、ガイドブック(3)などにとりあげられ、矢代の観音のかつての信仰圏をこえて若狭以外の地域にも知られてゆく。

三　『異人論』と手杵祭

一九八五年に刊行された小松和彦の『異人論』（小松　一九八五）の巻頭をかざる「異人殺しのフォークロア」は、手杵祭を直接に対象としていたわけではないが、手杵祭の伝説の分析に新しいパースペクティブを提示した。

小松は民俗社会における異人への現実の対応について論じる。民俗社会にとって異人は両義的な存在として想像されるが、現実に民俗社会の外部から異人が訪れたとき、民俗社会の人びとは異人にたいして具体的な応接をしなければならない。そのさい、可能性として異人は歓待される場合もあれば、忌避される場合もある。そしてもしかすると排除される場合――殺される場合もある。各地の伝説をみわたせば、異人歓待の伝説だけでなく異人殺しの伝説も確認することができる。小松は異人殺しの伝説の具体的な事例を数多くあげ、それらの伝説が例外的なものではないことを示す。

矢代の伝説に引き寄せてみるならば、先祖が漂着船の乗員を殺したというような伝説は、周囲を海に囲まれている日本列島において、けっして特別な伝説ではなかったといえよう。鎌倉時代初期から徳川時代末期まで遵守された海上法規の「廻船式目」には、船中に乗員が乗っていない「寄船流船」＝難破船は、難破した土地の社寺の造営料にあてるとする条文がみられる〔住田　一九四二〕。新城常三は、寄船は中世の日本列島沿岸地域の住民にとって重要な収益の対象となっており、たとえ乗員のいる場合でも財源確保のために無主物の寄船として押収されたことが往々にあったとのべている〔新城　一九五四〕。したがって、観音堂が漂着船を解体した材木で建立されたという矢代の伝説は、中世の歴史的事実をある程度反映していると思われる。

小松が「異人殺しのフォークロア」で析出した異人殺し伝説のメカニズムによれば、異人殺し伝説は民俗社会に生じた「異常」の原因が民俗社会の内部に存在するという心性から語り出される。「異人殺し」が異常の原因として呼び出される。小松は、「異人殺し」がじっさいにおこなわれたか、どうかを問うていない。人びとが、「異人殺し」があったとしても不思議ではないと、「異人殺し」の物語に納得するとき、異人殺し伝説は生まれる。

小松の異人殺し伝説のメカニズムでは、「異人殺し」は「シャーマン」あるいは神霊に憑依された人によって語り出される。シャーマンや憑依された人が神霊のメッセージとして「異人殺し」の物語を人間に伝える。矢代ではどうだろうか。矢代の伝説では一部のヴァリアントをのぞいてシャーマンらしい人間の存在は忘れられているようにみえる。

小松が「異人殺しのフォークロア」で提示している異人殺し伝説と矢代のそれとのあいだには、語られ方のちがいがみられる。ほかの地域の異人殺し伝説がひそやかに語られてきたのにたいして、矢代の異人殺し伝説は手杵祭という儀礼を通しておおっぴらに語られてきた。むしろ、矢代の人びとは異人殺し伝説が公然と語られるようにするために、手杵祭という仕掛けを維持してきたのではないかと考えられる。[4]

ともあれ、『異人論』は手杵祭の伝説研究に光をあてた。『福井県史　資料編9　中・近世七』の「栗駒家文書」の「解題」〔福井県　一九九〇〕が、かつて「発見」された「矢代観音に関する縁起」の存在を明らかにして言う。「当家にはまた、この近世後期における修覆関係の史料とともに、「手杵祭」神事の由来をとく「矢代浦観世音略縁起」〔近世後期〜明治初年に作成〕がある。この祭は、当浦に漂着した「もろこし船」の乗員を村民が殺したことを悔い、観音堂を建ててその菩提を弔ったことに始まるという」。

一九九一年にＮＨＫの「日本まんなか紀行――楊貴妃の来た道」が放送された。この番組も『異人論』の影響を受けて作られたと思われる。この番組は手杵祭の伝説と儀礼をていねいに描いている。矢代崎の弁才天の祠はこの映像を通して矢代の女性たちをふくむ多くの人びとにはじめて公開された。また注目すべきことに「矢代浦観世音略縁起」の一部が映像で紹介されている。

『異人論』刊行後まもなく、若狭の民俗を研究してきた金田久璋が「歯朶の冠――異人殺しとマレビトの装束」と題する論文を発表する〔金田　一九八九〕。金田は『異人論』を引用しながら手杵祭について論じるが、金田の論文は手杵祭の伝説の側面よりも儀礼の側面に焦点をあわせている。つづけて、金田は「矢代の手杵祭――唐王女の伝説にまつわる儀式（小浜）」を発表する〔金田　一九九〇〕。金田は手杵祭の役者の仮装に春に来訪する「山の精霊」を想像し、そして役者の演技に「春の到来を祝い、豊穣を祈って地固めする意味」を読み取ろうとする。金田の仮説は錦耕三のそれの延長線上にあるといえよう。宮田登も「若狭の神と祭り」〔宮田　一九八九〕で手杵祭にふれているが、宮田は、「神霊に仕える古代の巫女のパフォーマンス」を手杵祭の彼方に見ている。

小松の『異人論』は手杵祭の伝説研究を活性化させた。[5]いっぽう、民俗学では金田や宮田の論文にみられるように、『異人論』に刺激を受けながらも手杵祭の伝説研究は脇に置かれている。矢代の人びとが『異人論』を読んだかどうかは不明だが、「異人殺し」ということばが伝説研究と切り離されて、「異人殺し」＝手杵祭という意味合いで矢代の人びとに受けとめられてゆく。「異人殺し」ということばは、あまりにも強いインパクトをもっていた。

四　変容する儀礼と伝説

一九九一年に矢代小学校が閉校した。少子化の波は矢代にも迫っていた。二〇〇六年から手杵祭における役者の所作と行列が中止される。行列の一部を構成する「練り子」役を演じる女の子が矢代にいなくなっていた。祭りの日には観音堂内と加茂神社の帳屋でおこなわれる儀礼の部分だけが続けられた。[6]

二〇一四年に内外海公民館の「方舟」大作戦事業の一つとして、手杵祭の行列と所作が一時的に復活することになった。このとき、手杵祭と観音堂縁起のパンフレットが新しく作られた。先祖が漂着船の乗員を殺したという伝説への抵抗感が矢代で表面化する。新しいパンフレットでは、こう書かれる。

この船には高貴な女性と船子とみられるもの八人が乗っており、磯辺におりて藻などを採り餓えをしのいでいた。これを発見した村人たちは言葉も通じないままに食料を与えて面倒をみたが、異国からの長い日を重ね、月を超えて風波の難を凌ぎながらの漂流であったため、心身ともに疲れ果てて、約一か月後の三月に船中でそれぞれ空しくなっていったのである。

小松和彦は「異人殺しのフォークロア」において、異人殺しの伝説が異人歓待の伝説に変容する過程を指摘している。小松の仮説は現代の矢代でも見事に立証されたといえるが、小松の「異人殺し」ということばのインパクトが伝説の変容をうながした可能性も否定できない。新しいパンフレットは、まるで金田久璋の論文を参考にしたかのように、こう結んでいる。

……手杵棒ふりや弓矢持ちが頭につけるシダは山の精霊を表わし、手杵棒ふりと弓矢持ちの所作は春の到来を祝い豊穣を祈って地固めをする意味が込められているのと、矢代という地名伝承とも深くかかわっているように言われております。

二〇一七年五月二七日から二九日にかけて、矢代の観音堂の開帳儀礼がおこなわれた。NHKの番組制作のクルーが開帳儀礼を撮影し、七月七日のNHKのBS放送「新日本風土記　若狭」で矢代の観音堂の開帳儀礼が美しい映像によってとりあげられた。この放送で観音堂の創建伝説＝手杵祭の伝説が紹介されていたが、その内容は新しいパンフレットの内容にそっていた。すなわち、矢代の先祖は漂着船の乗員を殺さなかった。異人殺しはなかった。

区長が保管していた矢代の古文書が、一九九〇年代に栗駒家にもどされた。ただし、栗駒家文書は『福井県史』の編さん過程で写真撮影され、それらの複写が福井県文書館に所蔵されている。同館に六点の「矢代浦福寿寺略縁起」の複写が所蔵されている。[7] 二〇一六年に筆者は同館で複写した「矢代浦福寿寺略縁起（寛政六年）」を、矢代の古老に提示しながら手杵祭の伝説について聞き書き調査をおこなった。この古老は区長時代に保管した古文書のなかに「矢代浦福寿寺略縁起」があることを確認していた。しかしながら、栗駒家の人びとをのぞいて、「矢代浦福寿寺略縁起」を手にとって読むことができた矢代の人は少なかった。のちにこの古老は、「矢代浦福寿寺略縁起」の複写の複写を額装して観音堂に掲げた。「矢代浦福寿寺略縁起」は直接的な表現をさけながらも、矢代の先祖が漂着船の乗員を殺したことを記している。[8]

二〇一五年から、再び、手杵祭の役者の所作と行列がとりやめになる。矢代のある女性が、観音堂内と帳屋での儀礼だけの祭りをさして、「今は供養だけの祭りになっています」と話した。このことばの背後には、手杵祭の役者の所作と行列＝「懺悔」という思いがうかがわれる。この女性のことばや「矢代浦福寿寺略縁起」を観音堂に掲げた古老の行為などから、現代の矢代において、異人殺し伝説が完全に消滅したわけではないことが推測される。

五　開かれた儀礼と伝説

高度経済成長期、矢代の家々は民宿を経営する。自動車道路の建設によって小浜市内が通勤圏内になる。いっぽう、「戸主」と結婚する女性の減少。少子高齢化の進行。小学校の閉校。やがてバブル経済崩壊によって、小浜市内の働き場所が激減する。一九八二年に一〇〇人だった矢代の人口は、二〇一六年には四五人に減少する。文化財となった手杵祭は広く知られてゆくが、いっぽうで矢代の観音の信仰圏は逆に小さくなってゆく。外部の人間が手杵祭の伝説を興味本位にたずねる。あなた方の先祖は人殺しなのか。矢代の人びとは反発する。異人歓待伝説への変容がすすむ。

現代における手杵祭の変容は外部との関係から生じている。おそらく過去においても、手杵祭は外部との関係のなかで、さまざまなしかたで変容していったと考えられる。錦耕三や金田久璋らも手杵祭の変容を指摘する。かれらは、「春の初めに祝福する神の姿の信仰」が変化した形を手杵祭に読みとる。その可能性も否定できない。しかし、かれらの考察には「矢代浦福寿寺略縁起」をはじめとする伝説が抜けおちる。それらの伝説によれば、手杵祭は外部の住民に見せることを前提にしてはじめられた。[9] それゆえ手杵祭の変容の解明には、外部との関係という視座が重要になる。外部との接点としての手杵祭の変容は、どのように考察されるのか。その試みとして手杵祭の「甚句」と観音堂のご詠歌をとりあげる。

手杵祭では「祭礼」、「甚句」、「船出」、「船納」という四種類の歌が歌われる。加茂神社の帳屋で「戸主」たちによる三献の儀礼後、すぐに「祭礼」が歌われる。祭の三役が仮装し、行列の準備が整うと、「甚句」が歌われる。そして行列が帳屋から加茂神社の境内へ出るときに、「船出」が歌われる。最後に行列が観音堂の周囲をまわってから加茂神社にもどってきたあとに、「船納」が歌われる。「甚句」の歌詞は、つぎのとおり。[10]

コエガ　ナクトモ　チトウタイマショウ　アトノ　ツケゴエ　シカリト　タノム　コンド　ナガサキ　エビヤノ　ジンク　オヤノダイカラ　コマモノ　ウリニ　イマハ　コマモノウリヤヲ　ヤメテ　オオサカ　ガヨイ　フナノリ　ハジメ　フネハ　コクタノ　ヒノデノ　センド　ソノヤ　ナカニハ　ナニナニ　ツムゾ　シマヤ　モメンヲ　シタニト　ツンデ　アヤヤ　ニシキヲ　ナカニト　ツンデ　ヨロズ　コマモノ　ウワニトツンデ　シラホ　マキアゲ　セビグチ　シメテ　スマヤ　アカシヲ　ヨコニト　ナガメ　サァサ　ユキマシヨ　オオサカノハマへ

金田久璋が、「甚句そのものは秘密裡に伝えなければならないような内容ではないし、手杵祭の伝説に深く関連するものとも思えない。むしろ千石船の舟子から伝授された民謡のようなのだ」（金田 一九八九）と指摘しているように、「甚句」は矢代の外部から伝えられ、もともと秘密ではなかったと思われる。

享保から化政期（一七一六〜一八一八）にかけて、大阪、兵庫、播州、淡路、広島あたりで兵庫口説とよばれる盆踊り歌が流行した。兵庫口説は歌舞伎や浄瑠璃にも採り入れられていった（忍頂寺 一九三二）。村上省吾の『兵庫口説』（村上 一九九九）に収録されている「長崎えびや甚九」の歌詞が矢代の「甚句」の歌詞に似ている。「長崎えびや甚九」は、こう歌い出される。

こんど長崎えび屋の甚九　親の代から小間物売りで　とんと小間物売り屋をやめて　今は大坂へ糸物だてよ　帆は七反二巾で新造　荷物ととのえ今日吉日　帆をば巻きあげ蝉口つめて　周防灘めも首尾よく渡り　播磨灘めもはやうち過ぎて　須磨や明石の名所を眺め　一の谷また兵庫の沖や　甚九恋風吹きまくりつつ　行けば　程なく大坂の川へ　たんだ押せさせがんきょう寺堀へ　錨おろさせ艫綱とりて……

藤田徳太郎は、『浮世風呂』にみられる「長崎えびや甚九」のヴァリアントから、「長崎えびや甚九」は「舟唄として早くから存してゐた歌であるが、更に此の歌は盆踊り歌としても行はれた」とのべている（藤田 一九三七）。「長崎えびや甚九」は他の兵庫口説と同じように版本としても流布した。矢代の人が大坂や兵庫に行ったときに「長崎えびや甚九」を持ち帰ってきたのかもしれない。あるいは矢代を訪れた船頭たちが「長崎えびや甚九」を伝えたのかもしれない。いずれにせよ、その当時、流行していた「長崎えびや甚九」が手杵祭に採り入れられたと考えられる。

流行の「長崎えびや甚九」が伝わってきたとはいえ、その歌を好み、歌う人間が矢代にいなければ、「甚句」は定着しなかったと思われる。おそらく若者組が中心になって流行をとりいれたのだろう。一九五七年ごろ、矢代の人びとは謡いの講師を一か月ほど矢代に滞在させて、謡いを習ったといわれている。このころまでは声に出して歌う喜びが共有されていたのだろう。したがって、近世後期の矢代には、流行の「長崎えびや甚九」を受容する組織＝若者組と流行の口説きを表現する技術がそろっていたと思われる。参詣者は手杵祭の「甚句」で流行の情報を得る。これが流行の「長崎えびや甚九」か、と。矢代の人びとは流行の口説きを歌うことによって、手杵祭の参詣者を楽しませたにちがいない。

錦耕三が矢代の観音堂を見学したとき、矢代のご詠歌の奉納額が観音堂のあちこちに掛けられていた。「ひかりあり　もろこしふねを　つなぎおく　矢代の濱に　たつや白浪」。この歌は二〇一四年に制作された観音堂のパンフレットの表紙にものせられている。また、この歌は、矢代の念仏講の女性たちが所持する『矢代法事の小念仏集』にすこしことばをおぎない、こう記されている。「さんばんに　やしろのかんぜおん　ひかりあり　もろこしふねを　つなぎ　おく　やしろのはまに　たつやしらなみ　なむあみだぶつ」。百年ほど前に矢代を訪れた僧が、このご詠歌を残していったと伝えられているが、その僧がどこのだれであるかは忘れられている。さらに、「さんばんに　やしろのかんぜおん」ということばから、霊場の巡礼が想定されるが、この「さんばん（三番）」がどのような巡礼の三番なのかもわからなくなっている。

桜田貞二によれば、元治元年から明治十二年（一八六四～一八七九）にかけて小浜の長泉寺に在職していた利錐和尚が、若狭をくわしく調査して観音霊場三十三ヶ所を設定したという〔桜田　一九八四〕。この利錐和尚が作った観音霊場三十三ヶ所では、一番は加茂の為生寺、二番は本保の保中寺、そして三番が矢代の観音堂に設定されている。矢代のご詠歌は、この利錐和尚が矢代を訪れて作ったと推測される。むろん、矢代に念仏講という組織とその実践がつづけられてきたからこそ、矢代のご詠歌は現在まで伝えられてきたといえよう。

「甚句」と「ひかりあり……」のご詠歌は外部からもたらされ矢代に受容された。外部に開かれていた手杵祭の生成の過程をたんねんに読み解いてゆくことが、手杵祭を伝えてきた人びとの心性への一つのアプローチになると考える。

注

(1) 「漂着した唐船をめぐつて村人のあひだに争奪戦が演ぜられた」という記述は伝説の事実に反している。錦をふくめて矢代を調査した研究者たちの報告のなかに、そうした伝説は見あたらない。矢代の人びとはウソを書かれたと思っただろう。

(2) 延宝年間成立の『若狭管内社寺由緒記上下』〔堂谷・山口　一九五八〕には観音堂(福寿寺)の住職についての記載がみられない。

(3) 一九七二年に東京の学生社から出版された武藤武典の『若狭文化財散歩』〔武藤　一九七二〕が、矢代の手杵祭と伝説、観音像について紹介している。また、一九八〇年ごろに作家の白州正子が矢代を訪れ、「若狭紀行」で矢代について書いている〔白州　一九八一〕。

(4) 一九八五年の聞き書き調査で、つぎのような伝説をきいた。「矢代の人びとは殺した姫たちの死体を矢代の浜の岩が三つあるところに放っていた。すると夜になると、そこから火がともり、村に病気が流行った。拝んでもらうと、姫たちの死体を放っておいたから、よくないことがおこったといわれた。それで、漂着船が最初に寄りついた岬の上に姫たちの死体を埋葬し、小さな堂を建てた。ところが、それでも病気の流行がおさまらなかったので、懺悔するために姫たちの殺害をみんなが注目する時間に演じることにした。なお、姫は身ごもっていた。姫は守り本尊に金の仏像をもっていたという」

（5）たとえば〔橘　二〇〇六〕。小松和彦による手杵祭の儀礼と伝説についての研究は、〔小松　一九九一〕を参照。

（6）敗戦後、手杵祭をやめていたことがあるといわれている。そのころ観音堂の幕が紛失した。鳥羽の方から来た女性の「御岳さん」が、お祭りをしないから幕が失せたと言った。それで祭りが再開されたといわれている（一九八五年の聞き書き調査による）。

（7）寛政六年（一七九四）、安政四年（一八五七）、二点の明治三九年（一九〇六）、昭和二八年（一九五三）、一部焼失のために年代がわからない縁起を合わせて六点の「矢代浦福寿寺略縁起」の複写が福井県文書館に所蔵されている。

（8）一九五三年の開帳儀礼のさいに書写された「矢代浦福寿寺略縁起」には、矢代の先祖の人びとが漂着船の乗員を殺害する場面がつぎのように書かれている。「……然るに如何なる因縁にやこの浦人忽ち不人の心を生じ終に三月三日と云ふに船中の人上下共に空しくなる其の期に望んで一同掌を合し恕を請ふ体なりしかど元来音韻も通ぜざれば其の甲斐なかりしとなむ……」。

（9）たとえば、「矢代浦福寿寺略縁起（一九五三年本）」には、「……如在の禮奠永く怠慢なからしめんと誓ふ其式毎年三月三日の祭禮これ也其様異体にして参詣の人頤を解くと雖も自ら発露懺悔の断り冥慮に叶ひけん……」と書かれている。

（10）手杵祭で「甚句」を歌う役の「青年」に配付された用紙から引用。

参考文献

赤貝貞　一九七一　『蜘蛛の網――若狭の文化と伝統』　小浜市立図書館

網野善彦　一九九七　『海の国の中世』　平凡社

新城常三　一九五四　「寄船考――日本水運史の一問題」『歴史地理』84巻3号

小川原正道　二〇一四　『日本の戦争と宗教 1899―1945』　講談社

小浜市　一九七一　『小浜市史　史料編第一巻』

小浜市　一九八七　『小浜市史　諸家文書編二』

金田久璋　一九八九　「歯朶の冠――異人殺しとマレビトの装束」『季刊自然と文化』26号　日本ナショナルトラスト

金田久璋　一九九〇「矢代の手杵祭――唐の王女の伝説にまつわる儀式（小浜）」加藤秀俊他編『人づくり風土記18　福井』農山漁村文化協会
茢田益二　一九六七「民俗行事　矢代の手杵祭（下）」『渉史余話』第29号
小林一男　一九六四「手杵祭私註」『若越郷土研究』第九巻一号
小松和彦　一九八五『異人論』青土社
小松和彦　一九九一「宗教儀礼と説話」小峯和明・阿部泰郎他編『説話の講座1　説話とは何か』勉誠社
斎藤槻堂　一九六九「手杵祭」福井県文化財専門委員会編『文化財調査報告書　第19集』福井県教育委員会
桜田貞二　一九八四「若狭の観音霊場と魚籃観世音の行方」『若狭』33号
白州正子　一九八一『私の古寺巡礼』法蔵館
住田正一　一九四二『廻船式目の研究』東洋堂
橘弘文　二〇〇六「頤をとく祭りと殺人祭のあいだ――福井県小浜市矢代の「観音堂縁起文書」をめぐって」小松和彦編『日本人の異界観』せりか書房
堂谷憲勇・山口久三編　一九五八『若狭管内社寺由緒記上下』若狭地方文化財保護委員会
錦耕三　一九六四「矢代の手杵祭――福井県遠敷郡内外海村矢代の春の神事」『若越郷土研究』第九巻第一号
錦耕三　二〇〇六「矢代の手杵祭」『若狭路の暮らし民俗　錦耕三遺稿集Ⅱ』岩田書院
忍頂寺務　一九三二「大阪に於ける兵庫口説に就て」『上方』第二十号
広井良典　二〇〇九『コミュニティを問いなおす――つながり・都市・日本社会の未来』筑摩書房
福井県　一九八九『福井県史　資料編14　建築・絵画・彫刻等』
福井県　一九九〇『福井県史　資料編9　中・近世七』
藤田徳太郎　一九三七『近代歌謡の研究』人文書院
宮田登　一九八九「若狭の神と祭り」福井県立若狭歴史民俗資料館編『特別展　若狭の四季――年中行事と祭り』
武藤武典　一九七二『若狭文化財散歩』学生社
村上省吾　一九九九『兵庫口説』弓立社

読み替えられる〈国境の島〉
――戦後における対馬イメージの変遷をめぐって

村上和弘

一　流通する〈対馬＝国境の島＝日韓交流の島〉イメージへの懐疑

今日の対馬は、国際交流が盛んな〈日韓交流の島〉として内外にひろく知られている。そして、このような言説・イメージを支えるものとして相互に関連付けて語られる現象がふたつある。ひとつは一九八〇年に対馬の主邑・厳原（いずはら）で始まった「朝鮮通信使行列」である。これは江戸時代に朝鮮王朝から派遣された「通信使」の登城行列をパレードとして再現したものであり、今日では対馬における代表的な日韓交流イベントとして知られている。そしてもうひとつが、一九九九年の釜山―対馬間旅客航路開設（二〇〇〇年定期航路化）に伴う、韓国からの来訪者数の急増現象である。たとえば、二〇一五年の韓国人入込客は二一万三六七六人であった〈対馬市　二〇一七　二〉。対馬市によれば二〇一六年の韓国人入込客数は約二六万人に達し、二〇一七年は三〇万人を超える可能性があるともいう。これらの現象は日韓メディアからの注目も高く、〈対馬＝日韓交流の島〉というイメージを国内外にひろく流通させることになった。

国境の島の国際交流。一見、自然な結びつきであるように思えるが、少し調べてみると奇妙なことに気づく。たとえば、「朝鮮通信使行列」が始まった一九八〇年当時、対馬と朝鮮半島の間には直行交通路が存在せず、韓国からの観光誘致が期待できる状況ではなかった。一方、観光客数増加の主因である直行航路の開設は約二〇年後の出来事であり、両者の間に直接的な関連は見いだしがたい。にもかかわらず、この両者はしばしば関連付けて〈国境の島の国際交流〉として語られる傾向にあり、それは島の内外を問わない。いったいなぜだろうか。それは、日本国内における共通理解として〈対馬＝国境の島〉というイメージがひろく流通[1]しているためであろう。

周知のとおり、対馬は朝鮮半島から約五〇キロの距離にあり、朝鮮半島から対馬、壱岐、そして九州本土へと連なる最初の位置にあたる。そのため、対馬は先史時代から日本本土と朝鮮半島との交流拠点としての役割を果たしてきた。その意味で、対馬＝国境の島＝日韓交流の島というイメージは、必ずしもあやまりというわけではない。ただ、〈国境の島〉にせよ〈日韓交流の島〉にせよ、いずれも国境・国家といったきわめて近代的な概念・制度に由来するものである点には留意しておいた方が良いだろう。

また、ローカルな国境統制の実態にも注意を払う必要がある。たとえば、現在流通する〈対馬＝国境の島＝日韓交流の島〉イメージの背後には、越境可能・往来可能な国境観が見て取れる。通信使行列パレードにせよ、観光や学生のホームステイにせよ、対馬と朝鮮半島の間に横たわる〈国境〉を越えての直接的な往来ひいては交流が可能である、という認識である。だが、後述するように、一九四五年の日本敗戦以降、少なくとも一九七〇年代までは、越境不能・往来不能な国境観が支配的であった。対馬沖には日韓両国を隔てる強固な境界線が存在し、一般人がこの境界線を越えて往来することはほぼ不可能であった。対馬と韓国を結ぶ直行路は存在せず、必要な場合、人びとは福岡や下関を経由して行き来したのである。その一方、さらに時代をさかのぼった一九一〇年から一九四五年にかけては、国境そのものが一時的に消滅し、比較的自由に往来が可能であった。

以上のように、対馬と国境との関係は、近代以降に限っても時代状況ごとに大きく変動してきた。したがって、今日流通する〈対馬＝国境の島＝日韓交流の島〉というイメージもまた、通時的なものであるとは決して言えないだろう。実際、論拠のひとつとされる朝鮮通信使行列についても、当初の開催趣旨は夏祭りに華やかさを添えるための歴史再現イベントであった。日韓交流や韓国からの観光誘致などといった諸要素は、のちになって当初からの開催趣旨であったかのように、いわば〈上書き〉されたものなのである〔村上 二〇一四〕。

では、現在の〈日韓交流の島〉イメージが流通する以前、対馬は日本国内においてどのように認識されてきたのだろうか。管見の限り先行研究が皆無に等しい状況下、本稿では国境が再形成された一九四五年以降を中心に、〈国境の島・対馬〉イメージの変遷を明らかにしたい。

二　対馬の概要

対馬は玄界灘に浮かぶ大型の外海離島である。北は朝鮮海峡（対馬海峡西水道）を隔てて朝鮮半島に面し、南は壱岐島を経て九州本土に至る。対馬が紹介される際には、しばしば朝鮮半島との距離の近さが強調される。最北端から朝鮮半島までの最短距離は四九・五キロであり、天候に恵まれれば朝鮮半島を遠望することも不可能ではない。

行政上は長崎県に属する。二〇〇四年三月の全島合併によって対馬市となったが、それ以前は六町に分かれていた。国勢調査によれば二〇一五年の人口は三万一四五七人（世帯数一万三三九三）で、最盛期であった一九六〇年の人口六万九五五六人以降、一貫して減少傾向が続いている。なお、外国籍は一一五名（うち韓国・

朝鮮籍は六七名）であり、居住人口比では日本国籍者が圧倒的多数を占める。

主要産業はサービス業、公務、建設業、水産業である。長崎県の出先機関[2]が監修する『つしま百科』（第一二版）によれば、二〇〇五年国勢調査に基づく就業人口からは、以下の特徴が挙げられるという。

①第一次産業の構成比が二一・一％と高く、その八〇・四％を漁業が占める。

②第二次産業の構成比は長崎県計を大きく下回るが、建設業のみは上回っている。

③第三次産業も長崎県計を下回るが、公務の構成比は県計の一・八二倍と高い。〔対馬観光物産協会　二〇一一　八四〕

対馬は、しばしば隣島の壱岐とともに「壱岐対馬」と併称されるが、両島の島勢は対照的と言えるほど異なっている。壱岐の面積が一三四平方キロであるのに対し、対馬は約六九六平方キロの面積を有しており、離島としては佐渡島、奄美大島に次ぐ日本国内第三位の大きさである。また、壱岐が比較的円形で地勢も平坦であるのに対し、対馬は南北約八二キロに対して東西は約一八キロと南北に細長く、さらに、総面積の約八九％を林野が占める、きわめて山がちの地勢である。このような険しい地勢によって、対馬の島内は長い間、大きく南北に、さらには個々の地域にと分断されてきた。道路整備が進んだ今日ですら、全島の南北縦断には三時間程度を要するのである。

このような交通事情や二〇〇四年の全島合併までは六つの自治体に分かれていたこともあり、島内各地域間での違いはいまだに大きい。特に全島の中心的存在である厳原[3]と他の諸地域との間には、人口規模や主要産業等の面で大きな違いが見られる。また、北部地域と厳原との間では、地域振興のあり方などをめぐって、ある種の緊張関係が見られがちである。

厳原（いずはら）は対馬南部に位置する。近世には対馬藩の城下町「府中」として栄え、元禄期の人口は約一万六〇〇〇人に達していたとされる〔厳原町　一九九七　七四六〕。明治期以降も現在に至るまで、国や県をはじめとする各種の出先機関が集中しており、二〇〇四年に全島合併で対馬市が成立した際にも市役所本庁の所在地となった。対馬唯一の重要港湾[4]である厳原港には、一日四便[5]の博多航路や貨物航路、さらには釜山との旅客航路などが就航し、島外交通の一大拠点として機能している。なお、博多航路は、明治一〇年代の蒸気船就航を嚆矢とし〔上県町 二〇〇四 五三二〕、すでに大正末には一日一往復のペースで対馬と日本本土の間を結んでいた〔対馬教育会 一九七三（一九二八） 一〇四〜一〇五〕。

時に年配の人々が「城下」と表現するように、厳原は対馬の人々にとって特別な存在であった。日本本土からの品物はまず厳原に到着し、そこから島内各地に輸送されていった。厳原は島内最大の商業地であり、人々もまた、何かあればまず厳原を目指し、そこで用を済ませた。一九六八年の対馬縦貫道路開通や一九七五年の対馬空港開港、あるいは南部・美津島町における大規模商業施設の建設などによって、重要性が薄れはしたものの、今日においても、厳原が島内および島外交通の一大結節点であり、全島の中心的存在であることには変わりがない。後に触れる「通信使行列」もまた、この厳原で開催されている。

三 〈国境の島・対馬〉イメージの変遷

（一） 前史：一九四五年以前

まず、一九四五年以前の状況を、ごく簡単に概観しておこう。

江戸時代（一六〇三〜一八六八）、対馬と朝鮮半島との往来は厳格に制限され、密輸・密航者は死罪を含む厳しい刑罰が科せられた〔田代 二〇一一〕。その意味では、対馬と朝鮮半島との間には相当に厳格な国境統制が存在していた、と考えても良いだろう。

明治期（一八六八～一九一二）に入ると日本政府が各種の渡航推進策を打ち出し〔高崎二〇〇二〕〔木村二〇〇七〕、その過程で対馬―釜山間の航路も一定程度整備されてゆく。また、一九一〇年から一九四五年までの、いわゆる植民地期においては、島内航路が釜山まで延伸され、また、漁船や各種の運搬船が往来するなど、対馬北部を中心に、朝鮮半島との間で比較的活発な往来が行われるようになっていた。ただし、朝鮮半島と日本本土との大動脈はあくまで関釜航路であり、対馬航路は傍流の、いわば生活航路に過ぎなかったといえるだろう〔村上　二〇〇九〕。また、対馬出身者と朝鮮出身者とでは社会的待遇の違いなどもあったようだ。

さて、戦前のこの時期の対馬はどのように捉えられていたのだろうか。資料が乏しく明確ではないが、次節の記述から読み取れるように、〈要塞の島〉そして〈未知の島〉の二つのイメージについては、その存在が指摘できるだろう。実際にも、明治期以降の対馬は海峡を扼する重要拠点として砲台設置や駐留部隊の増強などが進行し、一九四五年時点では、島内の大半が要塞地域に指定されていた〔厳原町　一九九七　一〇四一〕。また、一九二八年に全国青年団を天皇が親閲した際、実況放送をしていたアナウンサーが「朝鮮南端対馬」と放送したといい〔斉藤　一九七一　一三〕、あるいは一九三八年に長崎県議会で対馬の朝鮮総督府への移管に関する質疑が出た〔松尾　一九三九　一〕とあるように、日本本土からは内地とも外地ともつかない〈境界領域の島〉と見なされていた可能性も指摘しておきたい。

なお、当時の島内における朝鮮半島出身者の比率は明確な数値が存在しない。『対馬領有問題資料』[6]によれば、「今次戦争末期は殆ど五千近くに達したものと想像される」とあるが、実際に確認できるのは、「昭和二一年三月一八日非日本人調査として調査の結果は別表の通り合計二，九二四名」（以上、「昭和二四年五月　調査資料」、長崎県対馬支庁）との数値である。

（二）一九四五年以降——〈要塞の島〉から〈民間の島〉そして〈最果ての島〉へ

一九四五年の日本敗戦に伴い、対馬と朝鮮半島との間には実質的な国境が再形成され、対馬は〈国境の島＝最果ての島〉となった。それと同時に、対馬は、軍事機密に覆われた〈要塞の島〉から自由なアクセスが可能な〈民間の島〉へと変貌し、〈未知の島〉として人々の関心を集めることになった。それらには一九四八年の東亜考古学会調査や一九五〇・一九五一年の九学会連合調査など学術的関心に基づくものもあるが、好奇のまなざしによるものも少なくなかったようだ。とりわけ、一九五〇年の朝鮮戦争勃発は対馬への関心を高めることになった。それらによって、戦後から一九五〇年代にかけての対馬は、互いに関連する三つのイメージ、すなわち〈密輸・密航の島〉、〈未開の島〉、そして〈境界領域の島〉というイメージで語られることになった。

まず、フィクションではあるが、鮎川哲也の推理小説『黒いトランク』（一九五六年刊行）を挙げておこう。作中の年代設定は一九四九年で、主人公の刑事は密輸をめぐる殺人事件の手がかりを追って対馬に渡ることになる。そこで描かれるのは、「いまやうっとうしい要塞のベールをかなぐりすてた対馬」であり、「漁場に蓄積された千円紙幣をねらって」本土から渡ってくる人々の姿と、それとは対照的な「島の醇良な気風」や、「いまにもかみしも姿の登城のさむらいが出てくるような」厳原の風情ある街並みであった。その一方で、「対馬の最北端に立つと、九州よりも朝鮮へわたるほうが近い。麻薬の密輸入者は多くこのルートを経る」とも描かれている〔鮎川二〇〇二（一九五六）一五六～一六二〕。

また、朝鮮戦争勃発後に来島したひとりであるジャーナリスト・文学者の湯浅克衛は、自著『ルポルタージュ　対馬』の書き出しをこう始めている。「二、三年前から、私は密輸、密入国の資料を集めていた。しかし、いよいよ書き出すには、一度その舞台を知る必要に迫られて来た。何と云つても対馬は、その本場である」〔湯浅

一九五二　七）。また、同書で湯浅はこうも記す。「対馬の海女は緋のふんどしをしめている。それだけだ。志摩の女のようにじゆばんなど着ていない。済州島の海女のように、柿渋のパンツをはいたり、浮袋のパカチ（瓢）をとつたりしていない。」と（湯浅　一九五二　八五）。

これらの記述から、当時の対馬が〈密輸・密航の島〉、〈未開の島〉としてイメージされていた点は、容易に読み取れるだろう。また、例示したふたつも、決して例外的な記述ではない。たとえば同時期の『アサヒグラフ』（一九五二年一月三〇日号）では、「戦後は海上無政府状態とあって、この間隙をぬつて日本近海には密輸、密航の無法者が時を得顔に横行」、「密航基地の別名さえある対馬」などと記している。フィクションの世界においても、一九五〇年には厳原海上保安部に焦点を当てた『玄界灘の狼』（新東宝）が公開されている。一九五〇年前後の国境の島・対馬は、なによりもまず〈密輸・密航の島〉として認識されていたのである。

そして、一九五〇年・一九五一年にわたって行われた八学会調査（のち九学会）もまた、このような時代状況の制約を免れるものではなかった、と筆者は考えている。小堀巌の回顧によれば、対馬調査に至る候補地の選定時、最終候補は淡路島、琉球、対馬の三か所だったという。このうち淡路島は、「民族学会の調査対象として内地にあるだけに多少問題があること」から、また、琉球は講和条約締結以前だったことから除外された。一方、対馬は、「大陸文化と日本文化の交流点であろう（?）ということ、及び終戦迄要塞地帯であったため殆どその学術調査の行なわれていない処女地であること」から決定されたという（小堀　一九五一　五）。当時、学術団体においても、対馬は〈未知の島〉〈境界領域の島〉と見なされていたのである。

では、九学会対馬調査の結果はどのようであったのだろうか。一言でいえば、「対馬は日本である」との結論であった。考古学的スケールでの朝鮮半島との交流は存在するものの、民族誌的現在においては朝鮮半島からの影響は、ほぼ認められない、とされた。筆者としてはこの結論に留保付きで同意する[7]が、本稿の主題である〈対馬イメージ〉との関連においては、むしろ、調査結果がもたらした帰結に注目したい。対馬をめぐる学術調査は、結果的に、対馬を日本の最外縁として位置づけることになった。そしてそのことは、「中世社会の残存」（宮本常一）のフレーズに象徴されるように、日本の古風を残す〈最果ての島〉、ひいては〈未開の島〉と認識を強化する方向に働いた、と考えられるからである。

（三）一九六〇年代以降――〈忘れられた島〉から〈自然と歴史ロマンの島〉へ

朝鮮戦争の勃発を機に、日本本土から対馬への関心は、一時的に高まった。だが、その関心も急速に収まり、一九五〇年代後半から一九六〇年代の対馬は、李承晩ラインの設定に伴う日本漁船の拿捕や「変則貿易」（村上二〇一六）などのトピックを除き、日本本土からの注目を受けることのない、いわば〈忘れられた島〉であった、と表現しても大きく外れてはいないだろう。

その一方で、一九五二年の離島振興法制定を背景として、一九六〇年代以降の対馬では、地域振興の一環として観光開発の試みが進められていった。一九六八年の壱岐対馬国定公園指定（県立公園からの昇格）および対馬縦貫道路の開通、一九七二年の博多航路カーフェリー就航、そして一九七五年の対馬空港開港など交通路の整備も進んだ。そして、このような観光振興の流れの中で、対馬が〈国境の島＝最果ての島〉であることを前提に、それを肯定的なイメージへと転化させていく試みが出現する。

たとえば一九七七年に長崎県対馬支庁が刊行した観光写真集『対馬への招待』を見てみよう。長崎県対馬支庁という、島内・島外のいわば結節点に位置する組織による制作・頒布という点でも象徴的な写真集である。出版経緯の詳細は不明だが、表題の通り、対馬への観光誘致を目的としたものであることには間違いないだろう。同書には対馬が〈最果ての島〉であることを前提に、そのイメージを肯定的なものとして描こうとする意図が満ちあふれている。

　全巻を通じてページ数の記載はないが、巻頭には「歴史の島、国境の島、自然の島、資源の島、人情の島……『対馬』」とのフレーズとともに簡単な島勢の紹介文が掲載されている。その後、見出し順に「対馬旅情、国境をのぞむ丘、歴史へのいざない、いくさのあしあと、神話の里、対馬の玄関、烽と聖霊の山、対馬の海、ふるさとの祭、珍しい生物、対馬の特産物」として、各種の写真が掲載されている。

　写真のページにはごく簡単な表題が付くだけだが、巻末の「写真説明」の項にはやや長めの紹介文が掲載されており、そこには見出しごとに、「歴史の島、国境の島、人情の島…として、対馬は来る人の旅情をかきたてる」（対馬旅情）、「絶海の孤島と言われた対馬にも、ようやく春の息吹がおとずれ、いまや歴史の宝庫、民俗の宝庫として一大『対馬』ブームを呼び起こしつつある」（対馬の玄関）、「対馬は絶海の孤島であったため、日本文化の伝播にうとく、古い伝統、民俗、風俗までも生き続けている。」（ふるさとの祭）、「ひなびたふるさとに残る対馬のまつりは、日本の心のふるさとでもある」（ふるさとの祭）、などの記述が並ぶ（長崎県対馬支庁　一九七七）。

　ここに描かれているのは、かつては絶海の孤島であり、だが、それゆえに豊かな自然と古くからの伝統を残す対馬である。また、現在は、交通事情が改善し日本本土からの往来も容易になったが、かつては「アジア大陸と日本の接点としての役割」（あとがき）をはたし、防人や元寇、あるいは明示はされていないが朝鮮通信使といった過去の出来事に思いを馳せるにふさわしい、〈自然と歴史ロマンの島〉である。一九五〇年代とは異なり、ここでは〈国境の島＝最果ての島〉であるゆえの独自性が肯定的に描かれている。

　そして、このような文脈の中で、対馬と〈韓国〉との、イメージ上での結合も登場してくる。その典型例は、この時期に観光資源として整備された「国境をのぞむ丘」や「韓国展望台」などの名称に見て取れるだろう。海上にある不可視の国境線を「のぞみ」、あるいは国境の向こうにある韓国を「展望」できるからこそ、豊かな自然の中で悠久の歴史に思いを馳せ、「旅情をかきたてる」のにふさわしい島として、国境の島・対馬は読み替えられていった。今日、対馬における代表的な日韓交流イベントと目される「朝鮮通信使行列」もまた、当初はこのような文脈に位置づけられる存在として一九八〇年に登場したのである〔村上 二〇一四〕。

〈四〉一九八〇年代以降――〈日韓交流の島〉スローガンの誕生と変質

「朝鮮通信使行列」の展開についてはすでに別稿で詳述した〔村上 二〇〇八〕〔村上 二〇一四〕。ここではそれらに依拠し、その後の知見を踏まえながら概観しておこう。

通信使行列は公式には一九八〇年、商工会を中心とする「厳原港まつり」（一九六四年～公式開催）の出し物として始まった。行列の創始者は、戦後来島して厳原で成功した衣料品店の店主であり、対馬の人びとに成功の恩返しをしたい、というのが口癖であったという。港まつりなどの折には率先して走り回り、また、まつりに華やかさを添えるため、若い女性店員たちを組織しての郷土舞踊や創作太鼓など、郷土の歴史に題材を得た各種の出し物を披露してきた。一九八〇年にはじまった「通信使行列」もまた、本来は、これらの系譜に連なる「出し物」[8]であった。

その後、一九八〇年代後半にいくつかの重要な変化が生じる。まず、一九八五年に創始者が急逝し子息が主催団体の会長職を継いだ。その前後から島外とくに韓国側からの関心が高まりだす。それら外部からの期待に応えられるように時代考証を踏まえた忠実な再現を目指す動きが生じ、結果として交流活動も活発化していった〔村上 二〇一二〕。一方、観光振興の流れの中で行政の関与も徐々に強まっていった。たとえば、一九八八年に通信使行列の出演先である「厳原港まつり」が「対馬アリラン祭（り）」へと改称された背景には、県補助金の受給に際し他地域との差別化をはかる必要があった。こうして通信使行列は、行政の関与のもと、対馬独自の日韓交流イベントとして、それも単なる歴史の再現ではなく、再現を通じて交流を進めようとする現在進行形のイベントとして位置づけられることになったのである。それは同時に、〈日韓交流の島〉という観光スローガンと表裏一体の動きでもあった。

ただし、一九九〇年代の〈日韓交流〉の内実は小規模な文化交流の域にとどまり、また、韓国からの観光誘致を目指すものでもなかった。この時期の〈日韓交流の島〉スローガンは、日本国内からの集客力を増すための、まさにスローガンであった。

だが、その〈日韓交流〉スローガンの内実も二〇〇〇年前後から変質していく。韓国との直行航路開設の試みが、数度の挫折を経たのち、二〇〇〇年に実現する。そして地域経済の低迷や地方交付税の削減などが続くなか、〈日韓交流の島〉は韓国からの観光誘致を目指すものとして読み替えられることになった。そして実際に韓国からの渡航者が急増するなか、対馬が報道対象となる機会も増大した。こうして、今日の〈対馬＝国境の島＝日韓交流の島〉イメージが、好意的であるか敵対的であるかを問わず[9]、広く流通するようになっていったのである。

（五）〈歓待と排除〉の象徴としての朝鮮通信使行列

二〇一二年秋、対馬所在の渡来仏の盗難事件が発生した。仏像はまもなく韓国国内で発見されたが、返還について訴訟が起きるなどして一向に見通しが立たなかった。このため、翌二〇一三年の「通信使行列」は港まつりへの出演を取りやめ、また、まつりの名称自体も「厳原港まつり・対馬アリラン祭」から「対馬厳原港まつり」に改称されることになった。実は、以前から地域住民の間では、自分たちのイベントに「アリラン祭」の名称が冠せられていることや、来訪者であるはずの通信使をイベントの主役として盛大に開催することへの潜在的反発が存在していた。さらに二〇〇〇年代に釜山航路が開設され、実際に多数の韓国人旅行者が来島するようになると、主として生活習慣の違いに起因するトラブルが頻発するようになっていった。こうして徐々に高まっていた反発が、仏像の盗難と返還をめぐる軋轢をきっかけとして顕在化したのである。

ここで興味深いのは、地元での「通信使行列」に対する位置付けの変化である。前項で記した通り、通信使行列は過去の歴史ロマンを現出させるイベントとして始まった。ただし、当時は時代考証もなく、同時に行われていた仮装行列との関係もあり、想像上の来訪者＝異人を興味本位に描き出したものでもあり、また、まつりのイベントとしてはそれで充分でもあった。ところが、一九八〇年代後半以降の変化により、通信使行列は日韓交流イベント、すなわち異人歓待を体現するイベントとして位置づけられることになったのである。一方、二〇〇〇年代から始まる韓国からの来訪者急増に伴うトラブルの頻発は、通信使行列が象徴する異人歓待の物語とは、むしろ相反するものであった。こうして通信使行列は、来訪者の歓待／排除をめぐる感情的反発の焦点と見なされる存在になっていったのである。このように考えると、二〇一三年の行列開催の中止は、一種の〈異人殺し〉であったと言えるのかもしれない。なお、通信使行列は翌二〇一四年から再開された。文字化された伝承ではなく再現行列というイベントであったからこそ、このような復活が可能であったのかもしれない。

四　〈語られない歴史〉を忘れないために

ここまで見てきたとおり、〈国境の島・対馬〉のイメージは、一九四五年以降の時期に限定した場合であっても、その指示内容は時代状況ごとに大きく異なっている。端的に述べるならば、その時代時代の状況に応じ、〈国境の島・対馬〉のイメージは事後的に〈上書き〉され、あるいは〈読み替え〉られてきたのである。それは、今日、対馬の代表的日韓交流イベントと目される朝鮮通信使行列についても同様である。

筆者は、このような〈読み替え〉を一概に否定するものではない。それはその時代を生きた人びとが当事者として選択した結果であろう、と考えているからである。だが、世代交代が進むにつれて選択の結果だけが受け継がれ、その背景にあったものがいつのまにか忘れられ、いわば〈語られない歴史〉として埋もれていくなか、宿命的に外部の視点に立たざるを得ない研究者としては、自身が解明した限りでの〈語られない歴史〉を記録にとどめておく必要がある、と考えている。それは、小松和彦がいう「人類学的歴史の生成」プロセス、とりわけ「テキスト以前と以後の双方にまたがる研究」につながる第一歩となるものでもあろう〔小松　一九九七（一九八九）二二二〜二二四〕。

今日、朝鮮通信使は日韓の善隣友好を象徴する存在であり、「二一世紀の朝鮮通信使　日韓友情ウォーク」などイベントの名称にも用いられている。このような朝鮮通信使への関心を内外で高めた契機のひとつとして指摘されるのが、一九九〇年の盧泰愚・韓国大統領（当時）訪日時の発言である。盧泰愚大統領は宮中晩さん会において、対馬藩に仕えた儒学者・雨森芳洲について触れ、「誠信の交わり」の必要性を述べた。対馬では、これを契機として「通信使行列」を島外に発信する動きが活発化し、主に国内の関連自治体からなる「朝鮮通信使縁地連絡協議会」、通称「縁地連」の結成に至った。縁地連は二〇〇〇年代以降、韓国・釜山文化財団との連携を強め、ユネスコ「世界の記憶」への共同申請を行うにいたった（二〇一七年一〇月に登録決定）。

ここで、上述の盧泰愚大統領発言は、今上天皇のおことばを受けての「答辞」である点を改めて想起しておきたい。今上天皇は「おことば」の中で、朝鮮半島と日本との間には古来から密接な交流が続いてきたと述べ、その例として江戸時代の朝鮮通信使に触れる。その上で、昭和天皇の言を引いて「今世紀の一時期において、両国の間に不幸な過去が存したこと」に触れ、さらに自身の言葉として、「我が国によってもたらされたこの不幸な時期に、貴国の人々が味わわれた苦しみを思い、私は痛惜の念を禁じえません」とも述べているのである。

通信使の今日的活用に際しても、私たちはこの発言を忘れてはならないだろう。「不幸な過去」の存在が〈語られない歴史〉に転じることが無いように。

謝辞
本稿のもととなった調査に際してはＪＳＰＳ科研費（一六六五二〇六三、二一三二〇一六五、二三五二〇九八八、一七K〇三二八六）の支援を受けた。また、対馬在住・対馬出身の皆さまには、毎回のことながら大変お世話になっている。記して感謝したい。

注

（1）たとえば対馬観光物産協会ウェブサイトはトップに「国境の島　対馬へ」と記している。また、文化庁認定「日本遺産」では、「国境の島　壱岐・対馬・五島　～古代からの架け橋」との名称になっている。
（2）数度の改編があり、二〇〇四年度までは対馬支庁、二〇〇五年度以降は対馬地方局、二〇〇九年度以降は対馬振興局となっている。
（3）旧厳原町の中心地（市街地）を指す。対馬の住民が「厳原」といった場合、通常は、この中心市街地のことを指す。
（4）港湾法に基づき国が指定する。厳原港は一九五一年に指定された。
（5）フェリー二往復、ジェットフォイル二往復。その他、貨客船も運行している。
（6）東洋大学白山図書館所蔵。行政機関の内部文書、論文等の要約、調査報告書などからなる資料群である。記載の月報値がいずれも昭和二四年四月までであることから、同年五月以降の早い時期に編纂されたものと推測される。他の状況証拠等と考え合わせ、筆者は外務省がＧＨＱ宛に提出した報告書「Tsushima」（一九四九）の執筆用資料であろうと推定している。〔玄　二〇〇六　六八～七二〕参照。
（7）とりわけ、朝鮮戦争勃発に伴い、島内在住朝鮮人の調査が中止された点には留意しておきたい。

（8）たとえば、史実としての通信使の一行に女性は存在しない。だが、「通信使行列」は開始当初からチマチョゴリ姿の女性たちが組み込まれていた。

（9）敵対的な例としては、二〇〇五年以降に散見されるようになった、対馬を〈侵略される島〉と見なす報道が挙げられるだろう。

参考文献および参照ウェブページ

鮎川哲也　二〇〇一（一九五六）『黒いトランク』光文社（文庫）

伊地知紀子・村上京子　二〇〇八「解放直後・済州島の人びとの移動と生活史」蘭信三編『日本帝国をめぐる人口移動の国際社会学』不二出版

厳原町　一九九七『厳原町誌』

上県町　二〇〇四『上県町誌』

木村健二　一九八九『在朝日本人の社会史』未来社

九学会連合対馬共同調査委員会　一九五四『対馬の自然と文化』古今書院

小堀巌　一九五一「八学会の対馬調査はどのようにして行なわれたか」『人文』一号

小松和彦　一九八五『異人論』青土社

小松和彦　一九九七（一九八九）『悪霊論』ちくま学芸文庫

斉藤隼人　一九七二『国境線対馬』対馬新聞社

田代和生　二〇一一『新・倭館―鎖国時代の日本人町』ゆまに書房

高崎宗司　二〇〇二『植民地朝鮮の日本人』岩波書店

対馬観光物産協会　二〇〇八『つしま百科』（第一一版）

対馬観光物産協会　二〇一二『つしま百科』（第一二版）

対馬教育会　一九七三（一九二八）『増訂　對馬島誌』名著出版

対馬市　二〇一七「対馬市観光振興推進計画」（平成二九年三月）

長崎県対馬支庁　一九七七　『対馬への招待』
玄大松　二〇〇六　『領土ナショナリズムの誕生』　ミネルヴァ書房
松尾鐵次　一九三九　『對馬といふところ』　對馬日日新聞社
村上和弘　二〇〇八　「『厳原港まつり』の戦後史　～対馬における『日韓交流』の利用戦略をめぐって～」小松和彦還暦記念論集刊行会編　『日本文化の人類学／異文化の民俗学』　法蔵館
村上和弘　二〇〇九　「近現代対馬における『海域』と『越境』」『人文学論叢』　一一　愛媛大学人文学会
村上和弘　二〇一二　「キッチュとしてのマツリ――対馬・厳原の『朝鮮通信使行列』パレードを題材に」『比較日本文化研究』　一五　風響社
村上和弘　二〇一四　「朝鮮通信使行列と日韓交流」永留史彦・上水流久彦・小島武博編　『対馬の交隣』　交隣舎
村上和弘　二〇一六　「変則貿易の時代　～戦後対馬における日韓『交流』の諸相～」『島嶼研究』　一七―一　日本島嶼学会
湯浅克衛　一九五二　『ルポルタージュ　対馬』　出版東京
宮内庁　「国賓　大韓民国大統領閣下及び同令夫人のための宮中晩餐　平成二年五月二四日（木）（宮殿）」『主な式典におけるおことば（平成二年）』　http：//www.kunaicho.go.jp/okotoba/01/okotoba/okotoba-h02e.html（2017.07.24）
大統領記録館（韓国）「明仁日王内外主催晩餐答辞」（原文韓国語）『演説記録』http：//www.pa.go.kr より検索（2017.07.24）

韓国で栄えた日本の花札

魯 成煥

一 日本から入ってきた花札

私が日本に留学していたとき、小松和彦の『異人論』が世間の注目を浴びつつあった。異人論で興味を引く部分は民俗社会が絶えることなく外部の世界と接触することにより成立するということであった。ウチからみた場合、ソトから入って来る異人は時と場合に応じて、歓待されもしたし、忌避、虐待(排除)されもする(小松一九八五 一三頁)。即ち、受容と排除の論理である。これは文化にも言える。韓国が日本の植民地支配を受けた際、様々な文化が日本から入ってきた。しかし独立後、これらの多くは「植民殘滓の清算」という名の下に消された。異人論からすると、異人殺しが大胆に行われたのである。その反面、大衆から積極的に受け入れられ定着したものもあった。その代表的な事例の一つが花札である

日本から入ってきた大衆的な遊びの中で花札ほど韓国社会に定着したものはない。全国隅々まで花札がない所はない。それだけ花札は国民的な遊びになっている。それに比べ、学問的な関心は高いとは言えない。あまりにも大衆的で、その上日本の大衆文化から出た卑俗文化(倭色)という認識があるため、学問の対象にされないの

かもしれない。

本稿は、日本の花札がどのように韓国に伝来し、いかなる変化の過程を経て韓国に定着したかという問題を論じる。いかなる文化であっても外部から入り定着した場合、地域の現実状況に合わせて変貌するはずである。花札も例外ではない。つまり、日本から伝来した時の様子がそのまま少しも変わらず定着したとは考えられない。当然その中には韓国化された部分があるはずである。それを明らかにするのが、本稿の目的である。

二　花札の源流と伝来

これまでの花札の論議の中で、花札が日本から伝来したものであることは紛れもない事実であるにもかかわらず、花札の源流は韓国にあると主張する韓国の研究者も少なくない。例えば林在海は、韓国の闘牋が西洋のカードの元祖で、それが日本に渡り花札になって韓国に戻ったとみなしている〔林在海　一九九四　一二二〕。これは不確かな推測による個人の意見に過ぎない。

それを否定する意見はすでに朝鮮時代からあった。例えば、成大中の『青城雑記』（巻二）には、「闘牋は中国の元から始まり、朝鮮では粛宗の際、訳官張炫によって伝わった」と書いてある。つまり闘牋は張炫により中国から伝来されたものであった。このように花札の起源は韓国にない。それはあくまでも日本人によって日本で作られたものである。では、花札はいつ誰によって韓国に伝わったのだろうか。これには大きく次の二つの意見にまとめられる。

一つは対馬から伝わったと見る説である。これは多くの研究者が支持する一般的な説であるが、一九世紀末に釜山を往来する対馬商人によって伝えられたと見る説である〔高大民族文化研究所編　一九八二　六六〇〕。もう一つは伊藤博文による伝来説である。伊藤が外国訪問の際、よくお土産に花札を持って行っていることから、一八九八年日清戦争の戦後処理のために韓国を訪問し、高宗に謁見し、大勢の親日派人士と交流した際、花札をお土産にしたと見る説である〔朴成昊　二〇一五　一四八〕。

これらの説のなかでは前者がより説得力があるように思われる。というのは元来花札は日本と近い釜山など慶尚道南部地域から流行し、ソウル、仁川、群山などの西北部地域では麻雀が人気であったという証言が多いからである〔金時徳　二〇一六〕。しかし、どちらも確実ではない。なぜなら花札の伝来と遊び方の伝来は違うからである。日本の商人や有力な政治家によって物が伝来することがあっても、それをもって遊ぶ方法を身につけるまでにはある程度時間が掛るからである。これについて李徳鳳は次のような興味深い見解を示している。一九四〇年以後、日本は軍隊の中でのみ許し、花札は日本最初の公営賭博であった。その時日本軍に強制徴用や軍属で行った韓国人も花札を覚え、彼らの帰郷に伴い自然に韓国に伝わったという見方である〔李徳鳳　二〇〇〇　三二〕。

しかし後で述べるが、花札はそれよりも遥か以前の二〇世紀始め、それもソウルの貴族社会にはすでに蔓延していた。したがって、ある特定地域そして特定の階層を経て、全国的に広がったと見るよりも、一九世紀末朝鮮に居住していた日本人の居留地と直接的・間接的に関連を持った人達によって同時多発的かつ順次的に自然に広まったと思われる。

三　花札の受容と展開

花札は一九世紀末韓国に伝わると急速に広まり、二〇世紀始めにはどこでも見られる普遍的な遊びとなった。

それには日本人も一定の役割を果たした。その証拠として黄炫（一八五五～一九一〇）の『梅泉野録』に次のような記録がある。

以前からソウルや田舎では闘銭と骨牌の賭博をしたが、甲午年以後自然に途絶えた。ところが最近倭人達がソウルと各港に花闘局を設置した。そこで賭博し、一回に万銭も賭ける人もある。破産する愚かな両班や馬鹿な商人が多かった。〔黄炫　二〇〇五　三六二〕

この記録は丙午年、即ち一九〇六年（高宗四三）の記録である。この記事は次のような三つの点で重要な事実を示している。一つ目は、花札が伝統的な闘銭や骨牌を追い出して韓国の代表的なカード遊びとして根を下ろしていることである。二つ目は、それによって身分の高低を問わず、家産を蕩尽する弊害が続出したことである。三つ目は韓国社会に花札が広まるのに日本人が意図的に介入したことである。ここで言う花闘局とは今日のスロットマシンやカジノのような賭博場所で、これを日本人が設置して朝鮮人を主な客にしたのである。このために、今だに花札は日本人が意図的に広めたものであるとよく批判される。とにかく、これもまた韓国社会に花札を拡散させるのに大きく貢献したのは間違いない。

一九二六年に出た『朝鮮賭博要覧』に「これから約三〇年前後内地から花札流を朝鮮に輸出し、……内地の花札を書いた博戯が盛況した」という内容があった。日本から一九〇九年に六〇万組、その翌年に八六万組、一九一一年には一二〇万組、一九一五年には六六七万組、一九一六年には一三二六万組、一九一七年には日一七六三万組を輸出した。また一九一八年までの四年間の輸出量はおおよそ五〇〇〇万組を上回った。これは日本国内生産量の約二〇倍に上る〔金光彦　二〇〇四　六八四～六八五〕。増川宏一によると日本にとって花札の主要輸出先は韓国であったとされる〔増川宏一　一九八五　二四〇〜二四二〕。このように日本は朝鮮への花札輸出により、莫大な利益を挙げている。そして、その窓口の役割を日本人が運営する花闘局が担ったことは言うまでもない。

しかし、花札は益々その勢力を広げて行った。一九〇〇年代の始めになると、花札についての言論記事も大幅増加する。当時の状況が分かるいくつかの事例を見ることにしよう。

（A）海豊府院君尹澤栄、皇后宮大夫尹徳栄、中樞院顧問李址鎔・沈相翊などは昨日下午六時に花月楼で放蕩に宴会を開き、一〇時に東大門の中の光武台に行き、もう一回遊んだという。〔大韓毎日新報　一九〇七年一二月五日付〕

（B）ソウルで大きい賭博があった。南北村の両班子弟達が某洋屋に集まって花札のジッコテンイをした。そのためたった五年で七百余人が破産し、その間に失われたお金が二四万円で、裾分けで払ったお金も毎日一千円ずつだという。それはまさに賭博である。即ち金だらけであり、お金の山と言えるほどである。〔京郷新聞　一九〇八年三月一三日付〕

（C）総理大臣李完用氏の自宅の山頂で某官人たちが集まり花札の賭博していることはすでに掲載したことがある。改めて聞くとその時賭博した人の中の朴義秉氏が三千圓を失い、李完用氏の従甥の李用求氏が五千圓を勝ったと言う。〔大韓毎日新報　一九〇九年三月四日付〕

以上に見られるように、花札賭博をしたグループの中には所謂乙巳五賊と言われる李完用、李址鎔も含まれている。（A）の記事が出た一九〇七年は国債補償運動が行われた年である。徐相燉などの提案で日本から導入した借款一三〇〇万円を返して主権を回復しようと起こした運動が盛んであった時、いわゆる朝鮮高官大爵たちは花札賭博場で一日で数十万円をすっかりなくしていたのである。

李完用は当時牽引症で苦しんでいたが、その痛症を忘れる為に花札を好んだという話もある。[1] 尹澤栄は最後の王（純宗）の義父である。彼は資産を贅沢生活に蕩尽し、債務王というあだ名を得るほどの負債があり、それを返せず、北京に逃げて客死した人物として知られている。[2] そして李址鎔は先祖代々の亭子を売ったお金まで花札賭博場でなくしたと新聞は報道している。当時高官大爵たちがこのような状況だったので、（B）の記事でみられるように、両班子弟たちもはばかることなく花札で賭博した。特に彼らは今日でもやっているジッコテンイをした。その結果五年で七〇〇人余が破産したという。まさに国が日本に滅ぼされる前に、すでに朝鮮は日本の花札に占領されていたと言っても過言ではない。

こうした状況でいつ、どこから始まったのか不確かであるが、地域の所々から花札に関する民謡が流行のように広がっていった。それは全国的に採集されるが、内容は類似し、類型もそれほど多くない。代表的な事例として全北・高敞と釜山の花札の歌を見ることにしよう。

（A）全北・高敞

正月松岳に白鶴が泣き　二月梅鳥に鴬が泣く。／　三月桜　太鼓叩く音　天地白波に　皆飛んでくる／　四月月黒萩　信じかたき　五月蘭が乱れ咲いた／　六月牡丹に蝶を招き　七月紅萩　猪が飛び／　八月公山に月が明るく　九月菊に菊酒だ／　十月紅葉に鹿が遊び　梧桐の琴は　紘を選んだだけでもグルグル／　雨の中お日様が日傘を持ちあっちこっち遊覧しようか／　回った回った二百四十で全部回った。

(B) 釜山

正月松の枝 名残惜しい心　二月梅鳥に 結ばれ／　三月桜 乱れる心　四月黒萩が空しい／　五月蘭に蝶が飛び六月牡丹によく踊る／　七月紅猪一人で横になり八月公山から月が出る。／　九月菊花 堅い心　十月紅葉に落ちて／　梧桐秋夜来るお客様　十二月月の雨に濡れて来られないかな。

ここに見られるように一般民謡とは違って歌詞に深い意味は込められていない。単純に一年一二ヶ月を象徴する動物や花などを素材にことば遊び的に歌詞を作り歌っているだけである。その中で桜は見慣れていなかったせいか日本語そのまま「サクラ」と歌っている。このように花札が民謡となり、また植民地時代を経て韓国社会に完全に根を下ろした。さらに、老年の女性の間では花札で占うことも伝承されている。

では、何がこのように韓国人をして日本の花札に熱狂させただろうか。それには色々理由があるだろうが、多くの人が共通して伝統遊びの不在を挙げている。これについてはある程度頷けるが、しかし、全面的には同意できない部分がある。花札以前にすでに骨牌や闘錢という賭博道具があったからである。それらが花札が入って来ると居場所を失い、賭博と遊びの道具界から退場した。言い換えれば碁や将棋、ユッとは違って新しい波に耐えられず挫折してしまったのである。

これには花札のゲームのルールの多様性や娯楽性が働いた可能性ある。花札遊びが「ミン花闘」、「六百」、「ソッタ」、「トリジッコテンイ」、「Go Stop」など、まさに時代とともにより多様な規則が開発され進化している。人員も二人から一〇人までできるし、その上、子供ともいくらでも楽しめる。こうした親和力と娯楽性、そして大衆性は伝統的な骨牌や闘錢に比べ花札の方がはるかに勝っている。骨牌や闘錢が賭博娯楽界で日本の花札に席を譲って引退したのは現実に合わせて変化を模索しなかった結果であった。

花札は一年を一二ヶ月にして四八枚ごとにその季節が分かるように華やかな絵で飾られている。既存の骨牌や闘錢とは比べられない多様さがある。さらにその絵が韓国人の季節感覚から見てもそれほど抵抗感のあるものではなかった。松、鶴、梅、月、蘭、牡丹、菊などは東アジア人ならば誰でも共感できる見慣れた植物である。従ってそれを受容するのにあまり無理がなかったと思われる。そして価格の適当性も見逃せない。花札の大量生産と共に低廉な値段で容易に店で購入が可能であったことも花札の拡散に大きく貢献したと見られる。

もう一つの長所は便宜性である。大きくも厚くもないので、天気、場所を問わず時間と相手さえあれば、いつでもどこでもできるという長所がある。このような特徴に魅力を感じた韓国人は、骨牌と闘錢という伝統の道具を捨てて新しく入ってきた日本の花札に熱狂することになったのである。

四　韓国人がみた日本の画像

韓国語文学者陳泰夏は花札を日本の低俗な文化が投影されたものとして見たが〔陳泰夏　一九九六　一二〕、日文学者たちはそれとは反対に日本の高級文化である和歌の伝統が反映されたと見なした。では、実際に花札を持って遊ぶ韓国の庶民たちは花札の図案をどのように見ていたのか。

二〇一四年、園芸学者による花札の図案に対する認識についてとても興味深い研究があった。それは呉旭、金東鎮の研究で、成人男女一五六人を対象に花札に登場する植物への認識へのアンケート調査を行い、次のような結果を発表した。

その研究によると、一月の松をサボテンとして認識する人が三・八％で、二月の梅を椿として認識する人が六・四％、三月の桜を梅と答えた人が六・四％、桃或は杏子として認識する人も五・一％になった。それから四月の藤を黒萩だと答えた人が二五・六％、蕨だと答えた人も六・四％であった。それに対し藤と正しく答えた人は二一・六％に過ぎなかった。それから五月の菖蒲を蘭と答えた人がおよそ七四・四％と圧倒的に多く、菖蒲と正しく答えた人は一〇・三％に過ぎなかった。また六月の牡丹を薔薇だと言った人が四五％、牡丹と言った人は三九％だった。そして七月の萩を紅萩として認識する人が二五・六％で、稲或は麦として認識する人も六・四％もあった。また八月の芒を認識する人は殆んどいなかった。そして九月の菊花、一〇月の紅葉、一二月の柳はそのまま認識したが、一一月の桐に対しては桔梗（九・〇％）または高麗人参（二一・六％）と答えた人たちもあった（呉旭・金東鎮　二〇一四　四〇六）。

こうした統計を見ると、正しく認識するのは僅か九月の菊、一〇月の紅葉、一二月の柳くらいである。四月の藤を黒萩といい、五月の菖蒲を蘭として見たのは花札を素材にする民謡にもみられる。先に挙げた民謡の事例の「四月黒萩 信じかたき 五月蘭が乱れ咲いた」（高敞）、「四月黒萩が空しい／五月蘭に蝶が飛び」（釜山）という歌詞に見られるように、菖蒲を蘭として見たのは結構古い。つまりそのほかの誤解は花札が韓国社会に定着して以来、時間の経過とともに図案に対する認識も少しずつ変わっていったものと見られる。

このような誤解は形の類似性のために生まれた結果であるが、特に四月の藤を黒萩として見るのは意外である。藤と萩はあまりにも違うからである。どうして韓国人の目にはそれが黒萩に見えたのか。これはほかでもなく、韓国の花札では四月の藤は十点の物以外全て逆になっているからである。つまり、初めから意図的かどうか定かでないが、それを逆に覆して印刷し販売したものが今日に至るまで流通しているのである。今はこれが韓国人の目になれて、むしろ元のようにすると、不思議に思われるくらいである。その上、覆された藤の葉の絵が七月の紅萩の形と大きく変わらない。韓国人は四月と七月のを同じ萩を表す物で、区別のためにわざわざ七月のに紅色を塗っている物だと考えたのである。その結果四月のを黒萩、七月のを紅萩というこの世にない植物名を作り出した。

このように間違った絵（印刷）で誤解を起こした物もあるが、韓国にはない文化により消えていく物もあった。八月の芒が代表的な例である。旧暦八月一五日は日本人には「月見」の日である。日本では芒を家に飾り、月見団子を作り、お月様に捧げ月を観賞する習俗がある。それで日本の花札には満月と飛んで行く雁の下に描かれた山には必ず風に揺られる芒がある。それだけ芒は月見を象徴する植物である。ところがこのような文化を持たない韓国では芒は大切な物でもないし、意識すらしなかった。その結果、芒を花札の絵から消してしまったのである。アンケート調査で八月の植物として何も登場しないのも当然のことであった。それから今日では一二月の桐を意味も把握せず、ただわざわざ力を入れて「トン（糞の意味）」と強調する場合が非常に多い。実際桐が描かれた花札の絵をトイレの標識に使う場合もあり、それを使った男性の下着のデザインに桐（光）が描かれているのもこのような認識からであった。

このような状況なので韓国人は絵に込められた意味は知らないし、また興味も持たない。日本文学の研究者がいくら一月の松は正月の門松と言っても韓国人は松と鶴を意識して「松鶴」或は「老松白鶴」といい、二月の鳥を鶯と言っても梅と鳥を合わせて「梅鳥」だけでよかった。そして三月の桜と幔幕は「欄干桜花」と表現した。四月の鳥がホトトギス、五月の菖蒲と八橋、そして七月の猪の意味も知っている人は殆んどいない。八月の図案は月見の習俗を表すものだと言っても「空山明月」という言葉で処理し、それ以上の意味を置かなかった。また、一〇月に鹿がいるのは「奥山にもみじ踏み分け鳴く鹿の声聞く時ぞ秋は悲しき」という和歌から始まったとか、また肉食が禁じられていた江戸時代に鹿肉を「紅葉」と言って食べたという説明などには耳も傾けなかった。

こうした状況なので、一一月の桐は幕府の将軍を表す紋様と言っても「丹梧桐」それとも「碧梧桐」と言い、それに描かれて鳥が最高の権力者を象徴する鳳凰と言っても、大勢の人たちは、それは鳳凰ではなく、とさかのある「雌鳥」と思った。まして一二月の小野道風と蛙の話を理解する人は殆んどいない。ただ知識人たちは小野道風を「雨中行人」といい、一般人はもっと具体化して韓国の人物「金笠」と認識する人が圧倒的に多かった。場合によっては古典小説『春香伝』の男子主人公「李夢竜」だと思う人もたまにいる。要するに、だれでもよかったのである。その上、絵も元のものから変化している。元々小野道風は頭には烏帽子を被り、日本の伝統の着物を纏い、足には下駄を履いている。それに対し韓国の場合は帽子は平らなもので、韓国の伝統衣裳を着、足には皮靴のような物を履いている。またある場合には韓国の伝統の笠をかぶり、衣裳も韓服を、履物は皮靴になっているものもある。このように韓国人が小野道風として認識しないのは、印刷された図案がそうなっているからである。言い換えればそれは韓国化を試みた花札の制作者の努力が反映されたものと言える。だからといってそれを元に戻すべきだと主張する人はどこにも見られない。

さらに、順序が変わった物もある。元来日本では小野道風のあるものが一一月で、桐が一二月である。その順序が韓国では逆になっている。そして日本の花札には一月の松、二月の梅花、三月の桜の五点のものには赤い短冊が描かれている。その三枚を集めると「紅短」、または「青短」と言ったのは、この紙に由来したのであった。日本の物には松と梅には「あのよろし」と描かれている。正しくは「あかよろし」と読む。そして、桜の短冊に「みよしの」と描かれているのは、桜の名所である奈良の吉野を指す言葉である。その意味を分からない韓国人はこの文字を消して、そこに「紅短」という言葉をいれた。それから何も書かれていない六月の牡丹、九月の菊、一〇月の紅葉などの青い短冊にも紅短という言葉をいれた。それだけではない。一月、三月、八月、一一月、一二月の二〇点には「光」の字を入れた。こうした物は韓国にしかない。

このように日本の花札は韓国で完全に定着したが、そのまま受け入れたわけではなかった。韓国人は自分の好みに合わせて、不必要な部分は捨て、足りない所は補充して韓国の物として作り変えたのである。

ある人は花札を通じて倭色という卑俗の日本文化が濾過なしに韓国社会に浸透すると警戒し、批判するが、実際にはそれを楽しむ庶民はそれに大して意味を置かない。ただ自分たちの認識体系から見ているだけである。韓国人にとって図案に込められた意味はそれほど重要な要素ではなかった。そこには思想や文化的な意味は全く含まれていない。ただ娯楽性があるのみである。即ち花札を楽しむことで、日本の文化に傾くということはない。

それにも拘らず、ある人はそれを楽しむと日本の卑俗文化に影響を受け、我々の素養も低質になると恐れる。またある人は花札には日本が我々を支配するための皇民化政策が含まれているので、それを楽しむと、自分も知らないうちに、日本文化に嵌まり、皇民化政策に取り込まれると主張する。このような考え方を持っている識者層は花札はいち早く清算されるべき日本植民地の名残の卑俗文化と見なし、韓国から追放することを強く主張している。このように今日の韓国の花札は確かに新しい変化を要求する状況を迎えている。

五　排斥と受容の間で作り出された代案花札

韓国社会では一時「歴史の立て直し」という運動が展開されたことがある。これは日本植民地の残存を清算することから始まった。その結果、朝鮮總督府の建物が取り壊され、国民学校という名称の代わりに初等学校という名が取り入れられた。こういった運動は現在も続いている。その意味から考えてみると、花札は清算せざるを得ない一つの負の遺産であった。国粋主義者は自国が解放され七〇余年が過ぎた今日まで、日本の花札で遊戯するのは国の恥だと躊躇せず主張している。

千年古利の通度寺も二〇〇四年頃、日帝残存清算の一環としてお寺の入口に立っていた一つの石灯籠を撤去した。それは植民地時代に建てられたもので、花札の二月を示す梅と鳥が刻まれていた。また、「倭色追放国民キャンペーン本部」という団体は、花札の退治キャンペーン歌まで作って普及したこともある。彼らは花札はゴトリやシカチョウという言葉でわかるように皇民化政策の一環として渡来した卑俗文化の象徴であるから、韓国から追い出すべきであると主張している。彼らの一貫した主張は、日帝残存を清算し、民族文化を定立し正しい遊び文化を定着させるということだった〔金ハンホ　二〇一六〕。

しかし、花札は彼らの目論見に反して、なかなか消えることはなかった。むしろ民衆の人気は高まった。ある有名な大衆歌手は専門的に花札を描く画家として変身を図り、映画界では『イカサマ師』、『イカサマ師・神の手』、『ゴーストップ殺人』といった花札と関わる映画が作られ、世人から大いに注目を集めたこともある。

こういった状況から彼らもある程度花札の存在を認めざるを得なかった。とはいっても彼らの追放運動は打ち切られたわけではない。彼らが乗り出したのは花札の絵を取り変えることであった。つまり遊びは認めても、絵は認めないということだった。実際これに関するアンケートを行った研究もある。それによると花札の絵を韓国風に替えることに「賛成」という答えが六三・六％、「わからない」が二四％、「そのまま維持する」が一三・五％だった〔崔ヨンオク・南グヒ　二〇一一　一二四〕

このような観点から日本風の花札の代案として、いくつかの韓国風の花札が開発された。その代表的な例として独島花闘と韓闘が挙げられる。

独島花闘は二〇〇五年、宋仁相氏の企画で民話作家の尹貴姫氏が描いたものである。彼らは「美術界の日帝清算を研究するなかで、花札に興味を持つようになった」といい、「日本の説話と風俗に基づく既存の花札を、独島の動物や植物等に替え、愛国心を呼び起こしたかった」と述べた。それから彼らは「日帝時代に日本風に変えられた韓国の民話を復興し、独島〔竹島〕は我が国の領土であることを知らせ、最終的には日本を『克服』してほしい」と抱負も述べた。このように彼らの花札は独島を通じての愛国心の発露だった。独島は日本と領土の問題で対立している敏感な島であるため、彼らの花札の製作は日本を大いに意識したものであり、そこに描かれた動植物はすべて独島に棲息するものである。

それに比べ韓闘は鄭正福氏が3年かけて開発して二〇〇六年に発売したものである。絵は民話画家の朴洙学氏が描いた。名称も花札の韓国の花札という意味の「韓闘」と名付けた。鄭氏は「独立して六十年が過ぎても七〇〜八〇％の国民が楽しんでいる『国民娯楽』が倭色であることはとんでもない」といい、「これから韓国の独自の物を作り出すべきだ」と開発のきっかけを述べた。これの特徴は、一年一二ヶ月の四八枚に閏月の四枚を加えた五十二枚に韓国伝統文化の美しさと年中行事が月別に描かれているだけでなく、韓国の四季とともに伝統神話と統一の念願なども素材になっている。それ以外にも、ソダム花闘、青糸紅糸、龍争花闘、群山花闘、海雲台花闘といった韓国風の花札が開発されている。しかし残念ながら、いずれも既存の花札に勝るものはない。勝つどころか人々から忘れられがちである。言ってみれば花札の韓国型の試みは挫折を繰り返しているといえる。このことは一度固着化されたイメージは、なかなか覆すことができないというのを如実に物語っていると言える。

六　韓国に定着した日本の花札

ここまで見てきたように、花札ほど韓国に定着した日本の画像はない。一九世紀末に日本から伝わると、すぐ韓国社会で一世を風靡し、身分の高下を問わず、楽しむ大衆的な娯楽道具になった。これには花札局を設置して普及に積極的であった日本人の影響もなくもないが、既存の骨牌と闘牋に見られない図案の華やかと多様さ、そして大衆性、娯楽性、低廉な価格、便利性などといった要素の働きが大きい。そして、花札の流行は民謡まで生み出した。

韓国人は花札に描かれた絵には大きな意味を置かない。それを理解しようと努力を注ぐこともない。場合によっては元々の絵を誤って認識し、順序も変えたりして、この世にない植物まで作る。決して花札によって日本文化に傾くことはない。それにも拘らず、韓国社会に花札が存在することを警戒する識者は少なくない。彼らは花札を楽しむということは亡国の道だといい、国の恥だという過激な表現も憚らない。しかし花札は、独立以降、「植民地名残の清算」、「歴史を正す」といった標語で絶え間なく行われた日本が残した痕跡を消す運動の中でも生き残った。そして日本式の絵を許さない国粋主義者によって開発された数種の対案花札が出ているにも拘らず、いまだに従来の花札は庶民の友である。これは一度固着されたイメージは覆しがたいということと同時に、思想性と文化性を考慮せず、娯楽性だけで選択した民衆の心がいかに根強い生命力を持っているのかを表すいい事例だといえる。

注

（1）『大韓毎日申報』一九一〇年四月一六日付。
（2）彼の借金は三〇〇万円であった。当時ソウル市内の高級住宅一軒が一万円で、巡査の月給が二五〇円であった。いわば巡査の給料一〇〇〇年分が一晩の賭けで動いたのであった。

参考文献

（日本語文献）
小松和彦　一九八五　『異人論』　青土社
増川宏一　一九八五　『ものと人間の文化史――賭博（1）』　法政大学出版局

〈韓国語文献〉
高大民族文化研究所編　一九八二『韓国民俗大観〈四〉――歳時民俗・伝承遊戯』　高大民族文化研究所
金光彦　二〇〇四「花闘」『東アジアの遊戯』　民俗苑
金時徳　二〇一六「韓国の知らない日本（四）　花闘の誕生」　京郷新聞二〇一六年　六月一七日付
金ハンホ　二〇一六「花札を変えよう」　光州日報二〇一六年九月三〇日付
朴成昊　二〇一五「和歌から見た花闘の世界観」『日本研究』　六四号　韓国外大日本研究所
呉旭・金東鎮　二〇一四「花闘図案に登場する植物名の認識に対する研究」『ホテル観光研究』　五五号　ホテル観光学会
李徳鳳　二〇〇〇「花闘の文化記号解釈」『韓民族文化研究』　六輯　韓民族文化学会
林在海　一九九四『韓国の民俗と今日の文化』知識産業社
陳泰夏　一九九六「亡国賭博〈花闘〉について」『新国語教育』　五三号　韓国国語教育学会
崔ヨンオク・南グヒ　二〇一一「韓国的花闘デザインの素材開発に関する研究」『韓国商品文化デザイン学会論文集』二八輯　韓国商品文化デザイン学会
黄炫　二〇〇五『梅泉野録（下）』　文学と知性社

Ⅱ　妖怪

小松和彦の仕事は多方面にわたっているが、そのなかでも妖怪研究は第一に挙げられるものであることは論をまたないだろう。それまでまともな学問の対象とされてこなかった妖怪を、ほぼ独力で最先端の研究の俎上に押し上げ、アカデミズムばかりでなくエンターテインメントの分野にまで多大な影響を及ぼしたことは、唯一無二というべき功績で、ここ数十年の時間軸を見渡しても他に匹敵する者が見いだせないほどである。

小松の妖怪研究の最大のポイントは、柳田國男が築き上げた民俗学の妖怪観の呪縛からの解放である。小松はその最初期の著作の一つである一九八二年の『憑霊信仰論』のなかで、「妖怪は人々の信仰を失って零落した神である」という明快で説得力のある、しかし一面的な民俗学の仮説に真っ向から異を唱え、「妖怪」と「神」とを祭祀の有無により作業仮説的に弁別した上で、その移行は一方向的なものではなく、さまざまな局面において様相を変える超自然的存在の二つの極として捉えた。これにより、さまざまな妖怪をより広い文脈、日本人のコスモロジーのなかで考えることが可能になり、より抽象的なモデルでの比較研究が可能になったのである。そこから最終的にたどりついた一つのテーゼが、一九九四年の『妖怪学新考』のなかで明確に示された「妖怪研究とは人間研究である」というものだった。妖怪とはいわば人間の鏡像であり、また完全に人間によって作り上げられた「文化」の一つの形態である。したがって、妖怪を知るためには、人間を知るための知をすべて動員する必要がある。その思いから、小松は学際的研究の重要性を説き、そして実際に、国際日本文化研究センターの共同研究においてそうした場を作り上げたのだった。これによって日本の妖怪に関する研究が飛躍的な進歩を遂げることになったのである。

この章には、小松によって切り開かれた新しい妖怪研究、ディシプリンの壁を乗り越え、大きな文脈の中で「妖怪」を考えることを目指した論考を収録している。

まずハイエク論文は、これまでの妖怪研究のなかで重要な位置を占めながら、深く踏み込んだ分析がなされてこなかった江戸時代の百科事典『和漢三才図会』を取り上げ、緻密な検討によって新たな見解を導き出している。このように、今まで自明のものとして見過ごされてきた資料の意味を問い直し、確かな実証によって明快な結論を導き出すやり方は、小松の『百鬼夜行絵巻の謎』などの著作でも示されたものである。

香川論文、今井論文、飯倉論文は、いずれも現代と過去の妖怪観を対比することによって、その歴史的変遷や本質的特徴などを析出しようとしたものである。小松は、自分の教え子たちに対してしきりに比較研究の重要性を説いてきた。それは小松の学問がもともと文化人類学を足場としているからにほかならない。異文化との比較によって、自文化の「あたりまえ」を問い直す。比較こそが、お互いの本質的特徴をくっきりと浮かび上がらせるのである。それは異文化間ばかりではなく、歴史的な変容の過程を明らかにする上でも有効な方法であることをこれらの研究は示している。

また、これらの研究は、個別の事例を細かく分析するケーススタディというよりは、日本人の妖怪観の大きな流れを摑み出すことを目的としたものとなっている。ポストモダンの状況下において、「大きな物語」を語ることはしばしば困難な状況にあり、小松は常々それに対する危機感を口にしていた。細分化していく研究は、やがてはその間での対話の可能性を失わせ、次第にその学問自体の魅力、現実に人を動かす力を失っていくのではないか。そうした小松の危機感を受け継ぎ、困難を承知であえて「大きな物語」を語り出そうとしたささやかな試みが、これらの研究であるといえるだろう。

（香川雅信）

小松和彦『憑霊信仰論』講談社学術文庫　一九九四年（初版は伝統と現代社一九八二年）
小松和彦『妖怪学新考』講談社学術文庫　二〇一五年（初版は小学館一九九四年）
小松和彦『百鬼夜行絵巻の謎』集英社新書ヴィジュアル版　二〇〇八年

異形と怪類――『和漢三才図会』における「妖怪的」存在

マティアス・ハイエク

一　問題の所在

『和漢三才図会』は、言わずと知れた日本初の絵入り百科事典である。江戸時代中期の冒頭に、つまり今から三〇〇年ほど前に成立したこの作品は、天文、本草、地理など、一七世紀の「知」の集大成としてしばしばディドロとダランベールの『百科全書』と比べられることもある。

編者の寺島良安は大阪城御用の医師で法橋の位も有していた。「三〇年をかけて編集した」というが、数少ない彼のその他の著作はどれも一七二〇年代以降、つまり『和漢三才図会』が成立し出版された後に刊行されたもので、この大著は良安のライフワーク的なものであったようである。

意外なことに、この百科事典についての先行研究はその膨大さに反して少なく、その評価も賛否両論である。たとえば、日本の科学史に大きく貢献した杉本つとむが、良安の著作は地動説や地球儀説など、西洋からもたらされた新しい知識と世界観を紹介し、思弁的で実用性に欠けた朱子学系の理学、つまり観念論から離脱しようとした十八世紀初頭の実学の発達を反映していると評しながら「その内容がすべて進歩的であるとはかぎらない」

と断り、その理由として、占い、呪いや怪類といった「荒唐無稽な知識」を、積極的に批判していないことに対して遺憾の意を示している。杉本からすれば、人部にある異人や怪異・怪物は「当代知識人に普遍的な知識水準と当代実学の超えがたい限界性」の産物であったのである。(1)

このような姿勢は、二十世紀の科学史や思想史の分野においてよく見られる一種の進化論的価値観にもとづいており、「近代」と「前近代」の思想と心性の間に一つの超えがたい境界を作ってしまったといえよう。その結果として、筆者がこれまで研究してきた江戸時代の占術や呪術（筆者はこれらを「術数」と括ることにしている）が、取るに足らない、研究する必要性の薄い後進的な迷信とされてきたのである。

ところで、同じような見解から、天狗や河童など、いわゆる「妖怪」も、近代化を経てなくなって当然のものとされてきたわけである。対して、その妖怪たちを常民の文化の一部と捉え、研究して「保存」しようとしたのは柳田國男を鼻祖に持つ民俗学であるが、目の前から消えていく「妖怪」をまた、「零落説」という、進化論とは裏表の関係にある退化論を以て把握してしまう傾向が長らく続いた。別の言い方をすれば、科学史も民俗学も、現代的な視点を固定して知や信仰の変遷を目的論的な歴史観でしか論じてこなかったのである。この見解が孕む認識論上の諸問題を鋭く指摘したのは小松和彦である。小松は個別の妖怪にまつわる信仰や表象、または言説といった知的営為が持っている意味と役割を、時代ごとに研究する必要性を論じ、人間が作った「妖怪文化」を研究する「妖怪学」を「人間学」として提唱した〔小松　二〇一五〕。小松が構想した妖怪学は、分野の縛りにとらわれない、極めて学際的な学問であり、古記録、説話、絵巻や絵本、古文書、そしてもちろん口承伝承などを照らし合わせて考証し、それぞれの時代の妖怪文化、すなわちその時代、その社会の世界観の一側面を特徴づけようとするものである。

筆者が志す「術数学」も、小松の妖怪学に倣って、一つの時代とその社会において占術などがどのように実践され、認識され、世界観の形成において機能していたかを研究しようとするものである。その中で、とりわけ江戸時代に着目し、占術知識の変遷と流布に、山伏や陰陽師など、巷の占い師のみが関係していたのではなく、近世になって台頭した知識層の人たち、とりわけ儒医や儒者が占いの指南書の生成に深く関与したことを提示してきた〔ハイエク 二〇〇八、二〇一七〕。この観点からすれば、『和漢三才図会』に占い、呪い、そして「妖怪的存在」についての言説が収録されていることを「当時の限界性」の表れとして蔑視するわけにはいかず、むしろ儒医寺島良安法橋という、江戸中期の知識人が意図的にこのような内容を自分の著作に入れたことの意味や意義について考えるべきであろう。

実はすでに民俗学や人類学の分野で、妖怪研究の一環として、『訓蒙図彙』や『和漢三才図会』などのような辞書類の中の「妖怪的」存在が注目されてきた。たとえば、マイケル・フォスターによると、良安は「日本の自然界の複雑さを浮かばせるとともに、[中国伝来の儒教的な]宇宙観に現地の妖怪の領域を獲得した」として、『和漢三才図会』を妖怪認識の歴史においての重要なランドマークと位置付けている〔Foster 2009：45〕。ただ、この場合でも、現在の妖怪認識から遡って、『和漢三才図会』にその一部のルーツを求めるということで、これだけでは必ずしも良安の著作の全体における怪異類の位置づけが見えるわけではない。

そこで本稿では、この作品の中で「妖怪的存在」が持っている意味と役割について考え、その「当代の水準」を同時代的な観点から捉えなおす一つの手立てを模索してみたい。

二　和漢三才図会の出典の表と裏

さて、まずは『和漢三才図会』の編集方針そのものについて言及しておく必要がある。

題名から分かるように、本書は良安が独自に構想したものではなく、王圻による『三才図会』をはじめ、明時代に成立した漢籍を土台にしている。良安本人が自序で「概擬王氏三才図会」、つまり「概ね王圻の『三才図会』の書式に倣った」と断っているので、両書の構造と内容が近いと思うのは当然である。

ところが、両書の目録を見比べると、部類の数とその順序における大きな相違が見受けられ、また図像化・立項の面でも、本家『三才図会』との違いが著しい[2]。両書の大きな縦軸となる「三才」でさえ、『三才図会』では、通例にしたがって天・地・人と、宇宙の二極である天と地を論じてから、人間を始めとする生き物の項目に移るのに、『和漢三才図会』においては、天・人・地と、人間が真ん中に配置される。それにとどまらず、この三部門に入る各部類にも異同があり、たとえば人間の身体が人倫と異国人物の間に移り、家宅は地理と草木の間に入っている。

これだけでも、『和漢三才図会』は単に『三才図会』の日本版ではないことが窺えるが、これらの順序などの違いはとても重要な意味を持っていると思われる。山田慶児が論じたように類書の分類は一種の秩序作りを目的とした装置でもある（山田　一九九五　六三）。秩序があってこそ、物事が可知的であると認識できるわけであるが、部類そのものだけでなく、それらが配置された順序も、秩序形成への重要な一段階である。

では、『三才図会』以外に、この大きな意味を持つ順序を考案するにあたって良安は何を参考にしたのであろうか。その答えは動植物の類に目を向けると、自ずと見えてくる。実は、動物類の多くの項目は『三才図会』ではなく、李時珍編の『本草綱目』を典拠にしているのである。『本草綱目』は一五九六年に成立したが、中国にとどまらず、朝鮮、日本で多大な需要があったことは周知の通りである[3]。

『和漢三才図会』の順序を一見すると、人倫から道具などの人間が作って使ったりするものを「人」の部と見なせば、人・獣・禽・龍蛇・介甲・介貝・魚・虫・山（土）・水・火・金と、『本草綱目』の順序を逆にしたものとほぼ完全に一致している（表1）。さらに、各類のレベルになると、『本草綱目』とかなり重複しており、いわゆる獣部の畜・獣・鼠・寓・怪類も、禽部の水禽・原禽・林禽・山禽類も、良安が時珍の本草書から拝借したものである。

表１『本草綱目』、『三才図会』と『和漢三才図会』の内容比較（数字は巻数）

本草綱目	三才図會	訓蒙図彙	和漢三才図会	和漢三才図会
水部 1	天文 4	天文 1	天文・暦占 6	山禽類 1
火部 1	地理 46	地理 1	人倫 4	龍蛇部 1
土部 1	人物 13	居処 1	経絡・肢体 2	介甲部 1
金石部 5	時令 4	人物 1	異国・外夷 2	介貝部 1
草部 10	宮室 4	身体 1	芸器・芸能 3	魚類　河湖有鱗魚 1
穀部 4	器用 12	衣服 1	器具 9	魚類　江海有鱗魚 1
菜部 10	身体 7	宝貨 1	衣服 4	魚類　河湖無鱗魚 1
果部 4	衣服 3	器用 4	家具 2	魚類　江海無鱗魚 1
木部 6	人事 12	畜獣 1	車駕・船橋 2	卵生類 1
服器部 6	儀制 8	禽鳥 1	農具・女工具 2	化生類 1
蟲部 4	珍宝 2	龍魚 1	畜類 1	湿生類 1
鱗部 4	文史 4	蟲介 1	獣類 1	山類 1
介部 2	鳥獣：鳥 2	米穀 1	鼠類 1	水類 1
禽部 4	鳥獣：獣 2	菜蔬 1	寓類・怪類 1	火類 1
獣部 4	鳥獣：鱗 1	果蓏 1	水禽類 1	金類 1
人部 1	鳥獣：鱗・介・虫 1	樹竹 1	原禽類 1	玉石・雑類 2
	草木 12	花草 1	林禽類 1	地理：中華 3
				地理：日本（朝鮮・天竺）17
				家宅類 1
				草木 25
				造醸類 1

＊見やすさを考慮して『和漢三才図会』の一部の部門を一つにまとめた

このように、『和漢三才図会』は類書『三才図会』の世界分類に加え、当時の本草の最新分類である『本草綱目』の実用的自然分類をも取り入れ、両ジャンルを融合させたものであるといえる。ただし、後述するように良安はただ『本草綱目』をそのまま擬したのではなく、その分類法を発展させ、分類理念をより徹底させようとしたのである。

では、良安が参考にした分類の方法とその方針はどのようなものだったのであろうか。『本草綱目』は従来の本草書と一線を引き、「綱」（部）と「目」（類）というヒエラルキーを導入して、全体的な順序から細部までこのような上下関係を適用した。編者の李時珍は凡例において、

蟲、鱗、介、禽、獸を以てし、之に終わるに、人を以て賤に従い貴に至るなり（原文漢文）

と、項目の順序に関する自分の方針をはっきりと述べている。つまり、『本草綱目』の描こうとする世界像において、最後の部となる人間こそが動物より貴く、最高の存在であり、逆にその人間より離れていればいるほど賤しい存在になる。また、各項目の内容の構造についても、それぞれの項目の冒頭は正名と釈名であるが、項目についての基礎情報を集めてからその正誤を吟味し、必要に応じて訂正したという。

時珍にとってはそれらの考証的批評的作業は最終的に「薬品」、すなわち医療に使える材料の「性理を講釈し、吾儒の格物の学を貫く」ことへと繋がっており、いわば儒教的な「格物致知」の一環として括ることができる。『和漢三才図会』の当該記事をみると、「正名」、「釋名」などの語こそなくても、明らかにその構造を引き継いでおり、良安は『本草綱目』を参考にする際、このような方針を重視したように思われる。

三　動物部類の怪

では、この整理された、秩序のある世界像において、「怪」はどのように位置付けられているかを見てみよう。「妖怪」的な存在を求めて『和漢三才図会』の目録にもう一度目を向けるとまず目にとまるのは「寓類・怪類」であろう。これは上述のように『本草綱目』からきた部類であるが、原典の分類法の基準とそれにおける怪の位置付けをよく表している。

『本草綱目』では、この寓類・怪類は「獣部」の最後の類で、「人部」の前という位置を占めている。時珍はこの寓類について「獣部」の冒頭でこう述べている。

猴類人に漸く肖どり、山林に寄寓す。故に寓の屬と曰う。

つまりこの寓類は猴（猿）類を指しており、その特徴は人に何となく似ていて、山や森林に仮住まいをしているということである。そこには、『本草綱目』と、その分類法を引き継いだ『和漢三才図会』の世界観を理解する上ではたいへん重要な要素が潜んでいるのである。猿は人に似ているが、人にはあらず。人の真似をしてはいるが、所詮「猿真似」でしかない。その生態に関しても、「山林に寄寓する」ということを、あるいは「人と違って自分の住処を持っていない」と解釈することも可能かもしれない。しかし、この獣と人の間に位置する「寓類」は獣でありながら、少なくとも形態的には人に近い存在であることになる。

怪類については、時珍は特に言及していないが、寓類と同列扱いされており、やはりこれらも人と区別しづらい部分もある。その中身として、猿猴の類よりさらに人と共通点を持っているとされる「猩猩」や「狒々」、そして「魍魎」と「彭侯」のような、猿でもなければ人でもない、「鬼物」と「精」の類である。

この『本草綱目』の「寓怪類」について、中国研究者のカルラ・ナッピは興味深い見解を示している。ナッピは、この部類の位置と特徴から、これらの「異類」を獣類と人類の間の境界的存在であり、その区別の基準は言語能力よりも、「狩猟の対象」であるか否か、強いて言えば、可食かそうでないかということであるとする〔Nappi 2009 : 130〕。

現に時珍は従来の類書において「夷」とされていた「野女」を改めてこの寓怪類に移動させ、「人部」から「獣部」に格下げをした。このように、時珍は寓怪類を獣部と人部の境界を描く類として位置付け、その基準は二足、人面など、人との形態的な類似を根本にしている。ここからは、『本草綱目』の順序・分類法の核には、「類似性」という概念が非常に重要な役割を果たしていることが窺える。各部、各類、各種は、形態的あるいは生態的な類似を以て区分され、その順序も一種の類似度に沿っているように思われる。つまり、時珍が凡例で断っておいた賤から貴、あるいは下から上へというヒエラルキーと、「正常」から「異常」への順序が並行している。したがって、各部の冒頭にあるのは、その部の最も代表的で、規範となるもの、そして最も尊く、秩序世界の「上」を表す「霊的」で有益な存在である。対してその最後にはその規範から最も距離があり、異質で有害な「鬼的」な存在がある。[4]

四　『和漢三才図会』の怪類

寺島良安は『和漢三才図会』を編集するに当たって、この「秩序のある世界像」を如何に受容したのであろうか。全体の順序で見てきたように、良安はただ明書の分類を鵜呑みにしたわけではなく、天地人の順を変えて、新しい秩序を形成しようとしたが、類似性と境界性という『本草綱目』の二つのパラダイムを基礎にして、さらに発展させたのである。

その方針としてはまず、部類の細分化と明確化があげられる。

動物の部だけでも、『本草綱目』は一六部の内、動物は五部一八類で、『和漢三才図会』は七部二三類に上る。また『本草綱目』では「鱗部」という一部にまとめられた「龍蛇」と「魚」をそれぞれ一部に分け、両者の間に、明確に亀鼈類と蟹類を集めた「介甲部」と、二枚貝、巻貝を含む「介貝部」を挿し入れることによって、「鱗」という曖昧な分類を廃棄同然にして、形態的・生態的に異質な爬虫類と魚介類をはっきりと分けることにした。また、「介甲」と「介貝」の区別は、『本草綱目』において潜在的であったが、良安はこれを顕在化させることで、両方の特性をさらに明確にし分類の曖昧さの解消を図った。いわゆる「魚部」に関しても、『本草綱目』である程度区別されていた海川という生態環境と鱗の有無という形態的特質は、人見必大の『本朝食鑑』に倣って明確化されたが、その内容も大いに再編成された。

表２　寓類・怪類の目録

獮猴	さる・ましら
＃玃	やまこ
狨	また・むくげざる
＃猨	えんこう
＃獨＊	どく
果然	おながざる
＃蒙公	もうこう
獑猢	ざんこ
猩猩	しょうじょう
＃野女	やまうば
狒狒	ひひ
＃山都	みこしにゅうどう
＃山𤟤	さんかい
＃木客	もっかく
＃山獟	やまわろ
＃山精	さんせい
＃山丈山姑	やまおとこやまおんな
＋魃	ひてりかみ
魍魎	みずは・もうりょう
彭侯	こだま
→水虎	すいこ
＋川太郎	かわたろう、かっぱ

＃は『本草綱目』で上位種の附録であったもの。＋は追加。→は他の部類からの移動。

さらに、これから例を挙げて詳しく見てみるが、類内の諸種も大幅に増えている。単なる追加の場合もあるが、多くの場合、『本草綱目』では、ある種の最後に「附録」として書き留められた異説、新説、あるいは亜種が、別々に立項された。

寓怪類はこの状況を顕著に表している。『本草綱目』では八種しかなかったこの類は、なんと二一種にまで増補された。表2に各種をまとめてみたが、もとの附録が文字通り展開されたことは一目瞭然。特に「狒々」と「魍魎」の間の六種は、もとは「狒々」の附録にあったもので、「魃（ひでりがみ）」は『三才図会』からの追加となる。展開された附録内の諸種にそれぞれ絵がつけられ、完全に別種として記録されている。その結果、怪類は大幅に増加したが、そこには良安の意図が感じられる。別々に立項された山都や山𤢖に「みこし入道」、「やまわろ」という日本名が当てられたのは、当時の日本におけるこれらの怪類の言説を収録するために良安が選んだ方法である。木場貴俊が立証したように、すでに羅山の『多識編』で同様な試みがあり、その知を取り入れた『合類節用集』（一六八〇）などの辞書にも、近い発想が見られ、『和漢三才図会』をこの知の変遷のコンテクストの中に位置付けることもできるが、良安はこの方針をさらに徹底させた（木場　二〇一七　一三九）。そこで、この寓怪類の最後の二種に目を向けると、「水虎」が虫の部から移動させられ、「川太郎」の前に配置されたことに気づく。それはやはり、「川太郎」の種を立てるための工夫であったと考えられる。現に、「水虎」の按文には

水虎の形状、本朝川太郎の類にして異同有り。而し此の如くの物は有るや否や未だ聞かず。（原文漢文）

とあり、両者の類似性を強調している。また、「川太郎」の按文の最後には、「偶々之を捕る者有りと雖も、後の祟りを恐れて之を放つ」と、河童を時珍の「狩猟の可能性」という条件を満たしているものとしており、「祟り」

という霊的障害を発するものでもあるという認識をも示しているが、これも本草書の「附録」に相応しい一種の「有毒性」と見なすこともできよう。

このように、日本の伝承を元にした言説を追加するために、良安はわざわざ「水虎」の配置を変えたと思われる。このように考えると、「山𤢖」の立項も「やまわろ」を立てるためだけではなく、按文に「川太郎を川童と曰い、是を山童と曰う。山川の異にして、同類別物なり」とあるように「川太郎」との類似を示すという目的もあったかもしれない。

五　類の怪と種の怪

ところで、このような附録の展開は寓怪類に限ったものではない。また、以上のような、「正常」から「異常」までの順序は、獣以外の部類においても適用されており、各類の最後に、規範から最も離れた「怪的」存在が収録され、さらに各部の最後の類が、部の中で最も異質な項目を集めている。したがって、禽部の場合、最後の類は「鳳凰」という霊鳥から始まる「山禽類」で、その最後に十件の怪鳥が羅列されている。表3にこの類の項目をまとめてみたが、後半に「鴆」、「姑獲鳥」、「治鳥」に加え、『本草綱目』では「治鳥」の附録であった山蕭鳥と木客鳥が別に立項され、さらに『三才図会』から「鶺鴒」と「比翼鳥」の二件、『本朝食鑑』から「鵼（鵺）」の一件、そして出典未詳の「鳳鳥」と「命命鳥」が追加されている。こちらでも、良安は『本草綱目』の附録の部分の展開に止まらず、他書から、あるいは伝承、噂話からの増補を行っている。「姑獲鳥」と「治鳥」は、先の山都などと同様に、それぞれに「うぶめ」と「てんぐ」という日本の言説を当てはめ、さらに従来の説について批判を加える。

表３　山禽類の目録

鳳凰	ほうおう
＋青鸐	せいたく
孔雀	くじゃく
＋鸞	らん
＋鳳五郎	ほうごろう
食火鶏	（駝鳥）
鷹	たか
＋鷂	はしたか
＋雀鷂	すずめだか
＋隼	はやぶさ
＃角鷹	くまたか
鵰	わし
鶚	みさご
＃鳶	とび
＋鷊子	つぶり
＋鵟	くそとび
鴟鵂	みみずく
鴞	ふくろう
鴆	ちん
姑獲鳥	うぶめどり
治鳥	じちょう・てんぐ
＃山蕭鳥	かたあしとり
＃木客鳥	もっかくどり
＋鵺鴿	みつがしらのとり
＋比翼鳥	ひよくのとり
＋風鳥	ふうちょう
＋命命鳥	めいめいちょう
＋鵼（鵺）	ぬえ

＃は『本草綱目』で上位種の附録であったもの。＋は追加。

女性のような胸を持つ「姑獲鳥」に関しては、『本草綱目』などで言われる産後に死んだ産婦の霊（鬼）という説を、良安は日本にも棲息しているという理由で、れっきとした鳥の一種であると、根本から否定している。ただしこの鳥は「陰毒」が凝縮する場所に生じるという。(5)

また蟹を食べるために人に変身する「治鳥」に関しても、羅山などの先輩の例にしたがって「天狗」と結びつけているが、山々に鳥になったり人になったりする「鬼魔」があるとしても、この「天狗」という名前の妥当性そのものは批判している。良安からすれば、天狗は星の名前であって、日本の「仏教修験」、つまり密教僧や山伏など、山で修行する宗教者が民衆を恐れさせ、また自分の「術」を誇示しようとして「天狗」という語を使っただけであり、「鬼魔」としての「てんぐ」は、深山、幽谷の気、つまり陰気の多いところに生じると推測を加える。

このように、姑獲鳥にしても治鳥にしても、良安は仏説らしき要素を否定し、その代わり、これらの「怪物」を陰気の凝固という陰陽説を基にした「理学」的な説明を行う。それによって、そのような「怪的存在」は正しく位置付けられ、秩序のある、可知的な領域に含まれることになる。
紙幅の関係で、動物の各部の怪的存在の紹介は割愛せざるを得ないが、両頭蛇や魚虎、人魚などのようなものも、当該類の後半に収録されていることは容易に確認できる。さらに、介甲部のように一冊に数類がまとめられた場合、その部内の類と類の間に怪物が収められており、例えば鼈類の最後、蟹類の前に「和尚魚」という人面亀の項目がある。良安はこれを『三才図会』から取ったが、和名として「海坊主」を挙げており、「水虎」などの場合と同じく、良安は、日本の伝承である「海坊主」を反映するため、『本草綱目』以外の中国の類書に載っているものを追加したのである（図1）。

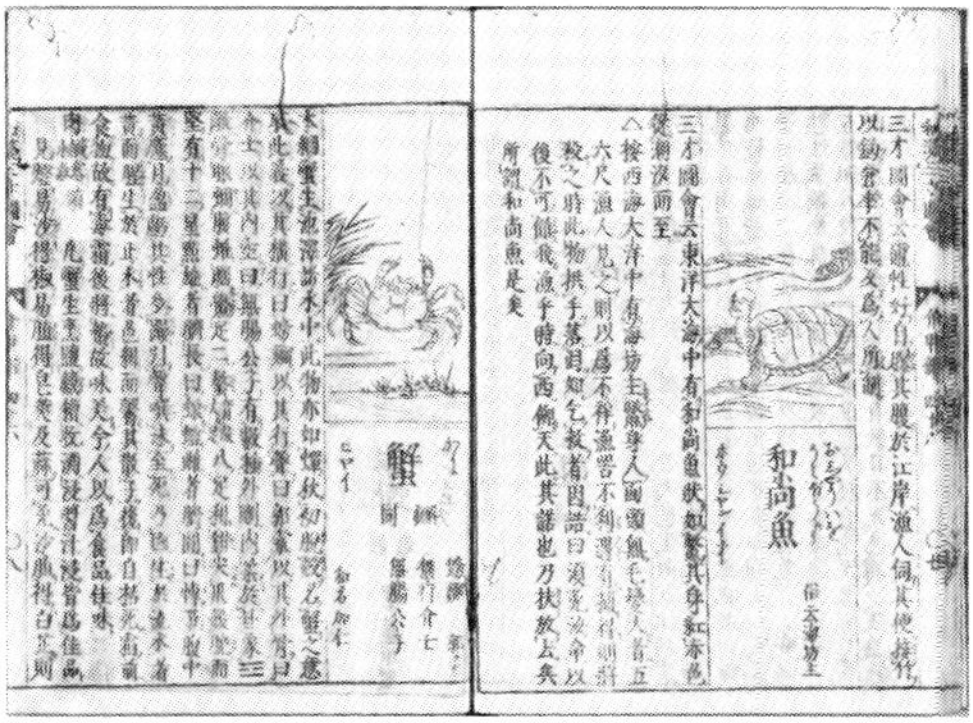

図1　『和漢三才図会』の「和尚魚」（巻三二、国会図書館蔵）

六　外夷人物と異人

さて、以上のように『和漢三才図会』が描こうとしている動物界には、「怪物」は排除されるどころか、むしろ改めて位置付けられたが、実は人部にもそれと類似した状況が窺える。人倫、人倫の用、外国人物、外夷人物の各部も、上下に配列され、その中の項目も一種の順序にしたがって記録されている。

人倫、肢体を経て、『和漢三才図会』は「異国人物」と「外夷人物」の二類にそれぞれ一巻を充てている。前者は簡単にいうと東アジアの漢字文化圏の国々の人のことで、後者は漢字を知らず、箸も使わない人々を集めている。文化を共有する常人（日本人）や異国人と区別して、この分類全体を「怪物」と見なすことも可能であろうが、この外夷人物の部の中に、比較的に人間離れしている人物が多数収録されており、それらは概ね三つのタイプに分けられる(6)。

第一には下半身が魚の「氐人」や、胸に穴があり、そこに棒を通して下僕に運んでもらっている「穿胸」、そして「手長足長」「一目」「三首」「三身」などのように、怪異類に限りなく近い風体のものである。

第二には「飛頭蛮」のように、新しく立項されたものである。

第三には、他の外夷と一線を引きこの巻の最後に「附録」としてある六件である。

動物類と違って、この部の主な出典は『三才図会』であるが、王圻の類書は『山海経』の古代中国の神話的世界観の大部分を復興させたものである。しかし良安は動物類において『本草綱目』をベースにしつつも、諸項目を再編成し発展させたように、この外夷人物においても『三才図会』と『山海経』の内容をそっくりそのまま転写したわけではなく、彼の手による編集が散見できる。

現に、上記の第一タイプの人物の多くは、『三才図会』では人物十四巻に収められていたが、良安はおよそ二つのグループに分け、違うところに配置した。簡単にいうと、この巻の配列は前巻に続き、日本を始点にして大まかに東から西へと展開していく。第一タイプの第一グループは、「穿胸」「不死國」「交脛」「長脚（足長）」「長臂（手長）」「長人」「無腹」「聶耳」で、東南海と西南海に住むもの、今でいう東南アジア、そして「大食」と呼ばれていたイスラム（サラセン）帝国の諸国と、インドやペルシャなどで始まる「西」の諸国が収録されている。第二グループは、「一臂」「奇肱」「三蠻」「無腹」「柔利」「一目」「三首」「三身」などで、日本から最遠の西国である阿蘭陀の前に集められた。つまり、東南西南と西北の境目に、これらの驚異的な人物があえて配置されたのである。

第二タイプは、管見の限り「飛頭蛮」のみである。良安はこの飛頭蛮に、「ろくろくび」という日本語名をつけ、

『三才図会』の「大闍婆」の項目の最後のくだりをとって別項とし、そこに『南方異物志』『捜神記』、そして『太平広記』を引いて、いくつかの頭や手などが胴体から離脱する人の逸話を集め考証を試みた後、

> 数説異同有り、闍婆の中に有る所の種類か。而しその国の中の人、悉く然るには有らざるなり。中華、日本に於いて亦、間々飛頭人有ると謂うは虚（うそ）というなり。自ずから一種の異人のみ。

と、外国にいるかも分からない飛頭蛮という驚異的な人々と、中国と日本でしばしば話題となる轆轤首は別物であるとし、後者を「異人」としている。対比すれば、「飛頭蛮」は「異人」ではなく、その国の人々は常にそのような身体構造をしていることになる。それを良安は少し不審に思っているようであるが、ここでいう「異人」は、人倫の「異相」に近いもので、中国人、日本人とは別種ではないということである。逆に飛頭蛮は「闍婆人」の「異人」ではなく、同じ地域（国）にいながらも、違う種類の人と定義づけられることになる。(7)

この驚異的存在を人とみなすか、怪異とみなし人と区別するかという議論は、実はすでに『本草綱目』に見られ、『和漢三才図会』の人部にも時珍の本草書の影響を見出すことができる。

『本草綱目』の人部の最後の項目は「人傀」で、そこには性転換譚などの「異相」についての言説が集められ、時珍はこの項の冒頭で「怪異なり」と最初から定義づけている。その項のさらに最後、つまり実質本書の末端では、時珍は古文献に見られる飛頭のような驚異的な人物について、次のような見解を示している。

> 人、四肢七竅を具う常理なり。而れども荒裔の外に三首、比肩、飛頭、垂尾の民有り。此れ邊徼餘氣に生ずる所、鳥獣に同じと雖ども、吾が同胞の民と例論す可からず。然るに亦異なり。

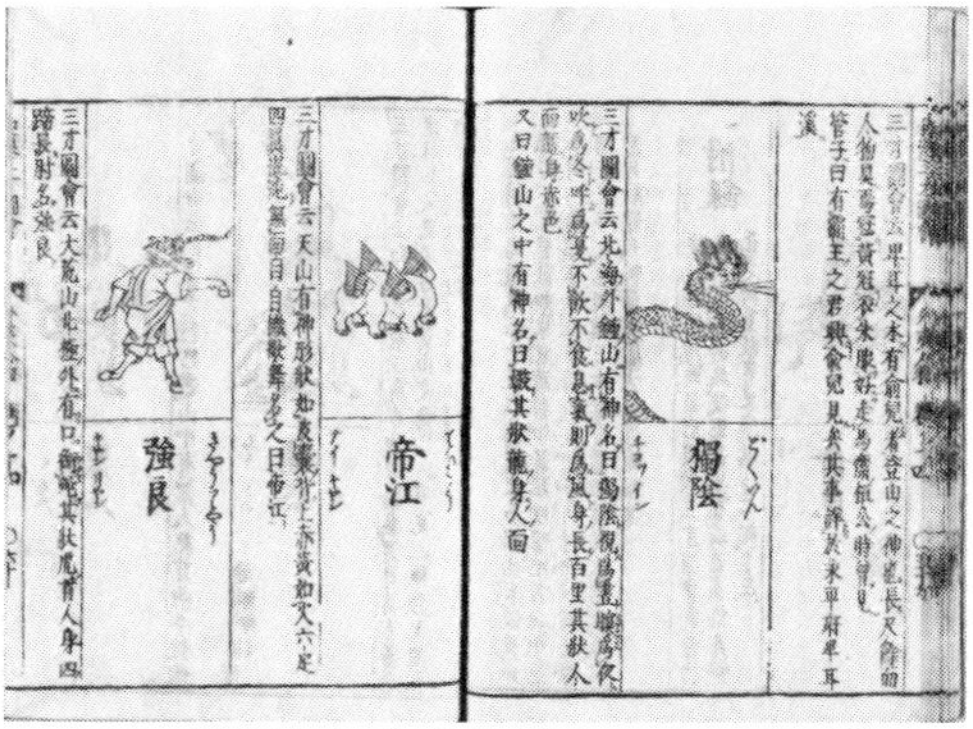

図２　「燭陰」と「帝江」（巻十四、国会図書館蔵）

時珍からすれば、このような「人物の変化」は動物の怪と同様に余分の気が凝り固まった辺境の地に生じ、陰陽の理学の外に存在するわけではないが、そうだとしても、常人たる「同胞の民」と並んで論ずることを躊躇している。

良安はその見解を受け、「飛頭蛮」や「三首」を然るべき辺境の地に位置付けたが、それらに関する知識に多少訂正、究明の余地があっても、一応「人」と認めたのである。

これに対して、最後の附録に収められた六件は、第一タイプと同じく『三才図会』の人物十四巻に収録されている『山海経』由来のものであるが、良安はこの附録について次のような説明をつけている

按ずるに山海経に載る所の異形異類、三才図会、広博物志等にも亦備（つまびら）かなり。
然るに彼輩、最も城池に有ること無く、多く怪異変化の見る所故、省略して其一二を挙げて左に記す。

すなわち、この附録に記載される人物は、都市などの文明的な集落に住んでいない、つまり「文化」はおろか、「社会」すら持たない「怪異変化」の類で、他の外夷と違って「人」でもなければ、動物でもないので、その数を最小限に抑えて他の項目とはっきりと区別し、秩序ある世界の中に「人」が占める領域の末端、もしくはその外に位置付けたのではなかろうか。

実際その六件を見渡すと、蛇身の「燭陰」や、無頭、四翼、六足の「帝江」などは、人間ではなく、「神」とされている（図2）。『三才図会』では金神や諸山の神々など、もっと多くの神仙があったが、良安はリストを大幅に削減したことは確かである。

儒医の良安は、『論語』の「怪力乱神を語らず」に沿って、神についての言及を控えたが、それらを完全に排除せずに、一種の故事としてあげたのかもしれない。あるいはむしろ、この附録のものたちを秩序世界の末端にいる存在、つまり「外」に属するものと見做すことによって、「内」を対比的に浮かび上がらせる試みであったとも考えられる。小松和彦が指摘したように、妖怪・異人はその異類異形性と他者性を以て社会集団の外部の輪郭を形作っているが、良安が行った整理もまた、他者の再形成の一つの現れと捉えることができよう（小松一九九五）。

七　結語

以上、『和漢三才図会』の動物部と人部における「怪異」の位置付けについて検討を行ってきたが、この日本初の絵入り百科事典が、明代の本草書と類書を融合させることによって描こうとした世界像には、「怪異的存在」が実はとても重要な役割を果たしていることが見えてきた。

動物類の怪も、人物類の怪も、人間社会、あるいは通常の動物界から最も遠く、山林の奥などのような未開の場所に生じるもので、形態が不安定で異種混合的なものも多いが、それもまた無窮なる天地の造化、つまり「自然」の一つの表現として捉えられた。それらは常に「陰気の凝固」の産物という儒教的理学に基づいた認識で扱われ、各々の秩序の中で、相対的な「辺境」という然るべき位置を確保している。

この整理された知の枠組みにおいて、怪物は部、類、種の境界を描く装置としての働きをしており、天地陰陽という形而上の順序を反映する自然のヒエラルキーの一つの極として必要不可欠なものであった。

良安は、このような自然観に日本の事情も組み込むためには、天狗や見越し入道、河童など日本の怪物についての言説をも正確に分類し適切な位置に整理して、致知可能なものの範疇に収める必要があったが、その受け皿として『本草綱目』の内容を展開したり、あるいは『三才図会』から項目を拾い足したりした。

それによって、明書や先行する『多識編』あるいは節用集といった和書には言説でのみ取り上げられていた諸事項は、絵を付けられ、その類似性と異質性がより鮮明になった。『和漢三才図会』の時点では、絵図によって一層具象化した怪物は、「摩訶不思議」な神仏の世界から唯物的な世界に再編成され、可視で可知的な生き物となった。このようにして『和漢三才図会』は異形と異類をも含む全体論的な「理」をもとに展開する宇宙万物という大宇宙そのものを把握し、反映しようと編纂された「小宇宙」なのであるが、この世界観が近世後期の知的営為と文化の生成にどのような影響を及ぼし、引き継がれたかについては、稿を改めて論じてみたい。

注

（1） たとえば、〔杉本つとむ　一九六七〕がその顕著な例である。

（2） 〔勝又　二〇一三　一二八～一二九、一三五～一三七〕を参照。『和漢三才図会』の出典と構成の特徴について、〔ハイエク　二〇一四〕も参照されたい。

（3） 刊行から五〇年が経ったころ、林羅山が『多識編』で項目の和訳を試みており、中村惕斎の『訓蒙図彙』（一六六六年）、人見必大の『本朝食鑑』（一六九七年）、そしてもちろん貝原益軒の『大和本草』に大きな影響を及ぼした。

（4） このような順序の背景にはもちろん、「陽」から「陰」という、宇宙万物に通じる形而上的なヒエラルキーが存在している。

（5）姑獲鳥に関しては、〔木場　二〇一〇〕を参照。

（6）たとえば、〔竹島　一九九六〕、〔Toby　1998〕など。また、外夷を怪物とすることについては、〔横山　二〇一五〕を参照。

（7）「飛頭蛮」を「ろくろくび」と読ませるのは良安の発明ではなく、山操（やまわろ）や姑獲鳥と同じく、もとは羅山が『多識編』で『本草綱目』の件名に和名を当てたことに始まり、のちにその影響を受けた節用集に収録されるようになった。木場貴俊が論じたように、「飛頭蛮」を、「外夷」とともに一種の病気、つまり異相とする文献も多かったが、良安は両者をはっきり区別しようとしたのである〔木場　二〇一七　一四一〕。轆轤首については、〔横山　二〇〇三〕を参照。

参考文献

小松和彦　一九九五『異人論』ちくま学芸文庫（初版は青土社一九八五年）

小松和彦　一九九四『憑霊信仰論』講談社学術文庫（初版は伝統と現代社一九八二年）

小松和彦　二〇一五『妖怪学新考』講談社学術文庫（初版は小学館一九九四年）

小松和彦　二〇〇八『百鬼夜行絵巻の謎』集英社新書ヴィジュアル版

ハイエク　マティアス　二〇〇八「江戸時代の占い本――馬場信武を中心に」小松和彦還暦記念論集刊行会編、『日本文化の人類学／異文化の民俗学』法蔵館

ハイエク　マティアス　二〇一七「『安倍晴明物語』の中の占術と占い師像――江戸前期占書の視点から」『説話文学研究』五二

ハイエク　マティアス　二〇一四「近世日本の百科思想の芽生え――『和漢三才図会』の構成と出典の一考察」国文学研究資料館とコレージュ・ド・フランス日本高等研究所（編）『集と断片――類聚と編纂の日本文化』勉誠出版

香川雅信　二〇一三『江戸の妖怪革命』角川学芸出版

勝又基　二〇一三「絵入り百科事典の工夫」鈴木健一編『浸透する教養――江戸の出版文化という回路』勉誠出版

木場貴俊　二〇〇三「林羅山と怪異」東アジア恠異学会編『怪異学の技法』臨川書店

木場貴俊　二〇一〇　「歴史的産物としての妖怪――ウブメを例にして」小松和彦編『妖怪文化の伝統と創造』せりか書房
木場貴俊　二〇一七　「『節用集』に見る怪異」小松和彦編『進化する妖怪文化研究』せりか書房
竹島淳夫　一九九六　「『和漢三才図会』に見る異国・異人」『国文学　解釈と鑑賞』六一－一〇　至文堂
山田慶兒　一九九五　「本草における分類の思想――世界像から技術へ」山田慶児編『東アジアの本草と博物学の世界上』思文閣出版
横山泰子　二〇〇三　「近世文化における轆轤首の形状について」小松和彦編『日本妖怪学大全』小学館
横山泰子　二〇一五　「怪物でない〈日本〉の私」田中優子編『日本人は日本をどう見てきたか』笠間書院
杉本つとむ　一九六七　『近世実学史の研究』吉川弘文館
Foster, M. D. 2009 *Pandemonium and Parade: Japanese Monsters and the Culture of Yōkai*, University of California Press.
Marcon, F. 2015 *The Knowledge of Nature and the Nature of Knowledge in Early Modern Japan*, University of Chicago Press
Metaillé, G. 2001 The *Bencao Gangmu* of Li Zhichen: An Innovation in Natural History? in Elisabeth HSU (ed.), *Innovation in Chinese Medicine*, Cambridge University Press, 221-261
Nappi, C. 2009 *The Monkey and the Inkpot: Natural History and its Transformations in Early Modern China*, Harvard University Press
Toby, R. 1998 Imagining and Imaging "Anthropos" in Early-Modern Japan, *Visual Anthropolgy* 14-1, 19-44

妖怪としての人形

香川雅信

一 「妖怪革命」の残余

乱暴なまとめであることを重々承知した上で言うのだが、文化人類学とは、異文化を知ることによって自文化を相対化し、自明のこととして今まで見えていなかったみずからの思考・認識・感性について再考するための知的営為であるといえる。私の師である小松和彦先生は、それゆえに「比較」を研究の重要な手法として位置づけ、われわれ教え子に対して繰り返しそれを述べてきた。

拙著『江戸の妖怪革命』では、異文化の代わりに異なる時代の感性や思考を対比させることによって、日本人が経験してきた認識の枠組の変容を浮かび上がらせるという方法を取った。いわば「比較」に基づく歴史人類学である。私はこの方法を用いて、江戸時代のとりわけ一八世紀後半以降に、かつては畏怖の対象であった妖怪が、都市部においてはリアリティを失い、フィクションとして人間たちの娯楽の対象へと変容していったことを明らかにした。

妖怪とは、いわば「自然」に対する畏(おそ)れを具象化したものであり、それゆえに「自然」と直に接し、そのありがたさも恐ろしさも知悉している農山漁村の人々にとって、妖怪はリアリティを帯びて「存在」するものであった。だが、「自然」の恩恵からも脅威からも遠ざかっている都市社会の人々にとっては、妖怪は「お話」のなかのキャラクターでしかなくなっていった。しかし、江戸時代の人々は、近代の人々がそうしたように、現実には存在しないものだからといって妖怪たちを切り捨てることはしなかった。化物は「ない」。けれどもそれじゃつまらないから、「ある」ことにして楽しもう――こうして、妖怪をフィクションとして楽しむ江戸の「妖怪文化」が花開くことになる。鬼面人を驚かす奇想によって人々の目を楽しませる妖怪画。現代のギャグマンガに相当する化物尽くしの草双紙。そして、絵双六やカルタといった「妖怪玩具」。今日、世界を席巻しつつある日本のキャラクター文化の源流が、こうした江戸の「妖怪文化」にあったのである。私はかつて、この日本人の妖怪観の転換を「妖怪革命」という言葉で表現した〔香川 二〇〇五〕。

しかしただ一つ、この「妖怪革命」から取り残された領域があった。「人形」である。江戸時代には、土人形や張子、練物(ねりもの)(おがくずを生麩糊(しょうふのり)で固めて成形したもの)など、型を用いた人形の製作が始まっている。型による製作は大量生産を可能にし、単価を安くすることができたので、子どもの玩具として広く用いられていたのだが、なぜか妖怪を題材としたものはほとんどみられない(1)。江戸時代の「妖怪玩具」は、絵双六やカルタ、おもちゃ絵をはじめとして、その大半が平面的なものだったのである。草双紙や絵双六、カルタなどのなかでは必ずと言っていいほど描かれ、あれほど江戸の人々を喜ばせていた河童や見越し入道といった人気の妖怪キャラクターがほとんど人形になっていないという事実も考え合わせてみれば、そもそも人形という形態が娯楽とはそぐわない、異なる次元に属するものとしてあったということがうかがえる。

それはおそらく、人形が質量を持つ立体物であったことに起因している。人間は、人や動物などの形をした立体物に出会ったとき、それをただのモノとは認識せず、生きた人や動物に対するのと同じ認知のメカニズムを働かせてしまうようなのだ。だからこそ、人は人形に、あるはずのない「気配」を感じる。それはまた「霊」や「魂」とも表現されることもあるが、要するに人形は、二次元のモノと違ってリアリティを感じさせてしまうのだ。

江戸時代の人々にとって、人形は他のモノとは異なる次元に属するものであった。それをよくあらわしていると思われるのが、当時の怪談集や随筆などに記された人形をめぐる怪談である。人形の怪談は現代でもしばしば聞くことができるが、江戸時代のそれには現代のものとはやや異質な感性がはたらいているように見受けられる。本稿では、そうした人形をめぐる怪談を素材として、江戸時代の人々の人形観を探ってみたい。

二　人形をめぐる怪談

最初に紹介するのは、人形浄瑠璃の人形に関する怪談である。貞享二年（一六八五）の井原西鶴『西鶴諸国ばなし』巻四「形は昼のまね」がそのなかでも早いものだろう。大坂の浄瑠璃の祖とされる井上播磨が、ある年の正月芝居として一の谷の合戦を浄瑠璃に仕立てて上演したところ、たいへんな評判となった。しかし、二月末のある物寂しい夜、楽屋番が人の足音らしき物音に目を覚ますと、遣い捨ててあった人形たちが合戦を繰り広げていた。翌朝その様子を皆に話し聞かせたところ、四蔵という年寄りの人形遣いが少しも騒がず、「むかしより、同じ人形共、くひあふ事は、ためし多し」と語り、ただ人形の一つが水を飲んだという点だけが不思議だとした。そこで大勢で狩り立てたところ、年経た狸どもが床の下から飛び出て、今宮村（現・大阪市浪速区）の松原の方に逃げていった〔冨士・井上・佐竹校注　一九九一　三四七〜三四九〕。

ここでは、結局は狸のしわざであったということになっているが、浄瑠璃の人形が夜になると動き出し、とりわけ敵同士を演じた人形は互いに「食い合う」という話は、人形遣いのあいだではなかば常識のように語り伝えられていたようだ。天保一二年（一八四一）の『絵本百物語』でも、「木偶泥工の坊といへども、仕ふ人の魂を入れぬる時ハ、其の意性根に入りて人形に止ること、芝居の人のしる所なり」と述べ、夜の楽屋で『仮名手本忠臣蔵』の高師直と塩谷判官など敵同士の人形が一晩中争ったという例を挙げ、「もと是れ人の霊を写せし故也」としている〔物集・物集　一九八六　三〇〕。

文久二年（一八六二）に刊行された宮川政運の随筆『宮川舎漫筆』でも、著者の息子の友人の話として次のようなエピソードが記されている。

> 予愚息の友なる下河辺氏、ある人形遣の人形を一箱預り置し処、其夜人静まりし頃、其れ箱の内冷じくなりしかば、鼠にても入りしなるべしとて、燈火を点じ改め見しところ、ねづみのいりし様子もなき故、臥床に戻りいねんとせしに、又々箱の中にて打合音など再々ありしかば、其事を持主にはなせし処、夫は遣ひ手の精心籠りし人形ゆへ、いつとても左の如く珍しからず。右故若敵役の人形と実役の人形をひとつに入置時は、其人形喰合ふて微塵になるといえり。実に精心のこもりし処なるべし〔日本随筆大成編集部編　一九七六　三二五〕。

これに続けて、安政年間（一八五四〜六〇）に評判となった松本喜三郎の「生人形」（生きている人間そっくりに精巧に作られた等身大の人形）が「ああ重い」と言ったというエピソードが紹介されている。宮川政運は、浄瑠璃の人形が互いに食い合い、「生人形」がものを言うようになったのは、遣い手、作り手の「精心」が籠ったためだとする。いわゆる「魂」が籠る、という表現と同じ意味だと思われるが、注意すべきは、これは決して人の「魂」や「霊」が宿るという意味ではないということだ。上手な遣い手が用いることで、浄瑠璃の人形は生きた人間と見紛うような動きを見せ、名人が手を抜かず細かいところまできっちりと作ることで、「生人形」はまさに生の輝きをその身に帯び始める。いわば、動きや外観で生きた人間をトレースすることで、人形たちはそれ自身の生命を持つようになると考えられたのである。『絵本百物語』の「もと是れ人の霊を写せし故也」とは、まさにこのことを言ったものと思われる。

「髪の毛の伸びる人形」など、人形の怪談は現代でも時々聞かれるのだが、ほとんどの場合、かつての持ち主の霊が人形にとどまり、さまざまな怪異を惹き起こしていると語られる。つまり現代の人形をめぐる怪談においては、怪異の主体は人形そのものではなく人間の霊なのだ。ところが江戸時代の人形をめぐる怪談では、人形それ自体が妖怪と化すのである。

これについて思い出されるのは、河童はもともと捨てられた人形が化したものであるという「河童人形起源説話」である。左甚五郎や竹田の番匠といった伝説的な匠、あるいは平清盛などの歴史上の人物が、神社の造営などに際して人形に命を吹き込み仕事を手伝わせるが、完成ののち用済みとなり川に捨てたところ、河童となって人を取るようになった、という伝承は各地に残っているが、こうした話は江戸時代にはすでに成立しており、享保五年（一七二〇）序の『北肥戦誌』には、橘諸兄の孫・島田丸が三笠山の春日神社の造営に携わった際、その配下の内匠頭某という人物が九十九の人形に命を吹き込んで工事を手伝わせるが、やはり完成ののち川に捨てられた人形が河童となって禍をなしたという話が記されている〔小馬二〇一四　七七〜七九〕。江戸時代においては、人形は人の霊（幽霊）の力を借りずとも、それ自体が一つの異質な存在へと変貌しうる特異なモノだったのである。

三　「憑きもの」としての人形

さらに不気味な人形にまつわる怪談を紹介しよう。明和四年（一七六七）に刊行された怪談集『新説百物語』の「人形いきてはたらきし事」という話である。

ある廻国の僧が、東国で宿を借りた際、人のように生きて動く不思議な裸人形を目にする。聞くと、それはその家の老女がこしらえたもので、欲しければ一つくれるという。僧は喜んでその人形をもらい受けるが、道すがらその人形が「向こうから来る旅の男がつまずいて転ぶから、薬をあげればお礼がもらえますよ」とか、「あの旅の者が馬から落ちるから、薬をあげればお金をくれますよ」などと言ってくる。そして実際にその人形の言葉どおりのことが起こる。僧はだんだん恐ろしくなってきて、人形を捨てようとするが、何度捨てても「最早とゝさまの子なれば、はなるゝ事はなし」と言って追いかけてくる。困り果てた僧が次に泊まった宿の亭主に事情を話したところ、人形を笠の上に乗せて川に入り、溺れたふりをして笠ごと流せばよいと教わる。こうしてようやく、旅の僧は人形から逃れることができたのである〔太刀川校訂　一九九三　二五九～二六二〕。

これと非常によく似た話が、江戸の南町奉行を務めた根岸鎮衛の随筆『耳嚢』に記されている。宝暦の初め頃（一七五〇年代）、三州矢作の橋（現・愛知県岡崎市）の普請のため江戸から来ていた職人が、木の板に乗って矢作川を流れてきた人形を拾う。人形は夜になると今日あったことや未来のことなどを語り出すので、「これはかの巫女などの用いる外法とやらにもあるや」と思い、初めのうちは面白がっていたが、やがて煩わしくなり処分に困り始める。しかしある老人から「その品を拾いし時の通り、板の上に乗せて川上に至り、子どもの船遊びする如くかの人形を慰める心にて、その身うしろ向きにて、いつ放すとなく右船を流し放して、あとを見ず立帰りぬればその祟りなし」と聞き、ようやく人形を捨て去ることに成功する（「矢作川にて妖物を拾い難儀せし事」）〔鈴木編注　一九七二　一九八～一九九〕。

まるで『新説百物語』の後日談のような話である。川を流れてきた人形は、やはり他の誰かが厭わしく思って捨て去ったものだろうと推測できる。これらの話の気味悪さは、人形がみずから動き、話しかけてくるというばかりでなく、一種の予言をおこなって持ち主に利益をもたらそうとする、という点にある。とりわけ『新説百物語』においては、人形がもたらす「予言」は転倒や落馬など突発的な事故に関するものばかりで、そもそもこれは「予言」ではなく人形がみずから惹き起こしていることなのではないか、という背筋の寒くなるような想像すら成り立つ。

実は、こうした性質は「憑きもの」と総称されてきた妖怪の特徴なのである。東北のイズナ、関東のオサキ、信州のクダ、山陰の人狐、四国・九州の犬神など、ある特定の家筋に持ち伝えられているとされる「憑きもの」は、他の家にさまざまな災いをもたらす一方で、その不思議な力をもって主の家には利益をもたらすよう働きかける。そのため「憑きもの筋」には裕福な家が多いとされている。もちろんこれは、富裕な家に対する象徴的攻撃という性格を持つものであり、事実無根ないいがかりであることは言うまでもない。ただ、そうした信仰が現在まで根強く残っているというのもまた事実である。

柳田國男の『遠野物語拾遺』には、「飯綱（いづな）」という憑きものをめぐるエピソードがいくつか紹介されている。それによると、飯綱は小さな白い狐のようなもので、これを飼っていると何でもわかるようになり、それによって非常な利益を得ることができるが、やがてその力は失われてしまうという。飯綱がすっかりいやになったある男は、笠をかぶって川のなかに入り、狐たちが苦しがって笠の上に登ったところを、そのまま笠の紐を解いて川に流してしまったという（柳田　二〇〇四　一六九〜一七〇）。これは、『新説百物語』や『耳嚢』の人形をめぐるエピソードと恐ろしくよく似てはいないだろうか。

さらに、富山県の礪波地方には、「ヒンナ神」というまさに人形の「憑きもの」の伝承があった。礪波では急にシンショがよくなる（財産家になる）家があると、「あの家はヒンナを祀っている」と言われたという。ヒンナとは墓場の土で作った人形とされ、これを祀ると欲しいものは何でも持って来てくれる。用事を言いつけないと今度は何だ、今度は何だと催促するくらいなので、たちまちシンショがよくなる。しかし死ぬ時にはヒンナがどうしても離れようとしないので非常に苦しみ、遂には地獄に落ちるとされている。そこである人はヒンナを懐に入れて川へ入り、苦しがったヒンナが笠の上に登ったところでソーッと笠を脱ぎ、笠ごとヒンナを川に流したという〔佐伯　一九四九　四二〕。

これもまた、『新説百物語』や『耳嚢』と酷似したエピソードである。これらの「憑きもの」としての人形の伝承ほど、現代の人形をめぐる怪談と異質なものはない。江戸時代において、人形は人によって作られたモノでありながら、それ自体が不思議な力を持った「妖怪」と化したのである。そしてここでは、「憑きもの」としての人形がいずれも最後は持ち主に疎まれ、川に流されるという点に注目しておきたい。

四〈他者〉としての人形

現在では、人形の処分に困った場合、「人形供養」（神社では「人形感謝祭」と呼ばれることが多い）と称して、寺や神社に人形を預け、供養の法要や魂を抜く儀礼をおこなった上で焼却あるいは廃棄するということが多く見られる。この行事は古くからあるものと思われがちであるが、実は「人形供養」という言葉自体、近代に創られたもので、大正七年（一九一八）に東京・巣鴨の私立帝国小学校・附属幼稚園でおこなわれたのが最初とされている。つまり、「人形供養」はもともと宗教的行事ですらなく、学校行事だったのである。同校では、校長であった西山哲治の発案により、子どもたちのために人形を修理する「人形病院」が作られていたが、修繕のきかない人形を処分するためのものとして、児童の感謝の歌の合唱と僧侶による読経ののち校庭内の「人形塚」に埋葬するという「人形供養」をおこなうようになったという。また、大正一三年（一九二四）に淡島寒月を中心とした人形愛好家が、前年の関東大震災で焼亡した人形の霊を慰めるという名目で「雛供養」という催しをおこなったが、これもまた寺社がおこなったものではないことに注意すべきである〔斎藤　一九九七　三三九〕。

現在見られるような寺社での「人形供養」が始まったのは戦後、それも昭和三〇年代以降であるようだ〔大崎　一九九五、田中　二〇〇五〕。東京・上野の寛永寺清水観音堂で人形供養会が始まったのは昭和三三年（一九五八）、京都の宝鏡寺で人形供養祭が始まるのはその翌年である。これ以降、「人形供養」は徐々に広がりを見せていくが、一九八〇年代に入って爆発的に増加する。田中正流はその背景に同時代の心霊ブーム、なかでも北海道岩見沢市栗沢町の万念寺にある、髪の毛が伸びる「お菊人形」の怪談がメディアに取り上げられ、「日本人形は怖い」というイメージが定着したことが大きな要因であると分析している〔田中　二〇〇五　二六四〕。つまり「人形供養」を定着させたのは、まさに現代の人形をめぐる怪談だったということになる。

「針供養」や「筆供養」といった道具の供養は江戸時代からおこなわれていたが、人形に対してはその形が採られることはなかったようだ。文政一三年（一八三〇）の喜多村信節『嬉遊笑覧』には、相模愛甲郡敦木の里（現・神奈川県厚木市）では古雛を川に流す風習があったことが記されている。また柳田國男は、東京から相模・甲斐の境にかけて、壊れた雛人形を道の辻の小祠や村はずれの石地蔵の傍らに出してあるのをよく見かけたと述べ、「それが悉く不要になつた品を、粗末にしてはならぬからかうして置くやうに人は考えるが、例の目無し達磨の目を入れたのなども、同じやうに始末するのみならず、棄てた以上は随分粗末にして居るから、元はやはり藁人形など、同じに、神の形代として送り出したものである」〔柳田　一九六九　六一〕と結論している。古い人形は川に流したり辻や村境に「送り出す」のが、近代以前の作法だったのである。

水口千里は、人形を「供養」するという行為の背景には、人形に対する「愛着」や「愛情」、そしてそれに起因する、人形を「かわいそう」と思う現代人の感情があることを指摘している〔水口　一九九八〕。これを裏返して言えば、近世の人々は、人形を「かわいそう」と思うような感性を持ち合わせてはいなかった、ということになるだろう。また中村慎吾は、人形は本来、処分されることを前提として作られた存在であったが、それが雛人形のように半永久的に形を残す存在へと変わったことによって、人形供養が必要とされるようになったと述べている〔中村　二〇〇四　六二〕。近世の人々にとって人形は、いっとき戯れることもあったとはいえ、それはいずれ此岸から彼岸へと還るべきものであった。そのようなものを「供養」しようという感性は、近世の人々のなかにはなかったのである。

かつて、人形は呪具であった。縄文時代の土偶はそのほとんどが女性をかたどったものであり、豊饒を祈る儀礼、あるいは安産を祈る儀礼に用いられたと考えられている。また古代の律令制のもとでは、木や金属で作られた「ひとがた」を用いて災いを避ける儀礼を執り行うのが、役所の重要な仕事の一つであった。そして儀礼が終わると土偶は破壊され、「ひとがた」は水に流された。つまり人形は最終的に「この世」から送り出されるべきもの、本質的に「あの世」に属するものであったのだ。

時代が下り、人形が玩具として流通するようになっても、こうした呪具としての性格は失われなかった。土人形や張子など、江戸時代に広く普及した人形の大半は疫病除けや招福など、何らかの信仰と結びついていた。現在でも寺社などで土人形や張子などを授与しているところがあるが、それらはやはり玩具ではなく信仰に基づくものとして扱われており、むしろそれらを玩具として扱うことは戒められてさえいる。こうした呪具としての性格は、人形が「この世」ではなく「あの世」に属するものであって、完全に人間のものとなることはない絶対的な〈他者〉である、という認識に根ざしているように思われる。江戸時代には玩具としての妖怪人形が作られなかったという事実、「人形供養」が存在しなかったという事実は、このことを裏付けるものだろう。

鳥取市用瀬町には、かつての上巳の祓のひとがた流しを受け継いだ「流し雛」の習俗があり、旧暦三月三日から四日にかけ、郷土玩具としても知られるこの地域独特の「流し雛」を川に流して災厄除けとしたが、万が一岸辺の草などに引っかかって翌日まで流れないでいる時は、妖怪になって家に戻ってくるという伝承があった〔中村 一九七八 五六〕。これは人形が「この世」から送り出されるべきもの、本質的に「あの世」に属するものであるという〈他者〉としての人形のありようを率直に物語っている。そして江戸時代の人形をめぐる怪談もまた、そうした人形観に根ざしたものだったと言うことができよう。

五 「所有」の不気味さ

最後にもう一つだけ、人形にまつわる怪談を紹介しておきたい。これは『今昔妖談集』に載るエピソードである。菅谷次郎八という四百石取りの武士が新吉原の白梅という遊女となじみになったが、二条城の在番としてしばらく江戸を離れることになった。しかし次郎八は文のやり取りだけでは満足できず、白梅そっくりの等身大の人形を作らせ、本物の白梅のように夜ごと愛した。ある夜、次郎八は人形に向かって戯れに「いかに白梅、そなたは我れをかはゆくおもひ給ふか」と問うてみたところ、人形は口を動かして「いかにもいとしう」と答えた。次郎八は驚いて起き上がり、「是れ狐狸のなす業」と枕元に置いていた脇差を引き抜いて人形を真っ二つに切り捨てた。その同時刻、吉原の遊郭で白梅は初会の客に刺されて死んだという〔物集・物集 一九八六 二九～三〇〕。

ここには、江戸時代における「人形を所有することの気味悪さ」が描かれている。それは、『新説百物語』の「憑きもの」としての人形にまつわる怪談にも通底するものである。人形たちはみずから「いかにもいとしう」あるいは「もはや父様の子なれば、離るることはなし」と囁きかけてくる。すなわち、「私はあなたのものだ」と迫ってくるのだ。それは、人形をみずからの所有物として引き受けることに対する不安や恐怖がひき起こす、強迫神経症的な幻のように思われるのである。前近代において、人形は所有してはならないものであり、また決して人が所有することのできないものであったのだ。

ところで、人形が言葉を発したのを、次郎八が「狐狸のなす業」と受け取ったのは示唆的である。それはやはり人間の霊のしわざではなく、絶対的に異なる〈他者〉の気配を持つものとして感じ取られたのだ。ひるがえって、もう一度現代の人形をめぐる怪談について考えてみると、「髪の毛の伸びる人形」をはじめとして、現代の人々が人形に感じる不気味さは、その人形をかつて誰か知らない人間が所有していたことに対する不気味さであるように思われる。

平成二八年（二〇一六）、大阪のユニバーサル・スタジオ・ジャパンがハロウィン限定のアトラクションとして作ったお化け屋敷に、人形供養のため神社に納められた古い日本人形が陳列されたことが大きな問題となった。人形の元の持ち主が、自分が大切にしていた人形がホラーアイテムとして用いられたことに対して抗議したのが始まりだったが、興味深かったのは「そんな人形を並べるなんて、気持ち悪い」といったような町の声だった。持ち主にとっては大切な人形でも、それ以外の人々にとっては「気持ち悪い」ものでしかない。そのコントラストが実に印象的だった。

その「気持ち悪さ」がどこから来るのかを考えてみると、それはやはりそれらの人形が「誰か知らない他人」が所有していたものだからではなかろうか。誰かにとっての大切な人形は、それが大切な人形であったがゆえに「気持ち悪い」ものと現代の人間には感じられるのではないか。この点においても、近世と現代の人形観の違いが現れているように思われるのである。近世の人形の不気味さ、あるいは「他者性」は、それが人間とは異なる世界に属しているのではないかという疑いに根ざしていたが、現代の人形の不気味さはまさにそれが「他人」のもの、見知らぬ誰かの所有物であったことに根ざしている。それはやはり、神や妖怪といった「異界」の存在ではなく、人間そのものがリアルな恐怖の対象となっている現代社会の状況を示していると見ることができるだろう。

注

（1）強いて妖怪的な題材の人形を探してみれば、狐、猩々、人魚といったものが挙げられるが、狐は稲荷信仰、猩々は疱瘡除け、人魚は「コロリ」（赤痢か）除けとしての意味合いを持つものであり、いずれも玩具と言うよりは呪具としての性格が強かった〔香川　二〇〇五　二〇七～二一五〕。

参考文献

大崎智子　一九九五　「上野寛永寺清水観音堂の人形供養」『日本民俗学』二〇一　日本民俗学会
香川雅信　二〇〇五　『江戸の妖怪革命』　河出書房新社
小馬徹　二〇一四　「肥前渋江氏と河童信仰の形成――河童人形起源説再論」国立歴史民俗博物館・常光徹編　『河童とはなにか』　岩田書院
斎藤良輔　一九九七　『日本人形玩具辞典』　東京堂出版
佐伯安一　一九四九　「礪波のヒンナ神」『民間伝承』一三－一二　民間伝承の会
鈴木棠三編注　一九七二　『東洋文庫二〇七　耳袋二』　平凡社
太刀川清校訂　一九九三　『叢書江戸文庫二七　続百物語怪談集成』　国書刊行会
田中正流　二〇〇五　「人形供養にみる人形観の諸相」『人形玩具研究――かたち・あそび』一六　日本人形玩具学会事務局
中村慎吾　二〇〇四　「人形供養という作法」『長野県民俗の会会報』二七　長野県民俗の会
中村義雄　一九七八　『魔よけとまじない――古典文学の周辺』　塙書房
日本随筆大成編集部編　一九七六　『日本随筆大成〈第一期〉一六』　吉川弘文館
冨士昭雄・井上敏幸・佐竹昭広校注　一九九一　『新日本古典文学大系七六　好色二代男　西鶴諸国ばなし　本朝二十

不孝』岩波書店
水口千里　一九九八「現代供養事情——大須観音人形供養を例として」『近畿民具』二二　近畿民具学会
物集高見・物集高量　一九八六『廣文庫　第一五冊』名著普及会
柳田國男　一九六九「年中行事覚書」『定本柳田國男集　第一三巻』筑摩書房
柳田国男　二〇〇四『新版　遠野物語　付・遠野物語拾遺』角川学芸出版

「妖怪」を探すということ――検索技術の発展と課題

今井秀和

一　妖怪探しの現在

文化人類学者・民俗学者の小松和彦が、その著作や共同研究を中心とした諸々の活動を通して、現代の妖怪研究はもとより、創作物にも影響を与え続けている妖怪研究の第一人者であることは言を俟たない事実であろう。さらに研究の社会還元という意味で特筆すべきは、小松の主導により国際日本文化研究センター（以下「日文研」）における妖怪関連の複数のデータベースが構築され、インターネット上に公開されることで広く一般の利用を得ているという点である。

小松の主導による日文研の怪異・妖怪プロジェクトは一九九九年から開始され、二〇〇二年に「怪異・妖怪伝承データベース」（以下「妖怪伝承ＤＢ」。http://www.nichibun.ac.jp/YoukaiDB/）が公開された。妖怪伝承ＤＢは竹田旦（編）『民俗学関係雑誌文献総覧』に収録された民俗学研究雑誌の記事、近世（江戸）期の随筆の翻刻を収録した『日本随筆大成』、民俗編を含む都道府県史、柳田国男「妖怪名彙」に載る怪異・妖怪伝承の事例を資料体としている。

また「怪異・妖怪画像データベース」（以下「妖怪画像ＤＢ」。 http://www.nichibun.ac.jp/YoukaiGazouMenu/）は日文研所蔵の絵画資料を主とした画像の検索が可能なデータベースであり、二〇一〇年に公開されて以降、現在も画像が追加され続けている。このほかにも日文研の怪異・妖怪プロジェクトは、日文研所蔵の絵巻物を収録した「怪異・妖怪絵姿データベース」や、日文研所蔵の鯰絵を収録した「鯰絵コレクション」などの、妖怪に関わる絵画資料データベースを構築・公開している。

しかし、世の中に存在する全てのデータベースは、拡充の可能性を持つ反面で、収録する情報の偏りという問題を含むものであり、日文研の妖怪関連データベースもその例に漏れるものではない。また、デジタル・ツールの検索機能を用いて妖怪の情報を調べるという行為は、当然のことながら「妖怪」そのものを探し出す行為ではない。だが、時代を遡ってみれば、かつて妖怪は現実に探し出すことが可能なものとしても認識されていたのである。

本稿では、日文研の妖怪関連データベースをはじめとする、妖怪にまつわる各種のデジタル・ツールの利便性を享受する上で、その限界と可能性についてどのように理解しておくべきかといった問題について考えてみたい。この問題に向かい合う際には、そもそも「妖怪」の「情報」を探すという行為がどういったことなのか、前近代の文化潮流に遡った問い直しも必要になってくる。

現代日本において「妖怪を探す」と言った場合、ごく常識的にこれを捉えれば、妖怪にまつわる情報を調べるという資料調査的な意味合いに落ち着くことだろう。日文研「妖怪伝承ＤＢ」の検索ページにはキーワード検索など幾種類かの検索方法が備わっているが、そのうちのひとつの検索ガイダンスには「代表的な怪異・妖怪の呼称から探す。（全国）」と記されている。

当然、ここにおいての「探す」とは、妖怪そのものを探すということではなく、「鬼」や「狐」など、代表的な妖怪に関するデータベース上の情報を、その呼称をクリックもしくはタップして探す、ということを意味している。

あるいはデジタル端末を利用したゲーム『妖怪ウォッチ』や『ポケモンGO』などのように、あくまでエンターテインメントとしての世界観における、架空の妖怪キャラクター（あるいは妖怪的なキャラクター）を探すという意味であれば現代的な妖怪探しも成立し得るが、それもあくまで「架空」の妖怪を「疑似的」に探す、という意味の範疇に留まるものである。また、民俗学や文化人類学のフィールドワーカーが妖怪にまつわる伝承を求めていたとしても、通常それを「妖怪探し」とは言わない。

このように、現代日本において本気で妖怪を探す、というシチュエーションは想定し辛い。なぜならば、現代において圧倒的大多数の人々は「妖怪」の存在を信じていないからである。こうした状況を逆手にとって、近年では、まち歩きイベントやワークショップの中で妖怪を「探す」という体裁をとりつつ、参加者たちが自由に妖怪を「創る」という参加型アートの試みも為されている。

地域に伝承された妖怪を捜索するという行為と、妖怪を創作するという行為（それまでにない妖怪を創る。あるいは、すでに知られている妖怪にまつわる新たな情報を創る）は、一見相反する行為のように見えつつも、ときに一種の共通性を持っていることがあるのである[1]。

前近代、とくに江戸期においては、知識人どうしの書面のやりとりや考証随筆などにおいて、特定の妖怪に関する情報を調べ、それについて検証するということがすでに行われていた。こうした随筆では、当時、存在の不確かであった特定の妖怪を対象とする場合であっても、それが存在するかどうかという検証には力点を置かず、あくまで周辺情報の整理に勤しむ、ということも少なくなかった。

その一方で、弁惑物と呼ばれるジャンルの書籍などは、怪異・妖怪の類の否定を目的とした言説を主としており、また逆に、平田篤胤などは天狗の棲むという幽冥界の存在や、人間の生まれ変わりといった現象の証明に心血を注ぎ、幽冥界に接点を持つ者への聞き取り調査を行っていた。

以下においては、前近代にあって存在の有無が不確かであった「妖怪」、そして現代にあっては存在しないが故にネット社会で流動的な情報になりがちな「妖怪」に着目して、古今の「妖怪を探す」という行為が持つ様々な位相に留意しつつ、現代における妖怪探し（妖怪の「情報」探し）が持つ可能性や課題について考えていく。一口に「探す」という言葉で示したとしても、現代の妖怪探しと、前近代の妖怪探しとでは位相が大きく異なってくるのであり、逆にその位相の違いから、現代において「妖怪」が置かれている文化的な位置を見つめ直してみたいのである。

二　妖怪の「情報」化と変容

現代日本における怪異・妖怪は、人間にとって未知なるものに対する畏怖の対象としての意味や、不可思議な現象に対する物語性を帯びた説明、といった意味を完全には失っていない。たとえば現代においても、広義の妖怪に包括される「幽霊」の存在や、死後の世界といった異界、生まれ変わりなどの現象を信じている人は多いし、口裂け女や人面犬、トイレの花子さんといった、語り手や聞き手において一応の「ノンフィクション」として語られる現代的な妖怪も存在する。

そうは言っても現代においての妖怪は、基本的には小説や映画、マンガ・アニメ・ゲームなどのサブカルチャーにおける素材のひとつであると言える。また、ときにそれらの創作物の情報源となり、また、創作物を分析対象とする人文学系の研究も、妖怪の存在の有無については触れず、基本的には妖怪を純粋な「情報」としてドライに扱っている、と言うこともできるだろう。現代人にとって、妖怪の不在はある程度の共通理解となったのであり、妖怪を探すということは、（先に触れたような娯楽作品における扱いを除けば）妖怪についての情報を調べる、ということと同義になりつつある。

妖怪には実体があるわけではないので、当然のことながら妖怪の標本は存在しない。河童や人形のミイラと呼ばれるものもあるが、人為的に作られたものである以上、「妖怪の標本」とは言えない。こうした、不確かな存在である妖怪を巡っては、古来、様々な情報がまことしやかに語られ、記述されてきた。それらは、すでにある情報を参照するという特徴を持つ一方で、新たな情報をも纏うことがあった。そして、新たに付加された情報は、ときに一過性で消え去り、ときに妖怪の属性として固定化されていくこともあった。

たとえば江戸期の絵師、鳥山石燕『画図百鬼夜行』シリーズなどに描かれている妖怪「ぬらりひょん」は、江戸期の時点では名称や図像的な要素を除き、ほとんどその属性を示す情報がなかった。しかし現代のマンガ・アニメや妖怪図鑑などにおいては、知らぬ間に人家にあがりこむ妖怪、また、妖怪の総大将という新たな属性を獲得している。その背景には、一九二九年に出版された藤沢衛彦『妖怪画談全集』日本編（上）における根拠が不明瞭なキャプションの記述や、それを下敷きにしたらしき水木しげる『ゲゲゲの鬼太郎』などの一連の作品や、そのアニメ化作品などの影響があるものと考えられている。[2]

また、同じく『画図百鬼夜行』シリーズにおける「犬神」の横には「白児（しらちご）」が描かれるが、そこにも詞書はなく、両者の関係も明らかではない。しかし、現代のサブカルチャーにおいては、白児が犬神の家来だという設定が出回っており、その背景には一九七三年に出版された粕三平の『お化け図絵』における解説の影響があるという。[3]

このように、妖怪をめぐる情報は、近代以降の一般向け書物において変容を遂げていくことがある。そして、近現代の出版物において醸成された、特定の妖怪をめぐる真偽の不確かな情報は、インターネット上でも広がりを見せることになる。

妖怪を研究する者にとって、一次資料となる文献や、それを扱った研究論文や一般書などを比べて変遷の過程をたどるのは、極めて基本的な作業である。加えて、自分の研究で取り扱うかどうかは別として、インターネット上の新たな言説にも目配せが必要な時代となった。

しかし、妖怪をめぐる情報にさほど明るくない人にとっては、一般書やインターネット上にあふれる言説の、何が旧来のもので、何が新しいものなのかは、にわかには見極め難い。それは、大学生などの初学者も同様である。筆者が非常勤先で講義を行っている、大学二年生を対象とした近世文学の授業では、資料収集の方法を学ぶために、「河童」など、特定の妖怪について江戸随筆から資料を集める方法を指導している。

具体的には、筆者自身が学生時代から現在にかけて実際に使用している工具書やデジタル・ツールを紹介しながら、学生とともに妖怪の情報を集め、分析の俎上に乗せている。言い換えれば、「妖怪の探し方」に関する授業でもある。

授業中に紹介する書籍としては、柴田宵曲の『奇談異聞辞典』や太田為三郎編『日本随筆索引』正・続など、大学図書館で引くことのできる江戸随筆関連の索引・事典類や、筆者が博士論文の資料編として作成した、江戸随筆『甲子夜話』の怪異・奇聞記事の一覧表および索引、『日本怪異妖怪大事典』（日文研の怪異伝承データベースをもとに編まれた）をはじめとする妖怪事典類のほか、複数の代表的な国語辞典、古語辞典を引くことにより、特定の妖怪に関する用例を集めている。

こうした、紙媒体の資料を用いた情報収集は不可欠なものであるが、資料検索の利便性を各段に上げたのが、近年、登場した様々なデジタル・ツールである。たとえば授業で、冒頭で触れた日文研の「妖怪伝承ＤＢ」を使う際には、キーワード検索を行う際に「随筆　河童」などのようにして、対象を日本随筆大成に絞り込むなどしている。同じく日文研の「妖怪画像ＤＢ」も、妖怪のヴィジュアルや、そこに含まれる特徴を知るためには非常に便利である。また、国立国会図書館や国文学研究資料館の各種検索サービスやデータベース、各種辞典や全集などの横断検索が可能な Japan Knowledge や国立情報学研究所の論文検索サイト CiNii（サイニィ）などを用いた資料収集についても指導している。

これらに加えて重要なのは、特定の事象に対して網羅的に資料を収集するというのが非常に困難であるということ、また、上記のような方法のみで集めていては発見できない資料もあり、そうした情報に偶然出会うこともあり得ることを、学生に理解して貰うことである。そのため、各種図書館、書店、古書店による情報収集の重要性や、教員や学生などの他者とのコミュニケーションによる情報収集の可能性について、妖怪探しを通して体感して貰えるように授業を行っている。

さて、前出の「妖怪画像ＤＢ」を使って妖怪の姿を探していると、たとえば次のようなことに気付かされる。中世から江戸期にかけて描かれた百鬼夜行絵巻の類に描かれる器物その他をモチーフとした妖怪たちの多くは、現象から想定されたというよりも、造形に対する興味関心から発生したと考えたほうが良いようにも思われるのである。

小松和彦は「妖怪」の概念を、①出来事としての妖怪（現象―妖怪）、②超自然的存在としての妖怪（存在―妖怪）、③造形化された妖怪（造形―妖怪）の三段階の意味領域に分けている。そして、それらが現象から存在へ、存在から造形へと発展する可能性を示した。(4) この分類は、必ずしも①、②、③の順番で変化を遂げることを示したものではない。たとえば、おそらくは豆腐小僧がそうであるように、「③造形―妖怪」から始まった妖怪もあるものと考えられるのである。

「妖怪画像ＤＢ」に収録されるような、江戸後期から明治期にかけて作られた「化物尽くし」系統の玩具絵に描かれる酒樽や時計の妖怪など、器物の妖怪は、とくに絵としての面白さから発想された妖怪画だと言えるだろう。つまり、不可思議な現象にまつわる伝承の存在しない、造形から始まる妖怪画である。

百鬼夜行絵巻や化物尽くし系統の玩具絵に描かれた器物の妖怪たちのように、絵画化された妖怪には、そのもとになった説話や伝承が明らかでないものが多くある。あるいは、絵画のみが描かれたと思われる妖怪も少なくない。つまり、説話・伝承自体が存在しないか、忘れられるかして、絵画のみで認識される妖怪たちである。

もともと存在していた説話・伝承が忘れられたのか、はたまた、そもそもそうした情報が存在しなかったのかでは大きく意味合いが異なってくるが、いずれにしても、絵画のみが残った妖怪に関して、その成立の背景に何らかの伝承が存在していた可能性はぬぐい切れず、また、直接の伝承がなかったとしても、たとえば器物に手足を生やしたパターンの妖怪画は、見る者に「付喪神」を巡る説話・伝承を想定させる。

個人にせよ集団にせよ、妖怪を創造し、育む者たちは、たびたび特定の妖怪に対して、探しても見つからないはずの情報を「見つけ」、追加することがある。たとえば現代の妖怪絵師である水木しげるは、妖怪の名称があれば、その先にあるはずの物語を求め、また、それらの妖怪に姿を与えた。あるいは現代、妖怪フィギュアや書籍のキャプションなどにおいて、百鬼夜行絵巻に描かれる名もなき妖怪たちに対する「名付け」も行われている。それは、ネット上の流言飛語の発生メカニズムと考えられている、情報の受容と供給のバランスの崩れにも通底する部分を持つ、妖怪の情報をめぐっての、ある種の欲望の発露（欠落した情報を埋めたいという欲望？）であるのかもしれない。

興味深いのは、現代における妖怪キャラクターの創作や設定が、まったくの更地から企てられるのではなく、すでにある情報を頻繁に参照する点である。妖怪をめぐる言説は、誤謬や創作を含みながらも変容していくが、そのありようは必ずしもネット時代に特有の現象ではない。むしろ、誤謬を含むかどうかは別として、先行する情報を能動的に摂取し、「伝承」していく。そのさまは、妖怪について通時的に考える際のヒントを与えてくれているようでもある。

三　前近代の妖怪探し

さて、中世から近世にかけて、妖怪が絵画その他を通して娯楽の対象としても認識されるようになる以前にあっては、妖怪は自ら好んで探そうとするものではなかった。人はむしろ、そうした存在を避けよう、あるいは身を隠そうとしていた。前近代の説話には、妖怪の居所を探り、その姿を見ることのできる特殊な能力を備えた人物も登場するが、そうした能力は、妖怪の難を避けるために必要とされていたものであった。

たとえば『今昔物語集』巻二十四第十六「安部晴明随忠行習道語」において、陰陽師の安倍晴明は、他の者には見えない百鬼夜行を見ることのできる特殊な存在として描き出される。そこにおける晴明の能力は、あくまで百鬼夜行を早めに見つけ、その難を避けるために必要となるものだったのである。こうした妖怪の察知能力と、それに基づく危機回避能力が、妖怪を探すことに求められていた原初的な目的だったように思われる。

ひるがえって現代の妖怪探しは、主として、すでに述べたような娯楽の対象や、人文学系の研究対象として機能している。近代化を経た今、怪異・妖怪の探求は、妖怪それ自体を探そうとするものではなくなっているのである。

しかしながら、かつて国学者の平田篤胤が没頭していたような、不確かな世界（異界）や、不確かな存在（妖怪）の実証を目的とした調査と、現代の人文学系の調査との間には、方法的な共通点もある。端的に言えば、聞き取り調査と文献調査という方法において、江戸後期の学問と、現代の研究との間には共通点が見られるのである。

興味深いのは、江戸期の国学その他における怪異・妖怪の探求と、近現代の怪異・妖怪への探求とが、近代化を一つの壁とした、妖怪の肯定・否定という二分で整理できない点である。

たとえば近代においては、井上円了の活動に代表されるように、迷信としての怪異・妖怪を撲滅しようという動きがあった一方で、当時から現代に至るまで、「心霊科学」の研究など、狭義の科学では証明されていない事象（霊魂の存在など）を証明しようという動きは継続している。また江戸期においても、奇妙な物事を正面から事実として受け止め、怪異・妖怪的な事象を証明しようとしたり、あるいは極めて否定的な態度で捉えようとしたりする動きがあったのである。

よく知られているように、平田篤胤による聞き取り調査は、幽冥界とこの世を行き来していたという少年、天狗小僧寅吉や、生まれ変わりを果たしたという再生少年勝五郎を対象として、幽冥界という一種の「異界」の実在を証明しようとしたものであった。

平田篤胤と同じく怪異・妖怪に対して強い興味を持ちつつも、それらに対する態度に関しては対照的だったのが、肥前国平戸藩主であった松浦静山である。静山は、狐狸などの妖怪や、動植物に関する俗説などについては肯定的に捉えているのだが、当時としてはある程度一般的だったそれらについての認識とは別に、怪異・妖怪に対して疑り深い一面も持ち併せていた。

静山や、彼の周辺人物による、一種の「妖怪探し」の例を二つほどあげてみよう。ひとつは、静山が実際に耳にした「狸囃子」の捜索である。『甲子夜話続篇』巻四十六の一六「本荘七不思議の一、遠鼓」のうち、一部分を引用する。

予が荘のあたり、夜に入れば時として遠方に鼓声きこゆることとあり。世にこれを本荘七不思議の一と称して、人も往々知る所なり。因て其鼓声をしるべに其処に到れば、又移て他所に聞ゆ。予が荘にては辰巳に当る遠方にて時として鳴ることあり。この七月八日の夜、邸の南方へ聞へしが、驟に近くなりて邸中にて撃かと思ふばかり也しが、忽ち又転じて未申の方に遠ざかり、其音(オト)かすかに成しが、頓て殊に近く邸内にて鳴らす如なり。予は几に対して字を書しゐしが、侍婢など懼れて立騒(タチサハグ)ゆゑ、若くは狡児が所為かと人を出して見せ使(し)めしに、近所なる割下水迄は其声を尋て行たれど、鼓打景色もなく、又其辺(アタリ)に問ても、誰も其夜は鼓を撃つことも無しと答へたり。〔松浦、一九八〇〕

これは、いわゆる「本所七不思議」に関する記事である。ある夜半、江戸の下屋敷にいた静山は、遠くで「ドンツクドンツク」と鳴っていたはずのお囃子が、にわかに邸内で鳴っているかのように大きく響くのを耳にした。使用人たちが恐れて騒ぐので、悪童のいたずらでもあろうかと考えた静山は、人を遣わして音の正体を確かめようとした。遣いの者は割下水のあたりまで音の発生源を尋ねたが、鼓を打つ様子もなく、周囲の者に訊ねても詳細が分からなかった、という記事である。

静山は本所七不思議のひとつである「狸囃子」を知りつつも、自分が耳にした狸囃子らしき怪音に関しては、その正体を必ずしも妖怪的な何かに帰結させず、現実的な方法を以て、正体探しに臨んでいる。結果として、怪音の原因が何であったのかは明らかにならず、静山もそれを了として楽しんでいる節があるのだが、こうした態度には、平田篤胤的な怪異との向き合い方とはまた異なる特徴があると言えるだろう。

さて、もうひとつの例は、『甲子夜話』巻二十四の八「癸未風変」に記された、静山の息子（文中に「肥州」とあるのは静山の子の熈(ひろむ)。平戸藩主）による鉄砲洲細川邸の異獣騒ぎ顛末の聞き取り調査である。長いので、その一部を引く。

或人云。この大風の夜、鉄砲洲細川采女正の邸に海獣落たり。大さは猫ほどにて、額より肉身にて嘴の如きものの其身体の丈よりも長く出て、其先に鼻穴二つあり。その嘴根の下に当りて目一つあり。毛は黒色にして天鵞絨の如く、前後足色を殊にして白しとなり。この物潮を吹上たるより落しと見へ、屋根などに中りもやしけん、背に疵付て死ゐたり。其臭気近づくべからざりしと云。これ妄説なるべし。肥州の話に、このことを聞及たれば、采女正に大風の夜貴邸の異獣は奇事なり。尚その状を詳に示されよと云ば、曰。余が邸曽てそのことなし。彼説と覚しきは、馬場に犬の赤子いまだ毛もはへぬが、臍帯に胞衣つきてそれを頭に蒙り死てあり。海より打揚たるか、鳶など持きて落せしか、腐たゞれ、其臭堪がたかりし故、即海に投じたり。この外に異物なしと答へぬ。予云。然らば世上の説は何かに。肥州笑て、去れば是その由あり。其本と云ふは、彼侯の留守居沼新兵衛と云が、かの役のならはし無根のことを言て人の喜を求るゆゑ、彼の異獣のことに云為し、又自らその奇状を図に作り人に示せし〔松浦、一九七七〕

この記事は、世間を賑わす「異獣」をめぐる妖怪譚に関して、静山の息子、熈が当事者への聞き取りを行い、実際には妖怪が存在しなかったことを明らかにしたものである。その噂とは、大風の起こった文政六年七月十八日の夜、鉄砲洲の細川采女正の屋敷に猫ほどの大きさで顔からクチバシ状の物を生やし、その根元には目が一つ付いている「海獣」の死骸が落下してきたというものであった。

静山の息子は細川采女正に会った際に直接、そうした風説が事実無根であることを聞き出している。そもそも、この噂の発生源は細川侯の留守居、沼新兵衛という人物であった。幕府や他藩との間の諸連絡を行う留守居役の慣わしとして、面白い話をして人を喜ばせることがある。それ故に沼は、犬の死体をさも異獣であったかのように語り、また自ら異獣の奇妙な姿を図に描いて、人に見せていたのであった。

しかし、そうこうする内に殿中の坊主などを介してこの噂が広まり、ついには世間一般でも語られるようになった。果ては閣老の耳にさえ入るに至り、水野出羽守はこの件の虚実に関して、城内の給仕を司る御同朋頭を介して内分に留守居に尋ねることとなる。この時、さすがに閣老の質問に嘘とは言い兼ね、沼新兵衛は全て事実であると回答してしまった。ならば是非その物を見せよと言われたが、これに関しては即刻海に捨ててしまったので手元にないと言って、なんとか事なきを得たという。

興味深いのは、こうした妖怪騒ぎを耳にした松浦静山の息子が、関係者への直接の聞き取りを通して事の顛末を明らかにし、妖怪譚を好む父親に報告している点である。結果として、この噂に出てくる妖怪が存在しないことが明らかになったのだが、そこへ至るプロセスは、まさに江戸期の知識人における「妖怪探し」のひとつの形だったと言えるだろう。

さて、江戸随筆ではたびたび、鵺などの中世以前の文献に登場する妖怪への考証が行われる。それは基本的に、あくまで文献上の鵺に対する考証であって、鵺の実在を説こうとするものではない。一方で、河童などの実在を、文献や聞き取りによって証拠付けようとする考証もある。

さらには、ここでとりあげてきたような、狸囃子や異獣に対する実地調査、聞き取り調査をもとにした考証を展開し、結果としてそれらの正体を保留としたり、事実無根の噂であったことを明らかにしたりすることもあった。

こうした妖怪に関する考証は、儒学者による鬼神に関する考証や、国学者による日本の神話や伝説に関する考証などとも深く関わるかたちでの「怪異・妖怪」研究だと言えるが、とくに、本稿でとりあげた二つの例などは、世間を賑わせる妖怪騒ぎに対して実際に「妖怪探し」を慣行した点において、ある意味できわめて江戸文人的な興味関心の発露であったと言えよう。

四　妖怪探し、ネット時代の課題

最後に再び、現代において妖怪を探すことが内包する問題に立ち返ってみたい。過去数十年におけるパーソナル・コンピュータの普及、そしてインターネットの発展、さらには近年におけるモバイルツールの急速な進歩に伴い、にわかに利便性を発揮してきたのが、インターネットで利用可能な検索サイト、ウェブ辞書類やデータベースなどである。

しかし、基本的に誰でもが編集可能なWikipediaなどは恒常的に、情報の精度のばらつきという問題や、常に誰もが更新可能であるが故の情報の流動性といった問題を孕んでいる。

インターネットでは近年、各種のSNS（Social Networking Service）が、身近な知人同士のコミュニケーション・ツールとして、また、未知の人間同士における情報の受発信装置として機能している。中でも現在に至るまで人気の高いTwitter（ツイッター）には、bot（ボット）による記事の投稿が含まれる。ボットとは、ツイッター上に定期的に短文を投稿するプログラムである。

そうしたボットの中には、一般のツイッターユーザーが管理する「瓶詰妖怪」なるものもあり、これは日本の妖怪を二時間おきに紹介するというものである。ボットが配信する妖怪情報の場合、情報の受け手が能動的に情報を求めていない受け身の状態であっても、妖怪に関する情報を受け取ることになる。比喩的に言えば、妖怪を探さずとも妖怪のほうから訪れてくるわけである。いつ、どのような情報に遭遇するか分からない偶発性を孕んだ調べものツール、という側面を持つサービスだと言える。

そもそも妖怪について調べる、というのは、現実に存在した一般的な物事について調べるよりも、難しい部分がある。それは、妖怪をめぐる情報（知識）が、極めて不確かなものであり、現代においても少なからぬ流動性をはらんでいる、という点である。

たとえば先にあげたような、江戸期の妖怪画に近現代において新たな解釈が加わる例のほか、水木しげるによる数多くの妖怪イメージの再創造には、水木によるオリジナルの編集が加わっている。そして、こうした新たな妖怪像は、出版物やインターネットを経由して、いともたやすく流通していくことになる。Wikipediaにおける妖怪の記事は、読み応えのある利便性の高いものであるが、それらの記述には常に、検討すべき問題点が含まれている。もっとも、それはWikipedia自体が抱える利点および問題点なのであるが、そもそも不確かな情報の集合体である妖怪に関しては、若干、問題の根が深いようにも思われるのである。

ロングスパンで見た場合、特定の妖怪にまつわる情報が変容していくこと自体は、必ずしも否定すべきことではなく、ある意味で前近代から続く当然の流れだと言えるだろう。しかし研究の態度としては、情報の改変に留意する必要があり、また教育の場においては、初学者にそうした「妖怪」研究に必要な姿勢を伝える必要がある。ネットと妖怪には相性がよい部分があるかもしれないが、研究という視点から見れば、ネット上の情報に対する慎重かつ継続的な注視が必要な時代が訪れた、ということにほかならないのである。

注

（1）文献調査やフィールドワークを通して妖怪を収集したり、そこに新たな創作を加えたりする街歩きワークショップとしては、常州妖怪同好会や、《隅田川妖怪絵巻PROJECT》などの活動がある。こうした活動に関わる市川寛也は、地域に伝わる妖怪伝承であっても、それが、かつて誰かが創作したものである可能性を指摘する。

（2）詳細については京極夏彦『妖怪の理　妖怪の檻』を参照。

（3）詳細は永島大輝「犬神系の一族」伊藤慎吾編『妖怪・憑依・擬人化の文化史』を参照。
（4）小松和彦『妖怪文化入門』参照。

参考文献

飯倉義之　二〇一七　「「妖怪の文法」の可能性　『日本怪異妖怪大辞典』をもとに」小松和彦編『進化する妖怪文化研究』せりか書房
飯倉義之　二〇一七　「怪異・妖怪をつかまえろ」石井正己編『現代に生きる妖怪たち』三弥井書店
市川寛也　二〇一六　「「妖怪採集」のすすめ――日常を拡張するまなざしの獲得に向けて」一柳廣孝監修、今井秀和・大道晴香編『怪異を歩く』青弓社
市川寛也　二〇一七　「創られる妖怪たち　地域に根差した物語再生への試み」小松和彦編『進化する妖怪文化研究』せりか書房
今井秀和　二〇〇九「『甲子夜話』怪異・奇聞の研究」二〇〇八年度大東文化大学提出博士学位論文
太田為三郎編　一九六二、一九六三　『日本随筆索引』正続　岩波書店
粕三平　一九七三　『お化け図絵』芳賀書店
京極夏彦　二〇一一　『妖怪の理　妖怪の檻』角川書店
小松和彦　二〇一二　『妖怪文化入門』角川学芸出版
小松和彦監修、常光徹・山田奨治・飯倉義之編　二〇一三　『日本怪異妖怪大事典』東京堂
小松和彦　二〇一三　「魅力的なデータベースとは何か　日文研の怪異・妖怪データベースをめぐって」楊暁捷・小松和彦・荒木浩編『デジタル人文学のすすめ』勉誠出版
柴田宵曲　二〇〇八　『奇談異聞辞典』筑摩書房
永島大輝　二〇一六　「犬神系の一族」伊藤慎吾編『妖怪・憑依・擬人化の文化史』笠間書院
藤沢衛彦　一九二九　『妖怪画談全集』日本編（上）　中央美術社
松村薫子　二〇一四　「怪異・妖怪データベースによる妖怪研究の展開」『人文科学とコンピュータ』一〇三巻第一〇号　情報処理学会

松浦静山　一九七七『甲子夜話』第二巻、中村幸彦・中野三敏校訂　平凡社
松浦静山　一九八〇『甲子夜話続篇』第四巻、中村幸彦・中野三敏校訂　平凡社

神なき時代の妖怪学——現代怪異譚の「始末」について

飯倉義之

一　零落説から祀り上げ・祀り捨ての論理へ

妖怪は古来神であった。が、しかし信仰を失って零落し、侮られる存在となった。突き詰めるとこれが柳田國男の妖怪論の核であり、「民俗学的な定説」として広く世間に共有されてきた説明である。[1] もう少し詳しく柳田の論理を紐解いてみよう。一九三四年に東京日日新聞に連載され、のち『一目小僧その他』に収録される論文「一目小僧」において柳田は、一つ目小僧についての柳田自身の二人の幼い娘の理解や、自身が幼少時に父より聞かされた話などを挙げて、それが世間によく知られた妖怪であることを示しつつ、その発生の根源については注意が払われてこなかったと指摘する。そうして一眼一足の山の怪の伝承や、氏神が片目に怪我をする伝説と作物禁忌の伝承、戦で一眼を失う武将である鎌倉権五郎（ゴロウ）と御霊（ゴリョウ）信仰、神域の池に住む片目の魚の伝承を巡って、古代には祭祀に神主を神へのいけにえとして殺す風習があり、その選ばれた者を「常の人と弁別せしむる為に、片目だけ傷けて置いたものではないか」（柳田　一九九八　四一〇）とする。その上で柳田は「曰く、一目小僧は多くの「おばけ」と同じく、本拠を離れ系統を失つた昔の小さい神である。見た人が次第に少なくなつて、文字通りの一目に画にかくやうになつたが、実は一方の目を潰された神である」（同前　四二六）と結論する。いけにえの印として人間を片目を潰していたという説の是非はともかく、「多くの「おばけ」」が「本拠を離れ系統を失つた昔の小さい神」であったとする柳田の論理は明確である。

この柳田の妖怪零落説は、学界で広く共有されたのみならず、聖域にまします神霊への畏敬の念からであった立ち入りや行動の禁忌が、信仰が失われたことにより、その場所を根城にする超自然的存在（妖怪）に危害を加えられるからしてはいけないという恐れに変化したという、「恐れの通俗化」とも言い得る明確で納得しやすい論理構造も手伝って、広く世間の共感を得る定説となった。一例を挙げる。子どもに世の中の「どうして」をわかりやすく伝える教育的なテレビアニメ番組「まんがどうして物語」（TBS系列、一九八四〜八六）では、幽霊とお化け（妖怪）の違いを述べた回で妖怪について、「おばけはむかし神さまだった」として、奈良時代には山の神として崇められていた一眼の巨人が、鎌倉時代には仏教に信仰を奪われて一つ目の大入道として村人を脅かす存在になり、江戸時代には小さな一つ目小僧として軽んじられるまでになってしまったという「零落」を描き、「こうして仏教がひろまるにつれ、ようかいは、神であることを、わすれられてしまいました。それに、へんなすがたや、かわった力のために、ばけもの、つまり、おばけとおもわれるようになってしまったのです」と柳田の図式に従って説明している（国際情報社編集部　一九八六　二〇〜二五）。

子ども向けのテレビ番組の妖怪の説明にまで柳田の論が採用されていることからも、零落論が広く受け入れられた定説、つまり常識となっていたことが確認できる。そうして定説は定説のまま、深く検討されることなく長きにわたり受け継がれた。端的に言えば、「妖怪伝承は柳田先生の零落説で解決済みの問題だ」として等閑視されることとなってしまった[2]。

そうした定説に再検討の目が向けられ始めたのが一九八〇年代から九〇年代にかけての動きである。高度経済成長を経て従来の村落共同体が解体・変容し、従来の民俗学の限界の指摘と、新たな民俗学の構築の必要から、都市民俗学の提唱や、従来の口承文芸研究・民俗芸能研究の見直しが若手研究者によって行われていたこの時期、妖怪研究にも新たな風が吹き始めていた。この時期の妖怪研究が、宮田登と小松和彦によって新たな展開を見せていったことについては、香川雅信の整理が参考となる。香川は小松の同時期の妖怪研究を以下のように整理する。

小松和彦は昭和五七年（一九八二）の『憑霊信仰論』のなかで、柳田の「零落説」に異議を唱え、神が妖怪へ変容するばかりでなく、妖怪が神へと変容することもあることを指摘した上で、神と妖怪とを超自然的存在のそれぞれプラスとマイナスの側面に対応したものとしてとらえ、祭祀の有無によってそれらを作業仮説的に弁別することを提唱した。そして問題は妖怪とは何かを問うことにあるのではなく、妖怪を超えたところにあるもの、すなわち民俗社会の宇宙論を明らかにすることこそが必要であると主張した。〔香川　二〇一一　五〇〕

小松はこの香川のまとめを「この要約は間違いではない」と認めつつ、宮田登ほかの研究者と連携し進展した、国際日本文化研究センターを中心とした怪異・妖怪研究の共同研究について振り返る文章を発表している〔小松二〇一五　一〇～一四〕。

小松の論を具体的に検討しておこう。一九八三年初出の論文「山姥をめぐって――新しい妖怪論に向けて」〔小松　一九九四〕において小松は、高知県の山女郎・山姥伝承を事例として、神と妖怪の可逆性の構造を祀り上げ・祀り捨ての論理を用いて整理する。

まず小松は、柳田の妖怪零落説が十九世紀の進歩主義人類学の影響を強く受けた「《一系的妖怪進化（退化？）

説》」とし、その図式では「すべての妖怪が一様に神の零落したものと把握され、したがってその他の可能性、たとえば人間→妖怪、動・植物→妖怪、妖怪→神、といった可能性はまったく排除され否定されてしま」うことが問題であると指摘する〔同前　二八〇〕。そうして柳田の説は「ほとんど検証されていない仮説」であるにもかかわらず、「多くの民俗学者」たちは「あたかも実証済みの正しい説であるかのように思いこんで」きたことを問題とし〔同前　二八二〕、続けて神と妖怪の関係を「人々に祀られている超自然的存在が〈神〉であるのに対して、人々に祀られていない超自然的存在を〈妖怪〉と呼ぶことにしたい」〔同前　二八三〕というとらえ直しを提唱し、具体的な例として『常陸国風土記』の「夜刀の神」の記事を考察していく。

新田開発を妨げる蛇神を武力で山に追い払い、標の杖を立てて境とした後に社を建て、神に祀るというこの説話は、一見柳田説に合致する「水神が〈妖怪〉化して退治される説話」であるけれども、他の側面に注目して読めば「〈妖怪〉が〈神〉として祀られる説話」という理解も可能であると指摘する。そうして、〈妖怪〉を退治することがマイナスのエネルギーを根絶することであるならば、〈妖怪〉を〈神〉に祀ることはマイナスのエネルギーを封じる、もしくはプラスに転ずる行為にほかならず、両者は同じ目的のためになされた行為であると結論付ける。そこから超自然的な「もの（霊）」は、祀られて人間に対してプラス価を帯びると〈神〉となり、祀られずにマイナス価を帯びると〈妖怪〉となること、さらに〈妖怪〉のうち直接人間に危害を加えてくる、強いマイナス価を帯びた「もの」が《鬼》であるとし、神・鬼・人間の三極対立の構造を図示化する。

小松は続けて具体的な事例として、高知の山女郎／山姥の事例を挙げ、〈神〉と〈妖怪＝《鬼》〉が人間の働きかけによって転換可能であることを詳説していく。高知県で伝承される山女郎や山姥は山中に住まう超自然的な女性であり、遭遇した者に危害を与えたり、目撃した者を病気にしたり、人に取り憑いて狂気にしたりと、人間に対しマイナスの行動をとる存在である。しかし山女郎や山姥は同時に、ある特定の家筋に憑いて家の仕事を手伝うなどし、その家に富や幸運をもたらす存在であるとも伝えられている。

そうして山女郎／山姥に危害を加えられることは、山のタブーを破ったことへの懲罰として理解される。そうした危害がたびたび起こる場合、共同体は山女郎／山姥を封じるため神に祀るという行動をとる。それとは逆に山女郎／山姥の加護を受けることは、信仰的・道徳的な正しさへの恩恵として理解される。そうして後者の恩恵を受けた家や集落では、山姥を神として祀りその恩恵に感謝することもあったという。こうした事例を基に小松は、〈神〉と〈妖怪〉の関係を「「山姥」は人間との間の関係の結び方によって、プラス価を帯びることもあれば、マイナス価を帯びることもあるということが明らかになったわけである。……プラスのエネルギーを発現させれば《神》に近づき、逆にマイナスのエネルギーを発現させれば《鬼》に近づくこととなる」〔同前　三〇三〕と整理していく。

ここに至って〈妖怪〉は人間の側が「祀り上げる」ことによって〈神〉へと転じて人間に恩恵を与えてくれる存在とみなされるようになり、存在を忘れられて「祀り捨て」られると〈神〉は人間に危害を加える〈妖怪〉とみなされるようになるという、人間の関与の側面から照射した神＝妖怪の可逆的な構造が明らかにされるのである。

二　「始末」としての祀り上げ

前節で整理した小松の主張は、柳田の妖怪零落説では説明しきれない「災いをなす妖怪を神として祀ることでその災いを収めようとする」という、現代を生きる私たちにも容易に納得しやすい行為を十全に説明しうる。こうした「超自然的存在が巻き起こすとされた災いを収めるために、原因となる存在を神として祀る」という一連の行為を、日常の（ゼロ価の）生活を乱す（マイナス価にする）怪異を、祀ることにより収める（ゼロ価にする、もしくはプラス価に転ずる）行為は、いわば日常生活に勃発したトラブルへの「始末」である。怪異・妖怪の祀り上げを、日常を取り戻すための「始末」として考えてみたい。

こうした「始末」のつけ方は古代より行われてきた。御霊・怨霊を神として祀ることで鎮魂と除災の効果を得ようとする祀り上げは、北野天満宮に祀られた菅原道真など枚挙にいとまがない。そうした「始末」のつけ方は時代が下っても脈々と受け継がれてゆく。義民・佐倉惣（宗）吾郎の霊を祀った祠が基となったと伝えられる、「宗吾霊堂」として名高い千葉県成田市の鳴鐘山東勝寺はその一例といえる。〔大隅ほか　一九八六　二三二〕の項目「佐倉惣吾郎」（森安彦執筆）を参考に沿革を説明する。佐倉惣吾郎は公津村の名主として、佐倉藩・堀田氏の苛烈な収税のため困窮する農民を救うため再三藩に嘆願するも聞き入れられず、ついに将軍への直訴を決行する。惣五郎は家族ともども佐倉藩に処刑されるが、減税は実現し農民は救われるという筋書きである。以上の佐倉惣吾郎の義民伝承は史実に乏しいが、実録本『地蔵堂通夜物語』（宝暦年間以降成立）や講釈の「佐倉義民伝」、歌舞伎の「東山桜荘子」（一八五一年初演）により、広く知られるようになった。

現在では義民のイメージが強い佐倉惣吾ものであるが、近世には「惣吾の怨霊による怪異譚」の性格も色濃く存在していた。処刑された惣吾の怨霊は藩主・堀田氏に付きまとい悩ませ、藩主の狂気の沙汰により終には佐倉藩はお取り潰しとなり、滅亡する。史実の上でも一六六〇年、佐倉城主・堀田正信がその言動により改易除封となっていることが、この祟りの噂に真実味を与えたと思われる。

そうしてこの祟りは単なる風聞とは受け取られなかったようだ。一七四六年、堀田正信の弟の子孫にあたる堀田氏が再び佐倉藩主として入封してすぐ、公津村にほど近い将門山に惣吾の霊を祀って辰口の明神と称し、その後も百回忌、百五十回忌、二百回忌を催し、子孫に田を与えるなど、公式に手厚く祀り続けた。つまり堀田家は物吾の霊を、堀田家に祟る〈妖怪＝《鬼》〉と位置づけて鎮魂の必要を認識し、かつ土地の農民のために死んだ物吾の霊を祀ることで、土地＝佐倉藩を守護する〈神〉になることを期待としたのではないか。この「始末」の甲斐あってか、第二次堀田氏佐倉藩は幕末まで無事に存続した。

また公権力のみならず、民間においてもこのような「始末」は地域の安定のために繰り返されてきた。神奈川県山北町のJR御殿場線（旧・東海道本線）の旧トンネル上に建立されている線守稲荷神社は、狐を祀ったとされる社である。一八八九年、同地に鉄道が開通した後、運転手がトンネルで進路上に牛や大岩があるのを見たり、停止の合図をカンテラで送る人影を見たりして汽車を急停止させると、それらの異常は掻き消えてしまうという怪異が多発した。ある時、そのような怪異に遭遇した運転士が意を決して止まらず走らせると何かを轢いた衝撃があり、確かめると大きな狐が轢き殺されていた。トンネル工事で住処を奪われた狐が化かしていたのだということがわかったので、その狐を神として祀り、「これからは大切な線路を守ってくれるよう頼んだ」〔松谷二〇〇三（一九八五）〕という縁起を持っている。話型としては近代以降に成立した民話「偽汽車」に属する説話であるが、まさに鉄道にマイナス価をもたらす〈妖怪〉を退治し、その上でプラス価をもたらす〈神〉として祀ることで「始末」をつけている事例といえる。[3] 祀り上げの論理は、近代以降も長く有効性を保ってきたといえる。

しかしこうした「始末」の有効性は高度経済成長以後、急速に弱まったのではないだろうか。怪異を起こす主体を〈神〉に祀ることで人間にプラスとなるという意識そのものが、現代においては信じるに足るものになっていないのではないかということである。

私自身の経験から考えたい。国際日本文化研究センターの機関研究員として勤務していた折、年に一度ほどの割合で「怪異現象に悩んでいる」という外部の方の電話などでの相談があった。心霊現象やその対処法は管轄外であるので丁重にお詫びして対応できない旨ご納得いただくのだが、先に資料を送られた上でお電話という手順を踏んだ真剣な悩みを無碍にできず、長い通話にお付き合いすることになってしまった事例がある。主題は「四国某所で購入した川沿いの土地があるが、その清流に龍と思しき存在をたびたび見るようになり、写真にも撮影できた。この龍をどうしたらいいだろうか」というものだった。しばし答えに迷った後「民俗文化においてはこのようにしていたはずだという解決策」として「祠などを作って祀る」という方策を回答すると、相談された方は語気荒く「私を馬鹿にするのか」というような返答をされた。これは私には想定外だった。相談者の「龍」の正体を知りたいわけでもいなくなってほしいわけでもなく、ただ土地を安全に利用したいだけだという希望を確認して、そのような場合に民俗文化においては祠等を設けて敬して住み分けることによって災いを避けてきたのだという「民間信仰のふるまい」を参考にしてはどうかと告げて相談者の方も納得され、ともかくも機嫌を直してもらって通話を終えることができた。

この対話を絶対化するわけではないが、これがおおかたの現代日本の民間信仰の実感なのではないか。人間の生活の周囲に現出する〈妖怪〉を祀ることによって〈神〉に変え、ゼロ価かあわよくばプラス価に変えるという方法への信頼は失われ、子どもだましな「馬鹿にされた」ような方法として受け止められている現状がある。

そうしたことは例えば、世にあふれる「本当にあった心霊現象」を標榜するエンターテインメントの本などにおいても確認できる。そこでは霊を除去するために「お祓い」することや、鎮めるために地蔵等の神仏を祀ることはあっても、霊自身を〈神〉として祀ることで治めようとすることは絶えてない。〈妖怪〉を〈神〉にして安心する図式は、近現代の都市的な生活様式の中で、その有効性を失ったのではないだろうか。(4)

	項目名	初出年	梗概	「始末」
41	姦姦蛇羅	2009	封印されていた、大蛇と巫女が融合した怨霊が、封印を知らずに壊した少年たちを襲う	封印し直す
42	ごしょう駅	2009	ＪＲ北陸本線で、存在しない駅に連れていかれて行方不明になる	—
43	パンドラ	2009	ある田舎町の空き家には、代々住んでいた家系の者たちが行っていた儀式の呪いが残っており、侵入してそれに関係するものを見ると発狂する	—
44	リアルの悪霊	2009	異形の悪霊に取り憑かれ、怪奇現象と苦痛に苦しむ	自殺するまで終わらない
45	カキタさま	2010	神隠しにあわせる神社の怪異	—
46	シシノケ	2010	山の神と奇形の赤子が融合して人を襲うようになった怪異	—
47	遺言ビデオ	2010	クライミングの事故で死んだ男性が、山に行く半年前に念のため遺しておいた遺言のビデオメッセージを再生すると、地獄に連れていかれる姿が映っていた	—
48	読めない駅	2010	大阪の鉄道に乗っていたら、存在しないはずの駅に迷い込んだ	紳士に助けられて現実（？）に帰還
49	狗歯馬駅・厄身駅・なんでおりるれか駅	2011	八高線に乗っていたら、存在しないはずの駅を通過した	現実の駅へ帰還
50	渦人形	2011	呪術のために作られた人形が人間を襲う	人形の核を壊すと撃退できるらしい
51	かたす駅	2011	京都または福岡で電車に乗っていたら、存在しないはずの駅を通過した	現実の駅に帰還
52	クラシマヒサユキ	2011	少年もしくは小柄な男性で、暴力的な不可解な行動をとる	—
53	すたか駅	2011	ＪＲ京都線に乗っていたら、存在しないはずの駅に迷い込んだ	少年に助けられて現実に帰還
54	高九奈駅・敷草谷駅	2011	甲信越地方の鉄道に乗っていたら、存在しないはずの駅に迷い込んだ	病院のベッドで目覚め、現実に帰還
55	とこわ駅	2011	静岡県に向かう列車に乗っていたら、存在しないはずの駅を通過した	現実に帰還
56	はいじま駅	2011	因美線に乗っていたら、存在しないはずの駅に迷い込んだ	現実に帰還
57	やみ駅	2011	久本本線もしくは鹿児島本線に乗っていたら、存在しないはずの駅を通過した	別の路線に着いたが、現実に帰還
58	アケミちゃん	2012	不可解な会話をしながら付きまとってくる女性の怪異	一方的に預けられていたマネキンの指のような物を神社に投げる
59	イケモ様	2012	子どもを襲うようになった池の守り神	家や体を白いもので覆うことで逃げられる
60	お狐さんの駅	2012	汽車に乗っていると、あるはずのない駅に止まる	今も遭遇する可能性がある
61	禍垂	2012	福岡の犬鳴山に行くと、下半身のない人間のような姿のものが襲ってくる	—
62	かむ…駅	2012	名鉄に乗っていたら、存在しないはずの駅を通過し始めた	現実の駅に帰還
63	サカブ	2012	マタギが山で聴く、山の神の叫び声で狩の吉祥	—
64	ひつか駅	2012	西部新宿線に乗っていたら、存在しないはずの駅に迷い込んだ	子どもに助けられて現実に帰還
65	フィンガーさん	2012	呪術で人工的に作られた、女性の指の形をした怨霊の祀られた部屋に少年が誤って入ってしまうが、怨霊に気に入られて助かる	今もまだいるらしい
66	U先生	2012	ある幼稚園のU先生は奇怪なふるまいが多かったが、突然姿を消した。その後、U先生が人ならざるものだったことが示唆される情報が明らかにされる	—
67	齋驛来藤駅	2013	家の近くの見たことのない小道をたどったら着いた存在しない駅だった	来た道を戻って帰還
68	譬娜謡爬…駅	2013	横浜市営地下鉄に乗っていたら、存在しないはずの駅に迷い込んだ	中年女性に助けられて現実に帰還
69	ひるが駅	2013	電車に乗っていたら、存在しないはずの駅を通過した	スーツの男性に助けられて現実に帰還
70	ぶるぶるさん	2013	ある中学の理科室に出るという、背骨を垂らした生首	—
71	霧島駅	2014	西武池袋線に乗っていたら、存在しないはずの駅を通過した	現実の駅に帰還
72	クロカミサマ	2014	丑三つ時に道を徘徊している全身を髪の毛でおおわれている神で、儀式を正しく行うと復讐をしてくれる。	—
73	ケイコサン	2014	四国のとある水産会社の敷地やタンカーに出現した幽霊	自然消滅した
74	G駅	2014	電車に乗っていたら、存在しないはずの駅に迷い込んだ	駅員に助けられ現実に帰還
75	新長崎駅	2014	大阪府の鉄道に乗っていたら、存在しないはずの駅に迷い込んだ	現実に帰還
76	すざく駅	2014	ＪＲ九州の鉄道に乗っていたら、存在しないはずの駅に迷い込んだ	何かを燃やして現実に帰還
77	谷木尾上駅	2014	神奈川県内の私鉄に乗っていたら、存在しないはずの駅に迷い込んだ	少年と車内で話していたら現実に帰還
78	藤迫駅	2014	東京メトロ東西線に乗っていたら、存在しないはずの駅を通過した	現実に帰還
79	べっぴ駅	2014	京葉線に乗っていたら、存在しないはずの駅を通過した	病院のベッドで目覚め、現実に帰還
80	新麻布駅	2016	札幌の地下鉄に乗っていたら、存在しないはずの駅に迷い込んだ	二年後の時空にタイムスリップ（？）

	項目名	初出年	梗概	「始末」
1	杉沢村	1997	青森県に杉沢村という村人が惨殺されて廃村になった場所があり、怪異現象が起こるという	—
2	NNN 臨時放送	2000	テレビの放送終了後、明日の死亡予定者がリストアップされる	—
3	くねくね	2000	地方の田んぼに現われ、理解した者を狂気にする	—
4	猿夢	2000	「お猿さん電車」のようなものに乗った客が一人ずつ、猿に惨殺されていく夢を連続して見ている。語り手が惨殺される順番が近づいている	夢の続きを見て、恐らく死を迎えるであろうことが暗示される
5	後悔の木箱	2001	パズルのようになっている木箱を開けると、事故等に見舞われて死ぬ	—
6	ひきこさん	2001	いじめられ、ひきこもった女性が復讐のため男子児童を襲い、引きずり回して殺す	—
7	泉の広場の赤い服の女	2002	大阪・梅田の「泉の広場」に現われる異常な女	今も目撃される
8	一寸婆	2002	トイレの個室で人間を殺す小人の老婆。盗撮映像に映ることで確認される。	「次はお前だ」と言い残す
9	カン、カン	2002	金属音とともに現れ、語り手とその家族に付きまとう女性の怪異	怪異は続いている
10	へべれけさん	2002	寝る前枕元に日本酒を置いておくと「へべれけさん」が来て願いをかなえてくれるが、その顔を見ると殺される	—
11	鏡の中のナナちゃん	2003	手鏡の中にしかいない女の子と友達になるが、やがて手鏡の持ち主を鏡の世界に連れ去ろうとする	代わりに持ち主の女性が妊娠していた胎児を連れていったか？
12	キヒサル	2003	猿の体を乗っ取って獣などを襲う怪異	焼き殺すことで退治できる
13	死相の本	2003	人の死相を見分けられるようになるという本があるらしい	—
14	ナタデナタ	2003	話を聞いた人のもとに現われ、適切な対処をしないと地獄に連れていくという怪異	—
15	ヒサユキ	2003	熱海の古い小屋にいた怪異で、霊感の強い女性とヒサユキという男性の意識を乗っ取り、体を操った	女性は市民に確保され入院して回復したが、男性の行方は知れない
16	ヒサルキ	2003	寺が運営する保育園の近くで動物が殺されて串刺しにされる事件が多発し、園児たちはその原因をヒサルキだという。絵に描くと不幸がある	自然消滅した
17	ロア	2003	ある者が郵便で送られてきた 62 の「ロア（噂話）」を毎夜自分が立てたスレッドに一話ずつ書き込み、途中で消息不明となる	—
18	きさらぎ駅	2004	新浜松から出る鉄道に乗っていたら、存在しないはずの駅に迷い込んだ	不明。続報を名乗る投稿でタイムスリップして現実の駅に帰還
19	海からやってくるモノ	2005	海辺の町に特定の日に海からやってくる怪異。見ると悪いことがある。	かごやざるを魔除けにして避ける
20	かんひも	2005	装着すると人体に侵入し、脳を破壊するという呪いの腕輪。封印が失われて世に放たれた	—
21	きんきらさん	2005	動物を殺し、子どもに憑いて（？）、目をつぶそうとする怪異	—
22	コトリバコ	2005	呪いのかけられた箱を蔵で見つける	処理できない箱が今も残る
23	時空のおっさん	2005	異世界と思しき空間に迷い込むが、管理者らしい男性が戻してくれる	現実に帰還
24	ばりばり	2005	夢の中で中学校に迷い込んだ者の頭をバリバリ食らう少女の姿の怪異	—
25	リョウメンスクナ	2005	岩手県の寺に封じられていたミイラ。箱を開けた者、中を見た者を不幸にする	—
26	巨頭オ	2006	ある廃村で異常に頭の大きい人間のような者たちに遭遇	—
27	リンフォン	2006	正二十面体の置物をパズルのように変形させると、異界から干渉される	—
28	イサルキ	2007	小学校の飼育動物を殺す真黒な人間のような怪異。目撃者がそのことを人に話したら、行方不明になってしまった。	—
29	命を削る人形	2007	持っていると命がなくなる人形	別の人形に救われる
30	寺生まれのＴさん	2007	「破ぁ！」の一喝で怪異を祓い、怪異に巻き込まれた人間を救う寺生まれのナイスガイの活躍を語る連作。「怖いと見せかけて笑える話」スレで展開	—
31	ひとりかくれんぼ	2007	ぬいぐるみとかくれんぼをする降霊術。怪異があるという。	—
32	ヤマノケ	2007	山中に出現する、首と片足のない人間のような姿の怪異で、女性に取り憑き発狂させる	四十九日以内に追い出すことができれば正気に戻る
33	腕章の少年	2007	ナチスの腕章をした義足の少年が襲ってくる	—
34	アクロバティックサラサラ	2008	福島県で目撃される怪しい女性。目をつけられるとさらわれる、目撃すると事故に遭う	—
35	鬼門を開ける方法	2008	東京の地下鉄を乗り継いで鬼門を開ける儀式の方法	—
36	邪視	2008	ある山に出る異常な姿の人型の怪異。縦についている目を直視してしまうと自殺願望に取り憑かれる	排泄物や唾液、性器などの不浄なものを用いることで避けられる
37	月の宮駅	2008	東海道線の夜行列車に乗っていたら、存在しないはずの駅を通過した	現実に帰還、ただし続編あり
38	帝国陸軍第一二六号井戸の怪物	2008	首都高中央環状線にあるという、怪物の住み着いている井戸。暴力団などが始末したい人間を生きたまま投入れて利用しているという	—
39	八尺様	2008	高身長の女性の怪異が若い男性を連れ去ろうとする	魔除けをして逃げられるが、今は封印が解かれているので完全ではない
40	笑い女	2008	常に笑い声を挙げている女に危害を加えると、その声が耳を離れなくなる	—

三　現代怪異譚における「始末」の変化

それでは現代の怪異譚はどのような「始末」をつけているのか、もしくはいないのか。現代の、特にインターネット空間で生起する説話、いわゆる「ネットロア」[5]を例として考えてみたい。二〇〇〇年前後より、インターネット環境の普遍化と個人の情報発信の強化、2ちゃんねる等の巨大匿名掲示板やブログ等のテキストサイトの流行、携帯電話とeメールの普及、フェイスブックやツイッター等のSNS（ソーシャル・ネット・サービス）の隆盛は怪異譚が生成される有力な場となっており、現在流行する怪異譚のほとんどは、webから生まれた「ネットロア」なのである。

こうしたwebで生起する怪異譚は流行が早く、とりとめもなく拡散し衰退していくため、「ある程度の影響力を持った事例」として定位・分析する基準を定められないことがこの分野の発展を阻んできた。その状況に一石を投じたのが、朝里樹『日本現代怪異事典』（朝里　二〇一七）である。私家版の同人誌として発行された同書は著者により「主に戦後（一九四五年・昭和二〇年以降）の時代の日本を舞台として語られた、現在の常識からは説明し難い超自然的な存在・現象・呪い・占い・物体等に纏わる話を収集したものです」（同前　四）と定義されており、その射程は現在のweb環境で生起したネットロアにも及んでいる。ネットロアに言及した商業出版の資料は多いが、そのほとんどはネットロアをエンターテインメントとして紹介／消費するものにすぎず、怪異譚の初出や拡散・変容のありように目配りするものではなかった。同書は現在において、第二次世界大戦後の日本においてマスメディアを介して広まった怪異譚を集成・整理した、最良の達成ということができる。[5]以下、現代のwebの怪異譚の「始末」はどうつけられているのかを、同書を参考に考察していきたい（朝里　二〇一七）。

ｗｅｂから生成したことが明らかな初出の確認されている怪異譚の項目を抜きだして年代順に並べ、その「始末」について表（一四八・一四九頁）としてまとめた。ここから現代の怪異譚の特徴を考察していきたい。

まず八〇ある項目のうち一六項目（1・2・6・7・10・12・13・14・19・24・31・35・38・61・63・72）が、実際に起きた出来事として怪異・妖怪を語ってはいないことが注目される。31「ひとりかくれんぼ」が典型であるように、それらは「〜というモノが出るらしい／コトが起きるらしい」という「情報」であり、怪異そのものではない。モノ／コトは未発に終わっているのであり、当然「始末」については言及されない。

さらに18「きさらぎ駅」、23「時空のおっさん」を典型とする二七項目（18・23・37・42・48・49・51・53〜57・60・62・67〜69・71・74〜80）は、異界に迷い込む話である。ふいに異界に迷い込んで、語り手自身にも何が起こっているかわからないまま現世へと帰還するか、そのまま行方不明となる話であるため、明確な「始末」はつけられない。

残りの三七話のほとんどは怪異に遭遇した経験譚であり、しかもその怪異は人間を発狂・傷害・殺害・憑依・不幸などの被害をもたらす存在であると語られる。小松の図式に従えばこれらの怪異は明らかに〈妖怪＝《鬼》〉だといえる。そうした怪異にｗｅｂの怪異譚はどのような「始末」をつけているのか。端的に結論を言えば、つけないのである。

現代のｗｅｂで生成する怪異譚において、怪異は無意味に突然襲い来る災厄として語られる。偶然の邂逅で回復不能の被害を受けたり（3・11・15など）、運よく被害を避けられたとしてもそれは一時的なものであることが暗示されたり（36・39・41など）、被害は収まったがその理由が不明であったり（16・73など）、怪異は継続していて近い将来に最悪の事態を迎えることが予想されたり（4・9・17など）する。

現代の怪異譚においては、〈妖怪＝《鬼》〉のマイナス価を神仏の力でプラスに転じようとする宗教者への「祀り上げ」は必ず失敗する。44「リアルの悪霊」では、高位の霊能者が被害者を救おうとするが、果たされない。そうした傾向は31「寺生まれのTさん」でも確認できる。このシリーズは寺生まれを称する霊能を持つ「Tさん」が持ち前の霊力で無理やりに怪異を鎮めて「寺生まれはやっぱりスゴイ」というテンプレートで落ちとなる、怪異譚のパロディである。宗教者による怪異の鎮圧が、ｗｅｂの説話においてはパロディの対象、信じるに値しない荒唐無稽なこととして語られているのである。

現代の怪異譚においては、〈妖怪＝《鬼》〉は「始末」されることなく存在している、そうして語り手は運よく逃げ延びることができたかもしれないが、あなたの身の上にもしかしてこのようなことが起こるかもしれない、という物語構造が共通していることがわかる。(6) まさにそれは現代怪異である8「一寸婆」がビデオカメラに向けて言い残す決め台詞――「次はお前だ」の怪異譚なのである。

四　神なき時代の妖怪学に向けて

この点にかつての怪異・妖怪譚と、現在の怪異・妖怪譚との相違があるのではないか。小松が論じた民俗社会の怪異・妖怪譚は、不幸や事故といった日常に生起した不安定な危機を安定するため、その伝承の主体となる共同体（ムラ）は「祀り上げ」を必要としていた。しかし『日本現代怪異事典』が収録した現代の怪異・妖怪譚は、その伝承の主体となるｗｅｂの読者共同体は、日常が不安定になってもいなければ危機にも陥っていない。怪異・妖怪譚はディスプレイの中に表示されるのみで、日常生活は依然として問題ないのだ。

このことは髙岡弘幸が大学生の話す怪異譚について指摘する「「幽霊の物語」から「霊感の物語」への変容」「見えない災厄の時代」〔髙岡　二〇一五〕とも通底するのではないだろうか。現代において怪異譚は、日常の安定を崩した原因として、ある種の型（フォーマット）をなぞって「語られる」ものではなく、現状は安定している日常を外部から突き崩すかもしれない不安として、出遭うかもしれない不運な偶然の知識として「話される」ものだといえる。民俗社会に伝承されてきた怪異・妖怪譚と、現代の学校の怪談や都市伝説、ネットロア、実話怪談／怪談実話との間に存在する質感の違い——従来は、民俗社会と都市の差異として説明されてきたもの——も、ここに求めることができるのではないか。現代・都市の怪異・妖怪譚は「まだ日常には起きていないが、起きるかもしれない不安」の説話であり、まだ何も起きていないがゆえに、祀り上げという「始末」を適用することができない説話であり続ける。そうしてそれは、怪異・妖怪という絶対的な他者からの加害という不安定さを説話として疑似的に体験することで、今はまだそんな目に遭ってはいない自らの日常の安定を確認する仕組みでもあるのではないか。

　現在の怪異・妖怪譚は、日常を不安定にするマイナス価の〈妖怪〉をプラス価の〈神〉に「祀り上げ」て安定を取り戻すというモデルには適合しないものが主流となっている。現在の怪異譚からうかがえるのは、安定した日常がいつなんどき外部からの突然で理不尽な加害により破壊されるかもしれないが、それに対して個人は無力であるという物語構造が好まれているということである。

　人は〈妖怪〉を〈神〉に転換することによって〈妖怪〉と付き合ってきた。しかし〈神〉への転換を信じられない、神なき時代においては〈妖怪〉は日常を壊滅する存在でしかなく、共存の営為は意識に上らない。その一方で創作のキャラクターとしての「妖怪」は、多くの人に癒しすら与える存在として描かれる。こうした重層的な怪異・妖怪文化に、神なき時代の妖怪学は対峙しなければいけないのである。

注

(1)「妖怪」の語が一般的となったのは近代以降であり、近世以前にこの語を適用するのは妥当ではない。また御霊や怨霊など「妖怪」の語で表すのがふさわしくない対象もある。が、本稿では後述する、小松和彦の神と妖怪の可逆性の構図に範をとり、人間にプラスに働く神霊を「神」という記号にあてはめ、マイナスに働く神霊を「妖怪」という記号にあてはめて、幅広く括ることとする。

(2) 例えば井之口章次の「特に柳田先生の妖怪研究は、画期的なものであった。……(中略)……個々の妖怪種目に関しても、河童・一つ目小僧・座敷童子などは、妖怪としての段階では、ほとんど解決されてしまったといっても、おそらく言い過ぎではあるまい」〔井之口　一九六四　一〜二〕といった発言にそれはうかがえる。俗信や霊魂観について革新的な知見を発信した井之口にして、妖怪については「ほとんど解決されてしまった」と断定しえるほどの説得力を柳田の零落論は持っていたのである。

(3) 野村典彦は〔野村　二〇一一〕第九章「鉄道忌避伝説あるいは鉄道を見守る稲荷」において、鉄道という外部から侵入し車窓を風景として通過する旅する身体/制度と、通過される風景を生活の場とする地域との意識の差異とそこから生起する説話に注目しつつ、各地の「偽汽車」説話を近代の想像力の中に位置づけている。

(4) 急いで付け加えるが「事故が多発する交差点に地蔵尊を祀る」といったような「祀り上げ」の意識は依然有効であると考える。ここでは生者に害を加えるような怪異・妖怪そのもの(例えばオカルトの分野で言う「地縛霊」など)を「祓う」のではなく「神に祀ることで治める」という思考が希薄となっているのではないか、と指摘したいのである。

(5) ネットロアについては〔伊藤龍平　二〇一六〕参照。なお同書は訂正増補を経て、笠間書院より二〇一八年一月に刊行された〔朝里　二〇一八〕。

(6) 二〇〇〇年頃より流行している「怪談実話/実話怪談」においても同様の傾向を指摘できる。〔飯倉　二〇一六〕参照。

参考文献

朝里樹　二〇一七『日本現代怪異事典』自刊
朝里樹　二〇一八『日本現代怪異事典』笠間書院

飯倉義之　二〇一六「怪談の文法を求めて──怪談実話／実話怪談の民話的構造の分析」『怪異を魅せる』　青弓社
伊藤龍平　二〇一六『ネットロア──ウェブ時代の「ハナシ」の伝承』　青弓社
井之口章次　一九六四「妖怪と信仰」『日本民俗学会報』三四　日本民俗学会
大隅和男ほか　一九八六『日本架空伝承人物事典』　平凡社
国際情報社編集部　一九八六『まんがどうして物語』四七・お化け　国際情報社
香川雅信　二〇一一「妖怪の思想史」　小松和彦（編著）『妖怪学の基礎知識』　角川学芸出版（角川選書）
小松和彦　一九九四「山姥をめぐって──新しい妖怪論に向けて」『憑霊信仰論』　講談社（学術文庫）
小松和彦　二〇一五「序　妖怪研究の新たな出発に向けて──若干の回顧と展望」『怪異・妖怪文化の伝統と創造──ウチとソトの視点から』　国際日本文化研究センター（国際研究集会報告書　第四五集）
髙岡弘幸　二〇一五「幽霊の物語から霊感の話へ──現代日本の世相の解読」『怪異・妖怪文化の伝統と創造──ウチとソトの視点から』　国際日本文化研究センター（国際研究集会報告書　第四五集）
野村典彦　二〇一一『鉄道と旅する身体の近代──民謡・伝説からディスカバー・ジャパンへ』　青弓社（越境する近代）
松谷みよ子　二〇〇三（一九八五）『現代民話考』三　偽汽車・船・自動車の笑いと怪談　筑摩書房（ちくま文庫）
柳田國男　一九九八「一目小僧」『柳田國男全集』七　筑摩書房

Ⅲ　図像と象徴

小松和彦の修士論文「信貴山縁起――その人類学的考察」（一九七二年）は、絵巻物を構造分析の対象とするものであった。論文自体は活字化されていないながらも、概要は栗本慎一郎との対談『経済の誕生』などにより知ることができる。絵巻を構成する三つのエピソードを読み解くことを通じて、里や都といった共同体内部の「富」が外部空間の山によりコントロールされるという図式が示され、山岳空間が日本文化において重要な役割を帯びていたことが指摘される。

以後も、小松は、一貫して画像資料に強い関心を寄せ、学際的成果を数多く生み出してきた。『神々の精神史』とともに修士論文から派生した課題に取り組んだ『憑霊信仰論』には、『信貴山縁起』の他、『熊野の本地』『付喪神絵詞』などの分析に基づく論考が収録されている。近年の著作では『百鬼夜行絵巻の謎』が代表にあげられよう。美術史的関心を向けられることが少なかった『百鬼夜行絵巻』の現存写本を博捜し、新たに見出された国際日本文化研究センター蔵『百鬼ノ図』を核に、絵巻の成立・展開過程が捉え直される。

視覚的に表されたものを対象とした小松の研究は、妖怪を含め、多くは異界の問題に関連してなされてきた。それらを通じて浮き彫りにされるのは、言葉のみからは汲み取りえない人びとの心性である。手法の鮮やかさ、視角の鋭さなど学ぶべき点は多く、周辺領域の研究者に刺激を与え続けている。

本章には、このような小松の方法・視点を受け継いで、図像を分析の対象とし、それらが表しているもの、象徴しているものに迫る四論文を収めた。

徳永論文は、中世に制作された絵巻物『融通念仏縁起』に毘沙門天の従者として描かれる二人の童子に着目し、対照的な容姿を持つ彼らの背景にどのような観念を読み取ることができるか検討する。前述の修士論文において、小松は、「剣の護法」なる童子を「富」の交換を象徴するものと見なし、その後も童子信仰に関心を抱き続けている。徳永論文では、この問題を念仏信仰との関わりから論じる。

木場論文は、怪異を描いた絵画を、歴史的位置づけを考慮して「化物絵」と呼び、現存事例の豊富さゆえに検討すべき課題が多く残される近世のそれらについて、図様の普及に果たした図入り事典・絵手本など版本の役割を、具体例をあげ丹念に検証する。中世の怪異絵巻が見る人の限られるものであったのに対し、近世「化物絵」は開放されたものであったと評価し、前者から後者への展開を示す。

村山論文は、「菊御紋」図像を考察の対象に取り上げる。今日、疑いもなく天皇の象徴と見なされている「菊御紋」は、いつ、どのように、そのようなものとして限定されていくことになったのか。村山論文は、慶応年間および明治時代初期の関連法令、およびそれに対する反応を詳しく検討して、この課題を追求する。小松が「天皇制以前あるいは支配者の原像」などにおいて必要を説いた、近代天皇制成立背景の民俗学的検討に資する試みといえよう。

松村論文は、妖怪絵本を対象とする。大人でさえ妖怪伝承を知らないことが多い現代、子供たちの妖怪のイメージは伝承よりむしろ漫画・絵本などにより形成されていると考えられる。松村は、考察の俎上に載せられる機会が非常に乏しかった妖怪絵本に正面から取り組む。二〇世紀初頭から現在まで、約一〇〇年間を対象に、関連絵本を網羅し、時間軸に沿って分析を加え、絵本において妖怪が象徴するものが、社会を反映して変化し続けていることを指摘する。（徳永誓子）

『憑霊信仰論』講談社学術文庫　一九九四年（初版は、伝統と現代社、一九八二年）
『経済の誕生』（栗本慎一郎共著）工作舎　一九八二年
『百鬼夜行絵巻の謎』集英社新書ビジュアル版　二〇〇八年

童子と鳥畜
――『融通念仏縁起』「諸神諸天段」「鳥畜善願段」をめぐって

徳永誓子

一　天界の勧進

十四世紀初頭、正和三年（一三一四）に原本が成立した絵巻物『融通念仏縁起』は、融通念仏の祖とされる平安時代の僧良忍（永久五～天承二年、一〇七三～一一三二）の伝と融通念仏の功徳にまつわる逸話を収める。上下二巻のうち、上巻に収める「諸神諸天冥衆名帳加入の段」[1]には、この絵巻の白眉というべき、壮大な場面が描かれる。

直前の段「良忍上人鞍馬寺通夜の段」から続くストーリーを先に示そう。鞍馬寺に参詣し、念仏をする良忍は、寅の刻、幻のような状態で同寺の本尊毘沙門天に告げられる。我は先に融通念仏の交衆となり、影が形に随うように汝を守っている。同じく仏法を守る諸天諸神の冥衆たちも、融通念仏に結縁した。その証として彼らが記した名帳を差し上げる。汝の持つ本帳に加えなさい。毘沙門天はそう言い、名帳を良忍の前に差し出した。夢が覚めた心地で見ると、眼前に巻物があった。開けばそれは毘沙門天が語った通り諸天諸神の名帳であった。

Freer Gallery of Art and Arthur M. Sackler Gallery, Smithsonian Institution, Washington, D.C.: Purchase -Charles Lang Freer Endowment, F1958.11

毘沙門天が自身は既に融通念仏の交衆であると述べるのは、良忍の鞍馬寺参詣より前の逸話「毘沙門天名帳加入の段」において青衣を着た僧と化し、大原の良忍庵室を訪ねた時のことをさす。名帳とは融通念仏に結縁した者がその名と自身が唱える念仏の回数を書いた帳をいい、『融通念仏縁起』は良忍の勧進に応じた人びとの名を連ねた「本願良忍上人融通念仏根本の帳」を基に制作されたという。

では、「諸神諸天段」の絵を見ていこう。『融通念仏縁起』現存写本のうち、至徳元年（一三八四）の書写奥書を持つアメリカ合衆国フリア美術館蔵本の該当段を図1として掲載した。

描かれるのは、毘沙門天が良忍に語った、冥衆に対する勧進の場面である。画面向かって右側では、諸天に対し結縁を求める様子が描かれる。天界で勧進を行う毘沙門も、囲む諸天もともに雲に乗り、諸天には「七星」「梵天」と書き入れ、何者か明らかにする。

画面左側は、諸神を表現する。中世の絵巻は、神の姿をそのまま描くことを憚る傾向があり、「諸神諸天段」は神社の社頭をもって神を表す（山本二〇〇六　五九～九〇）。描写は各社の特徴を備え、諸天同様「大神宮（伊勢大神宮）」「厳島」と神社の名称が示される。フリア本以外の現存写本も、若干の相違は見られるものの、構図は同じである。

雲に乗り集う諸天は神々しく、諸社は上空からの視点で表され、「善女龍王等」

図１　フリア美術館本『融通念仏縁起』「諸神諸天冥衆名帳加入の段」

と「厳島」の間には波逆巻く海まで見える。人を超えた存在の目に映る世界を広大に表すこの場面は、縁起上巻第三段「融通念仏勧進の段」に対応すると考えられる。「念仏勧進段」は阿弥陀如来の告げにより融通念仏を示された良忍が、まず院御所の鳥羽上皇と女院に、次いで平安京の道俗に勧進する様子を、「諸神諸天段」と同じく横長の画面を構成して一つの絵に仕立てる。良忍が地上の人間の世界で行った勧進が、天上の冥衆の世界では毘沙門天によって担われるのである。

二　「諸神諸天段」の二童子

「諸神諸天段」の主役毘沙門天は、フリア本の該当場面に三度描かれる。図2に一度目と二度目、図3に三度目を示した。一度目は「諸神諸天段」画面右上で、愛染王に向かって座り、名帳を捧げ示す。二度目はそのすぐ下で、諸天に向かい、名帳を示す。三度目は該当段左端上に見え、諸社の上を越え、雲に乗って飛んでいく。

注目したいのは、毘沙門天に従者がいる点である。右に上げた三場面のいずれにおいても、童子が二人、毘沙門天に付き従っている。

二人の童子の造形は対照的である。一方は、左右に分けた髪を両耳のあたりで束ねる、美豆良（みずら）（角髪・鬟）の髪型をした人間の子供の姿に表され、赤い袍、

図２　フリア本「諸神諸天段」（部分）　愛染王に対する毘沙門天一行と諸天に対する毘沙門天一行

図３　フリア本「諸神諸天段」（部分）諸社を越え飛んでいく毘沙門天一行

半臂、袴を身につける。もう一方は鬼の姿をしており、美豆良の童子より大きな身体は肌が赤く、毛皮を首から背にかけて褌をし、三叉戟を持つ。戟は毘沙門天の持物とされることがあり、『融通念仏縁起』では「毘沙門天加入段」に戟を手にした姿が見られる。「諸神諸天段」では毘沙門天が名帳を手にするので、鬼形の童子が預かっているのであろう。

美豆良の子供も鬼形も、日本中世における「聖なる童子」、すなわち神仏の眷属として現れる童子の典型的な造形である〔津田　二〇〇三〕。二人一組となる例も、不動明王の眷属衿迦羅（こんがら）童子と制吒迦（せいたか）童子を筆頭に、多く認められる。

ただし、毘沙門天の場合、この組み合わせは珍しい。平安時代制作の鞍馬寺の国宝木造三尊像のように、毘沙門像の多くは吉祥天と善膩師（ぜんにし）童子が脇侍となる。吉祥天を毘沙門の妻とする説は十世紀末には確認でき〔根立　一九九二　三二～三三〕、「諸神諸天段」の毘沙門一行が諸天に囲まれる二度目の図様において吉祥天が毘沙門に相対するのもこの考えに基づくと考えられる[2]。

善膩師童子は美豆良に袍と袴を着けた姿が一般的であり、造形は「諸神諸天段」の美豆良の童子に合致する。『融通念仏縁起』写本の中でも、応永二十四年（一四一七）頃制作の清凉寺蔵本では、美豆良の童子に「禅尼子童子」と書き入れる。正和三年原本当初からの認識かは不明だが、転写がなされる中でそのような認識が定着したことが窺える。

鬼形の童子はどう解せるか。吉祥天、善膩師童子の他に鬼形の童子二人が従う堺市博物館蔵『毘沙門天画像』を分析した堀川亜由美は、南北朝から室町時代初期と推測される該当画像より早い事例にも、毘沙門の眷属に鬼形がいることを指摘する〔堀川　二〇一〇　二二～三二〕。「諸神諸天段」の鬼形の童子も、それらに連なるものと考えておきたい(3)。

三「諸神諸天段」と「鳥畜善願段」

二人の童子について別の角度から考えてみたい。

『融通念仏縁起』は現存を確認された写本の数が三十本を越えており、写本間に構成や図様の相違が認められる。当然ながら「諸神諸天段」にも違いが見られる。

十四世紀から十五世紀初頭の間に制作された写本において、「諸神諸天段」の毘沙門天と二童子が描かれた回数を表にまとめた。各写本の特徴を示すため、『融通念仏縁起』現存写本の分類を、先行研究の整理に基づき概観しておく〔梅津　一九五八　一～二七〕〔松原　一九九一　二二～三九〕。

●正和本系
全十八段。「鳥畜善願段」以降を下巻とする。現存写本のうち、正和三年（一三一四）制作の原本を最も忠実に反映したと推測される。上巻がアメリカ合衆国シカゴ美術館、下巻が同クリーブランド美術館に分蔵される一対しか確認されていない。

表　『融通念仏縁起』諸写本「諸神諸天段」「鳥畜善願段」毘沙門天図様の比較

写本名	写本系統	書写年	諸神諸天段毘沙門天登場回数	鳥畜善願段毘沙門天の位置
シカゴ・クリーブランド美術館本	正和本系	不明	3回	(a)良忍頭上
知恩院本	良鎮勧進肉筆本系	永徳2年（1382）	1回	(b)庭上
フリア美術館本	良鎮勧進肉筆本系	至徳元年（1384）	3回	(b)庭上
大念佛寺本（A）	良鎮勧進肉筆本系	不明	3回	(c)庵室脇上
聞名寺本	良鎮勧進肉筆本系	不明	3回	(c)庵室脇上
東京国立博物館蔵家高本模本	良鎮勧進肉筆本系	至徳2年（1385）	3回	(a)良忍頭上
明徳版本	明徳版本系	明徳2年（1391）	1回	(a)良忍頭上
清凉寺本	明徳版本系	応永24年頃(1417)	1回	(a)良忍頭上

・良鎮肉筆本系

全十八段。「鳥畜善願段」までを上巻に収める。僧良鎮（生没年未詳。活動が確認できるのは永徳二〜応永三〇年、一三八二〜一四二三）の勧進により作られた写本のうち、永徳・至徳年間頃（一三八一〜一三八七）のもの、およびその転写本をさす。この期間、良鎮は大和国当麻寺（奈良県葛城市）付近を拠点とし近隣の豪族の援助を受け、数十本の写本を制作したとみられる。短期間に大量写本を制作したため か簡略かつ稚拙な画風のもの、独特の図様を持つものが含まれる。

・明徳版本系

全十九段。末尾に「清凉寺大念仏の段」を加える。拠点を京都に移した良鎮が、明徳二年（一三九一）に完成させた日本史上初の木版製絵巻である明徳版本、それを基に制作された清凉寺本・禅林寺本・深大寺本およびそれらの転写本をさす。明徳版・清凉寺・禅林寺本は、詞書を室町幕府将軍・天皇を筆頭とする公武の貴顕が、絵を土佐光国など絵所所属の絵師たちが分担し、豪華な作りになっている。

比較の対象としたのは、正和本系の写本一本、良鎮肉筆本系五本、明徳版本系のうち制作の早いもの二本である。表に示した通り、明徳版本系の明徳版本・清凉寺本では、「諸神諸天段」に描かれる毘沙門天一行は一度のみ、前章で二度目とした吉祥天などの諸天に向き合う姿だけである。愛染王に向き合う一度目、いずこへか飛んでいく二度目の図様が除かれたのは、明徳版本制作時には意味づけが不明瞭であったためと考えられる。明徳版本系以外では、良鎮肉筆本系の永徳二年（一三八二）書写奥書のある知恩院本が、同じく二度目の姿のみ描いている。ただし、知恩院本は、詞書・絵ともフリア本に近しいことが指摘される一方、図様の省略が複数個所において認められる。この場面も同様と見なしたい。

明徳版本系に残らなかった二つの図様についてはいずれも検討を要するが、今回は愛染王に向き合う一度目に関する考察は割愛し(4)、二人の童子との関わりが予想される三度目の図様を取り上げる。

図４　東京国立博物館蔵『融通念仏縁起絵（模本）』（家高模本）「鳥畜善願段」
Image: TNM Image Archives

天空を描いた壮大な場面の終わりに、二童子を従えて毘沙門天はどこに向かったのか。「諸神諸天段」に続く場面が問題となろう。正和本系のシカゴ美術館本は、該当箇所の構成が良鎮肉筆本系・明徳版本系と異なっており、「諸神諸天段」の絵は詞書をはさまずに、他写本では一つ前の段となる「鞍馬寺通夜段」の鞍馬寺本堂の絵につなげる。目覚めた良忍の前に立つ本尊の毘沙門天は脇侍を備えないが、シカゴ本の場合、三度目の毘沙門天一行は鞍馬寺に帰るところを描いたと解釈できる。

良鎮肉筆本系の場合はどうか。「諸神諸天段」の次は「鳥畜善願に与するの段」である。同段の詞書は前段を受けて、神国日本に生まれた者は諸神諸天も結縁する融通念仏に加わらなければならないと、神国思想と結びつけて念仏の功徳を説く。絵は図４東京国立博物館蔵通称家高模本・図５フリア本の該当場面のように、良忍の大原庵室の一場のみを描く。詞書末尾の「慮（おもんぱか）りなき鳥畜の類に至るまで、此の善願に与する由見えたり。是又、

図５　フリア本「鳥畜善願段」
Freer Gallery of Art and Arthur M. Sackler Gallery, Smithsonian Institution, Washington, D.C.: Purchase -Charles Lang Freer Endowment,F1958.11

不思議の事なるべし。」（小松（茂）編　一九八三　一一〇）[5]が表現されており、結縁を求めて現れた「鳥畜」は猛禽類と鼠に描かれ、図４家高模本ではそれぞれ「鶏」「鼠」と書き入れる。[6]フリア本にはないが、この記載は他の写本にも共通する。

「鳥畜善願段」も、正和本系の鞍馬寺の場面同様、毘沙門天は描かれるが、二童子の姿は見えない。これは良鎮肉筆本系写本だけでなく明徳版本系写本にも共通する。この段の毘沙門天に関しては名帳に加入したものへの加護を意味するとの解釈がなされており（融通念佛宗教学研究所編　二〇〇〇　一九・四六）、それ以上の考察は行われていないようである。

これまであまり注意を払われてこなかったが、この段の毘沙門の位置には写本間で違いが生じている。今回、比較の対象とした諸写本においては(a)良忍の頭上、(b)庵室の脇、屋根の向こうに立ち、上半身のみ見せる、(c)庵室外、庭側、この三パターンが見られる。図４は(a)、図５は(c)にあたる。

注目したいのは(c)図５フリア本の図様である。(c)は鶏と鼠の位置も廻縁の上と屋内であり、庭に配する(a)(b)と異なる。このため、まるで毘沙門天が鶏と鼠を良忍のもとに導いたかのように見える。

(c)の図様と「諸神諸天段」の最後に見える毘沙門天一行を関連づけた場合、次のように考えられないだろうか。毘沙門に従う二人の童子は、「鳥畜善願段」の「鳥」と「畜」、鶏と鼠に変じたと。ギョロリと鋭い目玉を持つ鬼形の童子が鶏に、両耳のところで丸く髪を結わえた童子が鼠に変じたという見立てである。

こう仮定するならば、二人の童子とは本来鶏と鼠であり、毘沙門の天空での勧進に従う時に童子となったというストーリーを背後に読むこともできよう。彼らはその功徳によって良忍のもとに誘（いざな）われ融通念仏の交衆に加わり、極楽往生を約束される。

この解釈が、良鎮肉筆本系写本の全てに当てはまるかは検討を要するが、少なくとも(c)の図様は、二人の童子と鳥畜を同体と表していよう。

四　冥衆・凡夫・鳥畜

神仏の世界と、人間の世界を行き来する存在としての童子に対しては、複数の視座から研究が重ねられてきた。例えば、小松和彦は、『信貴山縁起』「延喜加持の巻」に描かれる「剣の護法」に注目し、修行者に対し本尊が付与する神霊という外在的意味と、呪力の形象という内在的意味の双方があると指摘した。近年は童子形の「護法」の前身に、山や森など自然物の精霊を想定している〔小松（和）一九九四（一九七六）二四七〕〔小松（和）二〇一二　八八〜一〇八〕。「護法」「護法童子」の史的展開については、小山聡子が、末法思想の広範な影響が童子信仰の隆盛、「護法」から「護法童子」への転換をもたらしたと論じており〔小山　二〇〇三〕、津田徹英も画像・影像を広く検証し、中世において「聖なる童子」がとる造形の典型と、その姿形が持つ意味を分析している〔津田　二〇〇三〕。

鳥畜、すなわち動物も、神の使い・眷属となることが知られてきた。早くは『古事記』に事例が見られ、中世には、八幡社の鳩、稲荷社の狐、春日社の鹿など、特定の動物を神の眷属とする信仰が広がっていた〔伊藤（慎）二〇一六　一四〕。

童子も動物も、神を代理して人間の世界に現れたものがとる姿の典型である。役割の共通する両者が重なる土壊は、『融通念仏縁起』成立以前に整っていたといえよう。

『融通念仏縁起』フリア本図様に関して興味深いのは、諸神諸天の集う天界において、鳥畜が童子の姿に変じる点である。神仏は人間の暮らす、聖ならざる世界に現れる時、童子に化した。対して鳥畜は神仏の聖なる世界に向かう時、童子となる。鳥畜の童子への変化は、津田が指摘した、七十三歳で没した男性が知人の夢の中で幼童に変じて蓮に乗り西方に去ったという十二世紀前半成立の『後拾遺往生伝』巻上の逸話に通じる（津田 二〇〇三 二五～二六）。極楽往生する人が童子の姿になったように、仏教の世界観では人より劣る鳥類畜類も、童子の姿になれば神仏に近侍しうるのである。

最後に、童子と動物を重ね合わせる図様が生み出された背景を考えたい。この見立てを明確に表すフリア本は、「鳥畜善願段」以外の段にも独自の図様が多く、[7] 中には中世信仰の見過ごされがちな一面を伝える事例も含まれる（小松（和） 二〇〇八 一八五～一九二）（徳永 二〇一二 八九～一〇六）。フリア本の図様が作られた背景は考察を要するが、残念ながら現時点では手がかりは乏しい。

しかしながら、鳥畜が重視された理由は、「鳥畜善願段」の詞書に探ることができる。

『融通念仏縁起』に先行する良忍伝の中で、強い関連が認められるのは、建長六年（一二五四）成立の『古今著聞集』巻第二「大原良忍上人融通念仏を弘むる事」である。「諸神諸天段」など『融通念仏縁起』良忍伝の骨子となる部分の多くが『古今著聞集』に見られるのに対し、「鳥畜善願段」は『融通念仏縁起』において新たに加わった部分である（阿部 二〇一三 七二）。

「鳥畜善願段」の「凡夫」に言及した箇所に注目したい。

「此くの如き等の神通自在の止事(やんごと)なき上界已下の冥衆すら、猶、弥陀の名号を深く信し御坐して、衆に連なり、念仏し給ふ。何ぞ況や、薄地底下の迷ひの凡夫、比の念仏に与して、往生せざらむや。」（小松（茂）編 一九八三一一〇〕。

諸神諸天の冥衆すら弥陀の名号を深く信じて、交衆となり念仏をされる。どうして凡夫が、この念仏に加わり往生しないことがあるだろうか。否、そんなことはありえない。詞書は融通念仏による凡夫の往生など当然のことであると強調する。

融通念仏をめぐり凡夫と冥衆を対比させる文は、『融通念仏縁起』原本より早く作られた別の絵巻にも見られる。ただし、それは融通念仏の徒によるものではない。

「良忍上人の融通念仏は神祇をは勧給へ共凡夫の望はうとし」〔浄土宗開宗八百年記念慶讃準備局　一九七一二六九〕

十三世紀中頃の成立と推測される〔中井　二〇一三（二〇〇八）　一〇八～一一六〕法然の絵伝『法然上人伝絵詞〔琳阿本〕』巻七の文であり、十四世紀前半制作の『法然上人行状絵図』などにも同様の記述が見られる。

『融通念仏縁起』「鳥畜善願段」は、法然門下の言葉をはっきりと意識し、反論している。我らの念仏は凡夫などいうまでもなく、諸神諸天をも、それどころか凡夫より劣る鳥畜さえ極楽往生に導く。

人を越えた聖なるものから、人より劣り卑しいとされるものまで、『融通念仏縁起』は救済の対象を、人ならざるものへと大きく広げる。このような考えは、念仏のあり方をめぐる専修念仏との思想のせめぎ合いから生み出されたのである。

注

（1）『融通念仏縁起』各段の呼称は、田代尚光が付したものによった〔田代　一九七六〕。

（2）阿部美香は、「諸神諸天段」の毘沙門天と、それに相対する吉祥天の図に注目し、天界の王とそれを請ける后の姿は、鳥羽院と女院の名帳結縁と呼応して、象徴的な意味を持ったと論じる〔阿部　二〇一三　七五〕。

（3）鎌倉時代末から南北朝時代の制作と推測される掛幅『融通念仏縁起絵』（奈良県磯城郡田原本町安楽寺蔵）の「諸神諸天段」に相当する図様は毘沙門天の従者を美豆良の童子一人と鬼形二人とし、鬼形のうち赤い肌の方が戟を、褐色と思しき肌の方が宝塔を持つ〔融通念佛宗教学研究所編　二〇〇〇　七～八〕。『融通念仏縁起』との関連が推測される。

（4）愛染明王（愛染王）は大日如来の教令輪身であることから中世に天照大神と習合していた〔伊藤（聡）二〇一六　九〇～一一〇〕。これを踏まえるならば、「諸神諸天段」の毘沙門天が愛染王に向かう時のみ座り、上位者に対する姿勢を取るのは、愛染王がこの場の王の立場にあり、「念仏勧進段」の鳥羽上皇に相当すると解釈できる。

（5）『融通念仏縁起』写本の相違は詞書にも見られるが、本稿引用部分に大きな相違はないので、詞書釈文はシカゴ・クリーブランド本に対する小松茂美のものによった。

（6）「鳥畜善願段」の図様については、動物に対する宗教者の説教説話をキリスト教（カトリック）と仏教で対比した、徳田和夫の論考がある〔徳田　一九九九　四五～五一〕。なお、鳥畜を代表して鵼と鼠が描かれた理由には、鵼が鼠の天敵と見なされていたこと、いずれも仏敵とする考えがあったことが想定できる。

（7）フリア本・知恩院本、特に知恩院本との近似が指摘される写本に明応六年（一四九七）の奥書を持つ大念佛寺蔵伝義尚本がある。良鎮肉筆本系に属するこの写本は下巻のみ現存するため、本稿では比較の対象としなかった。

参考文献

阿部美香　二〇一三「中世メディアとしての融通念仏縁起絵巻」説話文学会編『説話から世界をどう解き明かすのか』笠間書院
伊藤聡　二〇一六「愛染明王と天照大神」『神道の形成と中世神話』吉川弘文館

伊藤慎吾　二〇一六　「異類文化学への誘い」伊藤慎吾編『妖怪・憑依・擬人化の文化史』笠間書院
梅津次郎　一九五八　「初期の融通念佛縁起繪について」『佛教藝術』三七
小松和彦　一九九四（一九七六）「護法信仰論覚書――治療儀礼における「物怪」と「護法」」『憑霊信仰論』講談社
小松和彦　二〇〇八　『百鬼夜行絵巻の謎』集英社
小松和彦　二〇一二　「賢治童話における「童子」をめぐって――『オツベルと象』の〈赤衣の童子〉はどこから来たのか?」
　プラット・アブラハム・ジョージ・小松和彦編『宮澤賢治の深層――宗教からの照射』法藏館
小松茂美編　一九八三　『続日本絵巻大成一一　融通念仏縁起』中央公論社
小山聡子　二〇〇三　『護法童子信仰の研究』自照社出版
浄土宗開宗八百年記念慶讃準備局　一九七一　「法然上人伝絵詞」『浄土宗全書』第一七巻　山喜房佛書林
田代尚光　一九七六　『増訂融通念仏縁起之研究』名著出版
津田徹英　二〇〇三　『日本の美術』四四二　中世の童子形　至文堂
徳田和夫　一九九九　「東西中世聖人伝の対比――聖フランチェスコの「小鳥への説教」と良忍上人の「鳥畜善願」」『國
　文學――解釈と教材の研究』四四―八
徳永誓子　二〇一二　「「庶民の出産図」の陥穽――「融通念仏縁起」をめぐって」『比較日本文化研究』一五
中井真孝　二〇一三（二〇〇八）「『法然上人伝絵詞』（琳阿本）について」『法然上人絵伝の研究』思文閣出版
根立研介　一九九二　『日本の美術』三一七吉祥・弁才天像　至文堂
堀川亜由美　二〇一〇　「堺市博物館蔵・毘沙門天画像について」『堺市博物館研究報告』二九
松原茂　一九九一　『日本の美術』三〇二絵巻＝融通念仏縁起　至文堂
山本陽子　二〇〇六　「縁起絵巻において神を描くことをはばかる場合とその表現」『絵巻における神と天皇の表現』中
　央公論美術出版
融通念佛宗教学研究所編　二〇〇〇　『融通念仏信仰の歴史と美術―資料編』東京美術

開放される「化物絵」

木場貴俊

一　見えないものを形にする

鬼や疫神、魔といったモノは、本来不可視である。美術は、絵画や彫刻などによって、そうした不可視の存在を目に見えるかたちで表現してきた。美術は、怪異（あやしい物事）をつくる営みだといえる。

中世以来の絵巻には、『土蜘蛛草紙絵巻』『酒呑童子絵巻』など、さまざまな化物が登場している。その図像は個性的で後世にも影響を与えているが、絵巻自体は見る人が限られた閉鎖的な媒体であった。しかし、江戸時代に入ると、刊本の中で絵巻の内容が紹介され、周知されるようになった。本論は、こうした流れに注目し、絵巻と刊本の関係性から江戸時代の描かれた怪異を考察するものである。

本論では、怪異を描いた絵画（絵巻、浮世絵、挿絵など）を、喜多村筠庭の表現（後述）を用いて「化物絵」と呼称する。現在「妖怪画」という表現もあるが、現代的なイメージが強いため、歴史的な位置付けを考える上でも、今回は化物絵を用いることにする。

まず、江戸時代の絵画に関する前提となる二つの特徴を押さえておきたい〔倉地　二〇〇六〕。一つは、版本の挿絵である。寛永期頃（一六二〇～四〇年代）整版印刷技術の向上に伴い、出版文化が大きく発展した。従来に比べて大量生産が可能になり、新しいジャンルの出版物も生まれた。仮名まじり文で書かれた仮名草子もその一つで、文字が読めない人にも内容がわかるように挿絵が多く入っている。挿絵には、多くの異形も描かれている。仮名草子から詞書を省き、一枚絵の刷り物として独立させたものが浮世絵版画である。寛文美人画などの肉筆の美人画とともに、浮世絵の源流の一つは版本の挿絵にあった。

もう一つは、絵を描く絵師である。中世以来の流れを汲む狩野派や住吉派といった御用絵師の末流には、各派の技術を受け継ぎながら大衆的な需要に応える町絵師が数多く存在していた。版本の挿絵や浮世絵も、こうした多くの町絵師たちの手によるものであった。

二　化物絵のインフラ

江戸時代の化物絵を考える際、①仮名草子、特に子ども向き絵本の挿絵②図入り事典③絵巻と絵手本、を基盤として想定することができる。本章では、これらを具体的に検討してみよう。

（一）子ども向き絵本の挿絵

三重県松阪市射和町旧射和寺境内の大日堂に安置されている地蔵菩薩坐像胎内に納められた絵本は、延宝六年（一六七八）以前に刊行された現存最古のものである（中野・肥田　一九八五）。そのうち『せん三つはなし』は、さまざまな「きぎやう（奇形）」が現れる悪夢を描いた「ゑはなし（絵話）」である。当時、夢は現実に何かが起きる兆しと考えられていた。本書には、安房国明鐘崎の大法師・閻魔堂での閻魔王と倶生神との会話・山路に捨て置かれた丈三尺ばかりの赤子・代々報いの毒蛇など一五の話が収められている。描かれる化物は、大型が多い。『土蜘蛛草紙絵巻』『酒呑童子絵巻』のように、怪異性を表す条件として巨大さがあった。付喪神など都市に出現する怪異には、巨大さはそれほど必要ではなくなったが、山海や夢には巨大な怪異が健在であった〔榎村　二〇〇七〕。

体裁に注目すると、一つの話（夢）が見開きで紹介され（最後だけ半丁）、大体半丁に化物が、もう半丁に遭遇し怖がる人――夢を見ている本人――がいる。ほぼ半丁もしくは一丁に化物を収める形式は、後述する鳥山石燕の作品群に通じるものがある。

また、『天狗そろへ』は、筑紫彦山の豊前坊や信濃国の飯綱三郎、鞍馬山僧正坊など全国の天狗を半丁ごとに紹介している。大半は他の文献でも確認できるもの、そして「雨土風を吹き立〳〵、らいてん（雷電）、いなつま（稲妻）、こくう（虚空）をひゞかすふうらい坊」という、風来坊から着想を得た創作も含まれている。伝承と創作で混成している点も、後世の化物絵に通じる。また、同種のものを集める「物尽くし」の趣向も込められている。

（二）図入り事典

挿絵については、本草学と関係する図入りの事典類も欠かせない。特に、儒者中村惕斎による『訓蒙図彙』（一六六六刊）、『頭書増補訓蒙図彙』（一六九五刊）と大坂の医師寺島良安『和漢三才図会』（一七一二序）は、重要な位置にある(1)。双方の共通点は、一つの枠内に一種類の物を収め、名前と説明を付けていることである。『訓蒙図彙』には、鬼（人物部）や蛟・龍（龍魚部）、『頭書増補訓蒙図彙』には姑獲鳥（禽鳥部）や人魚（龍魚部）などが載る。『和漢三才図会』では、巻四〇に『本草綱目』由来の獣部怪類の山都・山精・魃・魍魎・彭侯・水虎・川太郎、巻一四に「外夷人物」として飛頭蠻・狗國・羽民など『山海経』由来の空想の世界の住人が、南蛮人ら実在の人たちと併存している。後者は、現実と空想の境界が曖昧な当時の世界認識を表している〔位田　一九九九〕。

さらに『訓蒙図彙』については、後世、『人倫訓蒙図彙』など、『訓蒙図彙』の名を冠する書が多数刊行されている。特に、平住周道著・橘守国画『唐土訓蒙図彙』（一七一八刊）には、白澤・魍魎・野婆・山獏（禽獣之部）や水虎・謝豹虫（魚介虫之部）などが載る。謝豹虫は、『酉陽雑俎』を典拠とする「恥を抱て死したる人の魄」が虫となり土を掘るときは足で「面を覆ひ恥を忍ふかたち」のような図が描かれる。この図様は、『化物絵巻』（国立歴史民俗博物館所蔵）で「はぢかき」、北斎季親『化物尽絵巻』（国際日本文化研究センター所蔵）で「はぢつかき」などとして転写されている。これは、虫の謝豹虫が化物として紹介されるだけでなく、版本の挿絵が絵巻に利用された点でも興味深い。

（三）絵巻と絵手本

化物を描いた絵巻は、流派によって内容が異なっている。特に、土佐派と狩野派のものは多くの写しが残っている。土佐派の絵巻は、よく「百鬼夜行絵巻」と称され、名もなき付喪神や鬼、化物たちの行列が描かれている（土佐光信の作とされる大徳寺真珠庵所蔵本が有名）。この土佐派の絵巻を、以後、土佐派系統本と呼びたい。また、狩野派の絵巻は、狩野元信（一四七六〜一五五九）に作者を仮託したもので、一八世紀初頭前後の成立と考えられている〔香川　二〇一三〕。土佐派系統本のような行列ではなく、赤口・ぬらりひょん・牛鬼などが個別に描かれ、各に名前が付いている。そのため「化物づくし絵巻」と呼ばれることもある。喜多村筠庭『嬉遊笑覧』（一八三〇刊）には、元信による「奇怪の物に名のある」「化物絵」として紹介されている〔喜多村　一九七九〕。名前と容姿をセットにして描かれる狩野派の絵巻を、以後、狩野派系統本と呼びたい。他にも、元和三年（一六一七）住吉如慶が模写した「妖化物之絵」（東京国立博物館所蔵の『百鬼夜行図』（異本））など、各流派あるいは流派を越えたさまざまな構図の絵巻が現存している。

これらの絵巻は、多くの模本があったものの、見る人が限られていた。しかし、出版の発展によって、絵を描く際の手本（絵手本）や図譜が数多く刊行された。これにより絵巻の内容が周知のものとなった。代表的な絵手本に、橘守国『絵本写宝袋』（一七二〇刊）や林守篤『画筌』（一七二一刊）、大岡春卜『画巧潜覧』（一七四〇刊）、鈴木鄰松（素絢斎）『狂画苑』（一七七〇刊）などがある。そのうち、『画巧潜覧』（国立国会図書館所蔵）の巻一には「土佐光信筆高家所持巻物前後略」という『今昔物語集』巻二七「三善清行宰相家渡語」を絵画化したもの、『狂画苑』（立命館大学アート・リサーチセンター所蔵）下巻には土佐行秀筆「百鬼夜行」（土佐派系統本）が載っている。

こうした絵手本は、文芸の挿絵に積極的に利用されていった。山東京伝作・歌川豊国画『善知安方忠義伝』（初編 一八〇六刊）は、『画巧潜覧』「土佐光信変化図（土佐光信筆高家所持巻物前後略）」や別の「百鬼夜行図」「源頼光土蜘蛛退治物語絵」などを挿絵の典拠として明示している〔鈴木重a 一九七九〕。十返舎一九画作『化物見世開』（一八〇〇刊）では、土佐派系統本の化物たちが引越する場面に用いられている〔カバット 二〇一七〕。後述のように、鳥山石燕『画図百鬼夜行』は狩野派系統本を版本に仕立て直したものである。また、『嬉遊笑覧』でも触れられる『十界双六』（国立国会図書館所蔵）といったおもちゃ絵にも狩野派系統本が用いられている。絵手本を媒介にして、絵巻の化物が各世代に広く認知されたのである。

三　鳥山石燕の化物絵

（一）鳥山石燕と化物絵

本章では、鳥山石燕（一七一二〜八八）について、改めてその位置を考えてみたい。いうまでもなく石燕は、江戸後期から現代まで、日本の怪異に関わる文化に多大な影響を与えている[2]。

石燕は、氏は佐野、名を豊房、号を石燕・月窓などと称した。狩野周信や狩野玉燕に学んだ狩野派の町絵師で、弟子には喜多川歌麿や恋川春町たちがいる。俳諧（東柳窓燕志の社中）、狂歌（大田南畝や朱楽菅江、宿屋飯盛）、儒学（林懋伯や千葉芸閣）などに関わる人々と交わった、当時を代表する都市知識人の一人であった（高田・稲田編一九九二）。石燕は、安永三年（一七七四）『鳥山彦』（『石燕画譜』）、同四年『生花百枝折』（『瓶花図式』）、同六年『水滸画潜覧』、同七年『絵事比肩』と、絵画の技術に関する本（絵手本）を多く書いている。特に、『石燕画譜』は、フキボカシなどの木版ぼかし技法を用いたごく初期の彩色摺り絵本として評価されている（近藤　二〇一六）。

これらの絵手本群に挟まれた、安永五年（一七七六）に刊行されたのが、『画図百鬼夜行』（以下『画図』）である。大田南畝も「近比石燕丈人のゑがける百鬼夜行の図」（『四方のあか』「日ぐらしのにき」安永七年（一七七八）一〇月一五日）（大田　一九九三）として話題にしている。

『画図』は、前篇陰・陽・風の三部構成で（後篇はなく、続編に当たる『今昔画図続百鬼』が後篇に準ずるとされる）、総数五二の化物を半丁ごとに描いている。大半は、狩野派系統本に描かれた化物である。香川雅信が指摘するように、『画図』は狩野派系統本を版本へ移し替えた作品である（香川　二〇一三）。例えば、佐脇嵩之が元文二年（一七三七）に写した狩野派系統本『百怪図巻』（奥書には狩野元信が描いたとある）には、三〇の化物が描かれているが（多田編　二〇〇〇）、そのほとんどが『画図』に収録されている（かみきりを網剪、夢のせいれいを反枕、野狐を狐火に置き換えると全て収まる）。

狩野派系統本には、化物の姿だけで背景はほとんど描かれていない。石燕は、山野や家屋といった各化物にふさわしい舞台を設けて配置している。絵巻に描かれた化物から醸し出される印象を、石燕が感じ取り、半丁ごとに再構成したのである。

『画図』は人気を博し、続けて『今昔画図続百鬼』（一七七九刊　以下『続百鬼』）、『今昔百鬼拾遺』（一七八一刊以下『拾遺』）、『画図百器徒然袋』（一七八四刊　以下『百器』）を刊行している。これらは、現在「妖怪図鑑」の先駆けと評価されている。(3)

（二）『画図百鬼夜行』の作成意図

では、『画図』はどのような目的で編まれたのか。自跋を見てみる。

詩は人心の物に感して声を発するところ、画はまた無声の詩とかや、形ありて声なし、そのこと〳〵によりて情をおこし感を催す、されはもろこしに山海経、吾朝に元信の百鬼夜行あれは、予これに学てつたなくも紙筆を汚す（後略）

これは、宋代文人画の「画無声詩、詩有声画」の書画論に基づいたもので、詩と画の関係性は詩画同源の理想を示すものだと、鈴木堅弘は指摘する（鈴木堅　二〇一六）。鈴木はさらに、画は詩と同じく物の形を借りて自らの情感が発する心情を自然と表現することであり、『画図』（前篇陰・陽・風）と『続百鬼』（雨・晦・明篇）の冊子構成は天地の間に存在する「六気」に通じ、形を用いて自然の気韻（六気）を表現する文人画法に則ったものだとする。石燕自身は、「妖怪図鑑」を作りたかったわけではないのだ。

石燕が念頭に置いたのは、『山海経』と狩野元信の「百鬼夜行」つまり狩野派系統本であった。『山海経』は、戦国時代（紀元前五～三世紀）から徐々に加筆されてきた古代中国の地理書で、怪物や神獣、異国人などが地理情報とともに記録される。明代には挿絵が入り、日本でも挿絵入りのものが和刻本として刊行された。『訓蒙図彙』や『和漢三才図会』と同じ絵入り事典の一つに、『山海経』を組み込むことが可能である。

『山海経』と狩野派系統本の共通点は、名前と容姿が併せて紹介されている点にある。名前を持つ形を通して、石燕は情感の発露を目指したのであろう。

狩野派系統本を版本へ移し替えた『画図』は、表題に「画図」、そして『石燕図譜』『絵事比肩』など絵手本に挟まれて刊行されている点から、やはり化物の絵手本として刊行されたのである。実際、『画図』の反枕・死霊は、『石燕図譜』に見られた木版ならではの重ね摺りの技法によって化物を薄墨、それ以外を濃墨によって表現している。近藤瑞木は、この技法によって見えない世界（薄墨）と見える世界（濃墨）という世界の二重性を表現したとする〔近藤　二〇一六〕。

石燕の化物の図様は、『善知安方忠義伝』には『続百鬼』毛倡妓、式亭三馬作・歌川国定画『金神長五郎忠孝話』（一八〇九刊）には同陰摩羅鬼などと流用されている〔鈴木重b　一九七九〕。石燕は、当初から化物絵のオーソリティーだったのだ。

さらに横山泰子によれば、『画図』前篇陰で描かれる一四の化物のうち、一三が山岡元隣・元恕編『古今百物語評判』（一六八六刊）で取り上げられているものと重なり、他の篇でも素材になっている〔横山　一九九〇〕。『古今百物語評判』にも挿絵はあるが、狩野派系統本に描かれているものは絵巻を優先し、垢ねぶりなど挿絵がないものには、新たに姿を与えて垢嘗として紹介している。このような文芸間の相互利用にも注意しておきたい。

（三）事典の視点／絵手本の視点

香川は『画図』など江戸の「妖怪図鑑」類に「博物学的思考／嗜好」を読み取っている〔香川　二〇一三〕。博物学的思考／嗜好とは、博物学に基づく自然にある物を収集・分類・視覚化・列挙する営みであり、『画図』を収集・分類された化物を絵として視覚化し列挙した作品と位置付けている。また、博物学的思考／嗜好を生み出した契機として享保期以降の物産学の性格を帯びた本草学を想定している。

たしかに博物学的思考／嗜好の過程は首肯できるが、本論では、本草学だけでなく、仮名草子の挿絵、絵入り事典、絵手本、物尽くし、宋代文人画論など、多様な文化的所産がインフラとなって、石燕などの化物絵の成立に影響を与えたことを強調しておきたい。

図入り事典の影響について、例えば『続百鬼』の山精・魃・水虎・魍魎、『拾遺』の彭侯・風狸は、『和漢三才図会』の図様が基になっている（水虎・魍魎・風狸は『唐土訓蒙図彙』にも同じ図様が見られる）。石燕の化物絵は図入り事典の系譜に位置付けられるが、より重要なのは従来生類とされてきたものを化物としてラベルを貼り直したことにある。絵手本についても、『続百鬼』大禿が狩野派系統の絵手本（狩野派の粉本）の慈童と図様が類似し、『拾遺』滝霊王は不動の窶しとして、髑骨なども石燕が（狩野派の）粉本や絵手本、図譜などを参照した可能性があることが既に指摘されている（近藤　二〇一二）。窶しも既存の絵手本を加工したものといえる。

『百器』の自序には、「春雨扉を打てつれ〳〵なるをとふ人は、中山班象子なり、袖より小冊土佐の百鬼を見す」と、中山班象（石中堂班象か）が持参した土佐派系統本を見たことが、創作の契機になったという。「小冊」とあるように、班象は『狂画苑』のような絵手本を持ってきたことがわかる。土佐派系統本の絵手本を石燕が見て、それぞれへ新たに名と物語を創作し、石燕独自の絵手本『百器』へと昇華したのである。

（四）遊びの視点

一方で、『画図』自跋には「童蒙の弄ともならんかし」[4]とあり、遊び――子どもだけではなく、大人も楽しめる知的遊戯の性格が込められていた（香川　二〇一三）。

勝川春章『百慕々語』（一七七一刊）は『画図』に先行して書かれた化物絵本だが、これは性器を化物に「見立て」

た春画本である。見立てとは、ある物を別の何かに重ね合わせることで意味をひっくり返し、また多重化することで笑いを生み出す知的遊戯である。そもそも化物絵本自体、化物という物尽くしの趣向を込めている。森羅万象（森島中良）『画本纂怪興』（一七九一刊　『山海経』のもじり）や山東京伝『化物和本草』（一七九八刊　貝原益軒『大和本草』）といった、化物絵本のパロディも作成されている。

実は、石燕自身も自著で遊んでいる。これは、『拾遺』以降によく見られる傾向で、絵解きについては、既に近藤や多田克己（多田　二〇〇六）が指摘している。『拾遺』上之巻雲の泥田坊は、狂歌師の泥田坊夢成と諺「泥田を棒で打つ」（無益なこと、ぐうたらなこと）の混合であり、その対にある古庫裏婆は禿帚子編・鈴木春信画『絵本花葛蘿』（一七六四刊）の老女の絵を見立てたものである（近藤　二〇一〇）。同中之巻霧の火間虫入道もまた、文字遊び「へまむし入道」の化物仕立てである。『百器』下巻の瓯長は、恋川春町を化物に仕立てたものである（絵師号「亀長」、狂歌師号「酒上不埒」）。こうした石燕の知的遊戯を、香川は「絵として表現された俳諧・狂歌」と評している（香川　二〇一三）。

特に、『百器』の化物は、自序に絵を習っている童が土佐派系統本を見て話している間の「一睡の夢」を見たままに描いたとあるが、ほとんどが言葉遊びから創作されている。塵塚怪王と文車妖妃は『徒然草』第七二段「多くて見苦しからぬは、文車の文、塵塚の塵」からの発想、三味長老は「沙弥から長老にはなられず」という諺から生まれている。『百器』の詞書が全て「と夢のうちにおもひぬ」で終わるのは「一睡の夢」の反映だが、全て石燕の「夢」、つまり個人の空想の産物にすぎない。夢は虚構を生み出す場になったのである。

こうした遊びは作者側だけに留まらない。西尾市岩瀬文庫所蔵の『画図』には、各化物の余白に人名の書入がある。おそらく所有者の身近にいた人たちを化物に見立てたのだろう。泥田坊や瓯長のような遊戯が、読者間でも自発的に行われていたのである。

知的遊戯としての化物絵は、香川の「妖怪革命」の一部を為している。絵もまた虚構だからである。虚構は、編著者が情報に新たな意味や性格を付与することを可能にする。

こうした化物の虚構性を特化させて遊ぶ趣向は、都市的な発想である。大田南畝『四方の留粘』（一八一九刊）上には「続百鬼夜行序」が収録されている。石燕の『続百鬼』には載っていないが、当時の「江戸っ子」がもつ怪異観が窺える。

（前略）今此の「続百鬼夜行」も、石燕叟が絵そらごとを見て、模押窩の口あいた任せに、ある事ないこと書き集めぬれば、もし箱根から先にすむ、石部金吉金兜、かぶりを掉つて嘲るとも、だんない〳〵大事ない、ない物くはうの化物ばなし、東坡が野人と話せし如く、しばらく是れを妄言せん、それ妄聴して可なり〔国民図書株式会社編　一九二六〕

江戸にはいない「絵そらごと」で「大事ない」「妄言」「妄聴」、これが化物に対する視線であった。泥田坊や甌長といった石燕の知的遊戯は、江戸それも石燕の周辺でしか通用しない。つまり、内輪ネタであり、それがわからない人には単なる化物の一種としてしか理解できない。情報の有無が化物の理解を分ける。

四　源琦の化物絵

（一）『妖怪絵巻』

源琦（一七四七〜九七）は、艶麗な唐美人画を得意とした京都の絵師で、円山応挙の高弟となり、長沢蘆雪とともに二哲と評された[5]。その源琦は、『妖怪絵巻』と現在紹介される絵巻を描いている（一七七八　大英博物館蔵）（平山・小林編　一九九二）。

『妖怪絵巻』は、夜の公家屋敷に跋扈する多数の化物が茶を喫したり、囲碁や舞楽などに興じたりしている。続いて、その屋敷の池の水を遡ると、水怪や怪鳥が居り、川岸の丘を上った先にある武家屋敷では、朝日が昇るなか裃を着た多くの人間が料理をしている、という構成である。夜の公家屋敷を跋扈し戯れる化物（と驚く公家）と朝の武家屋敷で忙しなく働く人間という、対照的な構図になっている。公家屋敷の化物は、公家の装束を着たものが大半で、川筋にいる動物的な化物と区別されている。源琦は『妖怪絵巻』以前に、『後三年合戦絵巻』（東京富士美術館所蔵）や『十二類絵巻』（模本　円山応挙との共作　神宮徴古館農業館所蔵）を模写しており、他にも多くの絵巻に接していただろう。『妖怪絵巻』には、土佐派系統本にある袋を担いだ化物が流用されている（図1）。源琦は、先行するさまざまな絵巻に学びながら、『妖怪絵巻』を制作したと考えられる。

図1　『妖怪絵巻』より袋を担いだ化物
（『秘蔵日本美術大観』二〈講談社、1992年〉より転載）

源琦の『妖怪絵巻』と同じ構図の絵巻は、現在他に確認されていない。描かれた個性的な化物の多くは源琦オリジナル、もしくは円山派で描かれた化物絵を源琦が模写したもの（手を加えた可能性もあり）だと、現時点では考えられる[6]。

（二）『異魔話武可誌』

『異魔話武可誌（いまわむかし）』は、寛政二年（一七九〇）に須原屋茂兵衛たちによって刊行された絵本である。[7] 作者は役者絵で有名な勝川春英で、師の勝川春章も補助をしている。「妖みは徳に勝ず」から始まる序には、本書は「一夜燈下に会して奇事怪異を談す、画家春章・春英の師弟も、彼席に列り、一人一事をかたれは、一燈心を加えて其図をなし、又両話を演る時は、二燈心を倍して其趣を筆す」、つまり「百物語の法を反し将形を紙上に顕は」したものだという。序に続いて、火鉢を囲む子ども達と立って赤子に乳をやる女性（母親か）が一丁分描かれる（語り聞かせる場面だろうか）。続いて、かき山ごい・古家の怪・肥前の国市坊主・武蔵野のぬれはがち・おかんぢよろ・夜這蜘・びいがんこ坊・こはだ小平治・すじかぶろなどが半丁あるいは一丁で描かれる。

実は、この『異魔話武可誌』に描かれた三〇の化物のうち一〇が、源琦の『妖怪絵巻』に描かれているものと重なっている。つまり、『妖怪絵巻』の化物たちが、石燕の化物絵のように半丁・一丁ごとに区分され、それぞれに名前が付与されているのだ（ただし説明文はない）。『妖怪絵巻』の公家屋敷にいた化物にも、絵巻とは異なる背景が用意されている。『異魔話武可誌』もまた、絵巻を版本に移し替えたものなのだ。[8]『異魔話武可誌』は、享和二年（一八〇二）十返舎一九が物語を付け足して、『列国怪談聞書帖』として文栄堂より改めて刊行されている（棚橋編　一九九七）。

そして、『異魔話武可誌』は、絵手本としても用いられていた。山東京山作・歌川国貞画『高尾丸剣之稲妻』（一八一〇刊）には、石燕の毛倡妓とともにびいがんこ坊が同じ場面内に登場している（鈴木重b　一九七九）。また、京都の速水春暁斎『絵本小夜時雨』（一八〇一刊）巻四「吉原の怪女」「古狸人を驚」および巻五「播州士異獣を斬」が『異魔話武可誌』の古家の怪・びいがんこ坊・すじかぶろと類似している（近藤編　二〇〇二）。春暁斎は円山派との親交もあったとされているので、『妖怪絵巻』（もしくはそれに類する絵巻）を直接見たのかもしれない。

（三）石燕との関係

石燕も源琦（円山派）の化物絵を見ている。『百器』制作の動機が、土佐派系統本を見たことであったことは先述した。そのため『百器』では、土佐派系統本の名もなき化物に、塵塚怪王・鎗毛長・沓頬などの名前と物語を与えている。そのうち袋を担いだ化物には、「袋狢」という名前と物語が付与された。さらに、源琦の『妖怪絵巻』で碁盤を囲んでいる化物の一体（図2）が、石燕の『百器』では「山颪」として載っている。石燕は、山颪を豪猪つまりヤマアラシのような卸し金の化物に仕立てている。

図2　『妖怪絵巻』より山颪と類似した図様の化物
（『秘蔵日本美術大観』二〈講談社、1992年〉より転載）

問題となるのは、『百器』と『異魔話武可誌』の関係である。『異魔話武可誌』には、山颪と袋狢のもととなった化物は収載されていない。石燕と春章には、恋川春町の師匠という共通点がある。春町を媒介にした両者の交流があったとすれば、どちらかが源琦（円山派）の化物絵に関する何らかの情報を得てそれを共有し、各自の作品へ取り込んでいったことは十分考えられる。

『国書総目録』によれば、春英・春章による『怪談百鬼図会』という『異魔話武可誌』と同内容のものが天明二年（一七八二）に出たとある。これだと、『怪談百鬼図会』に採用されていない山颪の原型を石燕が『百器』に採ったと考えられる。

しかし実際は、『怪談百鬼図会』は、『異魔話武可誌』の再版本として『列国怪談聞書帖』の後に刊行されたようである（棚橋編　一九九七）。『百器』はあくまでも土佐派系統本を制作の契機にしているので、『妖怪絵巻』を採用する余地がなかったのだろうか。今後更なる検討が必要である。

五　化物絵研究のこれから

以上の検討から改めて判明したのは、絵画によって可視化された江戸時代の怪異は、出版抜きでは論じることができないことである。表現のインフラとなったのは、本論で取り上げた様々な文化的営為であった。これは、化物絵を研究する場合、描かれた化物だけを見ていればいいものではなく、立脚している文化的営為との関係性を明らかにしなければ意味がないことを示している。

今回これまであまり言及されてこなかった源琦『妖怪絵巻』と『異魔話武可誌』、『百器』の関係について考察を試みたが検討の余地は大きい。これ以外にも化物絵は多く、例えば、土佐派系統本については、中国・朝鮮の水陸画や「〔鬼子母神〕掲鉢図」などの関係が近年注目されている〔藤岡　二〇〇四・田中　二〇〇二・西山二〇一六など〕。また、桃山人〔桃華園三千麿〕・竹原春泉斎画『絵本百物語』〔『桃山人夜話』　一八四一刊〕は、手洗鬼や小豆あらひ、鍛冶が嬶といった各地で伝承されていた〔本来姿が〔見え〕ない〕怪異を絵画化＝可視化したものである〔吉田編　一九九九〕。これらの絵本も本論で考察した文化的インフラや他の化物絵との関係が想定できるが、具体的な検討は今後の課題である。

注

（1）『訓蒙図彙』の類書は〔朝倉編　一九九八〕、『和漢三才図会』は〔寺島　一九七〇〕による。

（2）以下、石燕の化物絵は〔Yoda・Alt2017〕による。
（3）石燕は、狩野派系統本を基にした肉筆の絵巻を描いている（ボストン美術館所蔵）。これは、化物の個々に名は付けず、色々な情景に化物を配している。『画図』が半丁の「檻」に化物を閉じ込めているとすれば、絵巻は化物を解放しているかのようである。
（4）『百器』自序には続けて「や、絵なろふ童をあつめて是（注　土佐派系統本）を見る」と、石燕の廻りには歌麿や春町以外にも童たちが絵を習いに来ていたようである。
（5）源琦については、〔木村　一九八九〕を参照のこと（ただし『妖怪絵巻』『後三年合戦絵巻』については言及していない）。
（6）源琦は、他に『釣灯籠を持つ骸骨』（福島県金性寺蔵）や『子持ち幽霊』（明石市立文化博物館「オバケ絵大博覧会」二〇一七で展示）を描いている。
（7）大英博物館・ボストン美術館のホームページで公開されており、本論もそれによる。
（8）ただし『妖怪絵巻』には、一八世紀後期前後から見られる首が長い型の見越入道がいることから、刊本の情報を吸収している点にも注意したい（〔カバット　二〇〇六〕参照）。

参考文献

朝倉治彦編　一九九八　『訓蒙図彙集成』一～五　大空社
位田絵美　一九九九　「『和漢三才図会』にみる対外認識——中国の『三才図会』から日本の『和漢三才図会』へ」『歴史評論』五九二
榎村寛之　二〇〇七　「忘れられた「化け物」イメージと仮面ライダー響鬼」東雅夫・加門七海編『響鬼探究』国書刊行会
大田南畝　一九九三　『新日本古典文学大系』八四　岩波書店
香川雅信　二〇一三　『江戸の妖怪革命』角川学芸出版
カバット・アダム　二〇〇六　『ももんがあ対見越入道　江戸の化物たち』講談社
カバット・アダム　二〇一七　「所帯道具の化物の系譜——化物と擬人化」『江戸化物の研究』岩波書店
喜多村筠庭　一九七九　『日本随筆大成別巻　嬉遊笑覧』二　吉川弘文館

木村重圭　一九八九「源琦について」『塵界』一
倉地克直　二〇〇六『江戸文化をよむ』吉川弘文館
国民図書株式会社編　一九二六『近代日本文学大系　狂文俳文集　全』国民図書
近藤瑞木編　二〇〇二『百鬼繚乱　江戸怪談・妖怪絵本集成』国書刊行会
近藤瑞木　二〇一〇「石燕妖怪画の風趣『今昔百鬼拾遺』私注」小松和彦編『妖怪文化の伝統と創造』せりか書房
近藤瑞木　二〇一二「石燕妖怪画私注」『人文学報』四六二
近藤瑞木　二〇一六「近世妖怪画の技法「見えない世界」をいかに描くか」『ユリイカ』二〇一六年七月号
鈴木重三ａ　一九七九（一九六七）「京伝と絵画」『絵本と浮世絵』美術出版社
鈴木重三ｂ　一九七九（一九五六）「お化けいろいろ」『絵本と浮世絵』
鈴木堅弘　二〇一六「春画・妖怪画・江戸の考証学〈怪なるもの〉の視覚化をめぐって」『ユリイカ』二〇一六年七月号
高田衛・稲田篤信編　一九九二『画図百鬼夜行』国書刊行会
多田克己編　二〇〇〇『妖怪図巻』国書刊行会
多田克己　二〇〇六『百鬼解読』講談社
棚橋正博編　一九九七『叢書江戸文庫四三　十返舎一九集』国書刊行会
寺島良安　一九七〇『和漢三才図会』東京美術
中野三敏・肥田皓三編　一九八五『近世子どもの絵本集　上方篇』岩波書店
西山克　二〇一六「「妖物絵」の誕生『百鬼夜行絵巻』とはなにか」『関西学院史学』四三
平山郁夫・小林忠編　一九九二『秘蔵日本美術大観』二　講談社
藤岡摩里子　二〇〇四「掲鉢図　鬼子母神の説話画――百鬼夜行絵巻と関連させて」『豊島区立郷土資料館研究紀要　生活と文化』一四
横山泰子　一九九〇「鳥山石燕「百鬼夜行」考」『ＩＣＵ比較文化』一九
吉田幸一編　一九九九『怪談百物語』古典文庫
Hiroko Yoda and Matt Alt. 2017 *Japandemonium Illustrated: The Yokai Encyclopedias of Toriyama Sekien*, Dover Publications

象徴としての菊御紋

村山弘太郎

一　天皇の「象徴」

平成二八年八月八日、今上天皇陛下はビデオメッセージという形でご自身のお言葉を日本国民に向けて表明された。それは戦後日本における象徴天皇の在り方、そしてこれからの在り方についてのお気持ちを示されるという極めて異例のものであった。

その「象徴」天皇の「象徴」である菊紋については、天皇・天皇制を考える際の重要な視点であるにもかかわらず、充分な研究がなされているとはいいがたい。そこで本稿では、菊紋が近代初頭においてどのように天皇・皇室の象徴として位置づけられるようになったのかについて法令的な側面からの検討を行う。またその状況下での社寺における菊紋使用について検討する。このような視点からの検討はこれまでもなされてきたが、菊紋使用禁令の指摘に止まるものが中心であることから、(1)特に法令の成立背景をめぐる問題を明らかにすることを目指す。

ここでまず前近代における菊紋の使用管理について概観しておく。

近世においても菊紋の使用は自由ではなかった。すでに指摘されているように〔吉岡　二〇〇八〕京都の町触等では繰り返しその使用由緒などに関するお尋ねが出されていることを確認することができ、またそれに対する回答も各社寺から行われていた[2]。つまり正式な方法で菊紋付物品は拝領しなければならなかったのであるが、その際、特に重要なのが幕府への届出であり、これが滞ると幕府からの確認がなされることになった[3]。

また門跡や公卿など禁裏御所以外からの菊紋付物品の寄附も行われていた[4]。つまり前近代社会においては菊紋が天皇・皇室の独占的な紋章ではなかったのである。そのこともあってか寄附した菊紋付物品の実態については天皇・朝廷による把握ができていなかったと考えられる。

二　菊紋の使用禁令とその対応

（一）菊紋使用禁令の布告

慶応四年（一八六八）三月二八日、「禁裏」という表記の使用を禁止すると同時に、提灯や陶器といった売物等に菊紋を付けることを禁止し、それまで免許されていたものに関しても伺書を提出するようにと太政官から布告された[5]。この布告は一般での使用禁止を意図したものであると思われるが、菊紋付提灯の使用禁止という点において、社寺でもその使用についての確認がなされることになった。同年五月二八日付で「彦根中将内関由太郎」から弁事に宛て、寺院での使用について「朝廷并宮・公卿方ヨリ御寄附相成居候品之内、御紋画有之候分ハ、其品ニ限リ差免、其他用来候向ニテモ朝廷ヨリ御紋御寄附ニ無之候へハ、一切禁止可仕候儀ニ御座候哉」と問合せがなされた。それに対して「朝廷宮方之外」からの寄附品については「其品限ニテモ御禁止」すると回答されている[6]。このような問合せは多数寄せられたと考えられるが、それら実態を把握した上で、明治二年（一八六九）二月二八日には「従来宮・堂上ヨリ諸国寺院へ祈願所ト唱へ妄ニ菊御紋付ノ品々致寄附候儀、無謂次第ニ付堅ク禁止」することで、寺院に限ったものではあるが宮・堂上からの菊紋寄附が制限された。[7]

神社についても神宝等に菊紋がある場合は使用を認め、提灯に関しては使用を禁止する指示が神祇官から出されたが、[8]御撫物祈祷を担当していた場合、その移動の際の菊紋付提灯使用は寄附を受けた分のみ使用が許可された。[9]

このような社寺での使用実態を把握した上で同年八月二五日には次の太政官布告として使用禁令が社寺全般に及ぶことになった。

社寺ニテ是迄菊御紋用ヒ来ル者不少候処、今般御改正相成、社ハ伊勢、八幡、上・下賀茂等、寺ハ泉涌寺、般舟院等之外ハ一切被差止候旨被仰出候事
但格別由緒有之社寺ハ由緒書ヲ以テ可伺出候事[10]

この時同時に親王家が使用する菊紋についても「向後十六葉ハ不相成、十四五以下或ハ裏菊等品ヲ替ヘ御紋ニ不紛様可致旨被仰出候事」[11]とデザインの制限が布告された。これにより一六弁菊紋は天皇・皇室の紋章として本格的に独占が開始された。[12]

明治元年から二年にかけての菊紋独占開始の背景には戊辰戦争があったと考えられる。使用禁令に先立ち、慶応四年一月二七日に宮門警衛を命じられた諸藩兵は旗や幕、提灯に「菊御紋」を用いるようにと指示が布告されたが、その製作は「於家々可相調」とされた。[13]しかしその仕様について不明であるとの問合せがあり、[14]二月九日には「朝廷」から直接下げ渡すことに変更された。[15]戦争終結後にはこの旗を返却するようにとの指令が出されていることから、[16]菊紋を政府の管理下に置くことを目指すようになったことがわかる。この戦争中に法令的な菊紋

独占の方針が決定したのだろう。

(二) 由緒書の提出とその対応

明治二年の太政官布告にある但し書に従い、全国の社寺は菊紋付祭具・法具等の継続使用を目指してその使用由緒を提出した。それら由緒書は各府藩県に提出されそこで処分が決定されたが、府藩県レベルで判断に迷う場合は中央政府へと伺書が提出され判断を仰ぐことになった。伺書の内、使用禁止指示が出されたものの由緒をみると、創建に天皇・皇族が関わるなど漠然としたもので、いつ、誰からの寄附で使用しているのかについて明らかにされていないものであることがわかる。[17]

一方で禁裏御所、仙洞御所、大宮御所などから祇園祭の山鉾[18]や西陣の氏神、今宮神社の剣鉾へと寄附されたもの等については使用許可が出ていることから、寄附そのものの由緒が明らかであれば認められたこともわかる。[20][19]

以上みてきたように、明治二年の使用禁止令は前近代において拝領の際の史料等「由緒」があるものについては個別に判断がなされ、比較的多くの継続使用が認められたと考えられる。しかしその結果、天皇・皇室あるいは政府による菊紋独占という目標はこの時点では十分に達成できなかった。

(三) 菊紋使用禁令の厳格化

明治四年(一八七一)六月一七日、菊紋使用禁止に関し次の布告がなされた。

菊御紋禁止ノ儀ハ兼テ御布告有之候処、猶又向後由緒ノ有無ニ不関、皇族ノ外総テ被禁止候、尤御紋ニ紛敷品相用候儀モ同様不相成候条相改可申事

但、従来諸社ノ社頭ニ於テ相用来候分ハ地方官ニ於テ取調可申出事[21]

これにより明治二年の布告はさらに強化され、「社頭」を除き由緒にかかわらず一切の使用が禁止されることになった。そして布告文中では「皇族ノ外」とあるものの、皇族に関しても同日付で一四葉一重裏菊紋が皇族家紋雛形として提示されていることから[22]、天皇・皇室による一六弁菊紋の法令的独占がこの時達成されることになった。この布告の背後には、明治四年五月一〇日付で提出された京都府からの伺書が影響を及ぼしたと考えられる。

京都府は明治二年の使用禁令後も宮・門跡への用向きなどを取り扱っていた由緒から提灯や幕を寄附されていた町人や寺院などが「十六葉菊ノ中ニ黒筋、或ハ黒丸等書入」るなどして改変し継続して使用していることを指摘し、このような状況に至った理由を明治二年、同時に布告された宮・門跡の家紋変更の確認がしっかりと「朝廷」側でなされていないことにあるとしている。その論調は極めて辛辣で「何宮ハ何ノ菊紋、門跡ハ何ノ菊紋ヲ相用ルト申事御承知無之」ば「闕典」であると批判する。

また裏菊紋に改めるようにとの指示に対しても、裏菊であれば一六葉でもよいと解釈できるとし、このままでは「御紋ニ模擬シ紛ハ敷品」の使用も発生するだろうことを指摘している。

さらに一四・五葉以下に改めるという指示に対しても、一六葉なのかそれ以下なのか「急進ノ場所」ではとても見分けがつかないと指摘したうえで表菊紋をすべて禁止することを提案している[23]。この伺書に対する回答が六月一七日の布告として結実することとなったのである。

布告直後、再び京都府より「先代」からの寄附、皇族内儀からの寄附および社頭以外、特に祭礼での祭具への使用などについて問合せがされた。その回答は内儀については取除き、祭具については祭具のみならず社頭のものも取除き、それぞれ社寺に収め置くようにというものであった。[24] 特に注目されるのは祭具や社頭での使用禁止であり、明治二年段階で使用許可されたものもこの時に使用が禁止されることになったのである。[25]

また翌年にも京都府から「先代」および「先代内儀」からの寄附品の取り扱いについて問い合わせが正院になされた。その論調は厳しく、そもそも天皇の紋はいつ定められたのか、また「桐ニハ御差止メ無、菊ノミ厳禁相成候ハ格別御由緒有之事歟」と、その「濫觴」や菊紋のみを禁止する理由についても回答を求めている。しかし正院側では「濫觴未詳」とし、菊紋のみの使用禁止についても回答はせずに、内儀からのものについてはやはり取除き、先代からの寄附品については「御神殿ニ有之候菊御紋ハ可為其儘事」と、その使用を認めた。[26]

これまで明治二年、四年の菊紋使用禁止に関わる太政官布告について、その背景の確認を行ってきた。これにより菊紋使用禁令が二段階をもって完了したことの理由が明らかになった。また提灯や幕での使用を特に制限し、使用を認める場所を社頭に限定する姿勢も浮かび上がってきた。この二段階の使用禁令により、菊紋は天皇・皇室および政府、あるいは近代国家としての日本が独占する「菊御紋」になり、その象徴としての位置付け、権威の象徴の再構築に成功したのである。

三　菊紋使用禁令の緩和

(一) 菊紋使用禁令緩和

菊紋の独占体制が確立された後、改めての菊紋寄附とでも評価すべき菊紋使用禁止の緩和がなされることになった。

明治七年(一八七四)四月二日、それまでの使用禁令から一転、官幣社に対し「自今、官幣社社殿ノ装飾及社頭之幕・提灯ニ限リ、菊御紋相用不苦」[27]と、場所と物品を限定しての使用が認められた。

近代社格制度における官幣社の位置付けを決定していく中で、「其祭典等モ格段ノ御取扱」であることから[28]官幣社については特に天皇との関係および国家の神社であることを表示するため菊紋の使用を許したのである。しかしこの許可も、使用禁止令の場合と同様、全国から提出される伺書によりその実態を把握した上で明文化するという流動的な体制の中で確定されたものである。

官幣社に菊御紋使用許可を与える発端は、前年に井伊谷宮から提出された伺書である。

井伊谷宮は明治二年、井伊直憲の発願により遠江国引佐郡井伊谷村（現・静岡県浜松市）に所在した後醍醐天皇皇子宗良親王の旧跡が井伊直憲および会計局営繕司の手により「宗良親王御社」[29]として創建され、明治五年一月二三日に「井伊谷宮」と改称された神社である。[30]明治二年に「御宮以下金物瓦等都テ菊御紋附」で建築され、明治五年の社号改称に際して神祇省官員が参向して以来、[31]菊紋付の提灯や幕を使用してきたが、明治六年六月、官幣中社に列せられた後も継続して使用したいとの伺書が教部省へと提出され、教部省内で調査が行われた結果、[32]神社における菊紋使用の許可について「当省ニ於而聞届候儀者曽而無之」ではあるが、「八幡、賀茂上・下之外、（ママ）当府下九段坂招魂社等之餘例も有之、別シテ当宮之儀格別御由緒も被為在候宮柄并ニ現今之社格ニモ被対旁相伺候、尚鎌倉宮白峰（ママ）宮モ右同様之次第」と、その許可が妥当であるとして、明治六年九月一八日付で「伺ノ通」と継続使用が認められた。[33]

この許可の根拠は「九段坂招魂社」つまり東京招魂社での使用例である。東京招魂社については明治二年および明治四年の菊紋使用禁令以降、使用許可が出されたことを現在のところ確認することはできていないが、明治四年の大祭が行われた際に、前年一二月二三日付で兵部省から弁官に宛てて「菊御紋付紫幕二張」を拝借したいことを願い出ていることを確認することができる。[34]これに対しての直接の回答は不明であるが、同月二六日には

「招魂社大祭ニ付御紋付紫幕二張拝借之儀、何レノ方へ受取ニ罷出候テ可然哉」と、どこで拝借すれば良いのかという兵部省からの問い合わせに対して、弁官からは「坂下用度司へ証書持参受取ニ可罷出」[35]旨が申達せられていることから、菊紫幕の拝借願いは認められ、これ以降、東京招魂社における菊紋の使用が既成事実となったと考えられる。

次に鎌倉宮、白峯宮への言及に注目したい。この両社からは特に菊紋の使用願が提出されているわけではないのだが、井伊谷宮と同時に官幣中社に列せられたことから、整合性を保つために両社へも同時に菊紋の使用が認められたのである。これにより官祭を行う神社は菊紋を使用すべきであるとの認識が教部省内部で形成された。

教部省は翌七年三月、教部大輔宍戸璣名で太政大臣三条実美宛に「官国幣社へ菊御紋相用候儀ニ付伺」を提出した。近代社格制度が整う中で、官幣社および国幣社に視覚的な権威を付すために、明治二年および明治四年以来、伊勢神宮、男山八幡宮、上賀茂神社、下鴨神社以外ではその使用を厳禁していた菊紋付幕・提灯の使用を認めるよう申し入れたのだが、その際の根拠として、上記神社以外でも「白峯、鎌倉、井伊谷」の三社および東京招魂社ですでに使用を許可していることをあげている。[36]つまりまず既成事実があり、それに則して官幣社、国幣社へと菊紋使用許可を拡大しようとしたのである。

しかしこの時の申請は明治七年四月二日付で「菊御紋ノ義ハ官幣社ニ限リ差許候条、別紙達書之通可相心得事、但国幣社ノ義ハ不相成事」[37]と官幣社のみ認められることになった。大臣、参議、副議長代理、法制課の審議ではその理由を、官幣社は「其祭典等モ格段ノ御取扱」であり、「式部寮ニ於テ之ヲ掌リ候程ノ御社格」であることから許可するが、国幣社にも許可すると「終ニ府県社ヘモ推及シ遂ニ濫用ノ端緒ヲ啓キ可申」としている。その許可により招く可能性がある使用の拡大を恐れたのである。[38]

だが教部省は国幣社での使用許可をあきらめたわけではなかった。

同年一〇月一〇日、教部大輔宍戸璣から太政大臣三条実美に宛てて再び国幣社での使用許可を求めた伺いが提出された。そこでは同年の太政官布告九一号により、官幣社のみならず国幣社へも官費が支給されることが認められたことを根拠として、官幣社・国幣社の間には「其実差別無之」のであるから国幣社での使用も妥当であると説明したのである。

しかしその根拠は審議の中で、「今般同省上申ノ如キハ費額同一ナルヨリ両社ヲ同格ト見做シ甚タ謂レ無之」[39]と反論され、国幣社での菊紋使用を認めると「府県社へ濫及スルノ端ヲ開クノミナラス、遂ニ官幣、国幣社格モ同一ノ姿ニ相成」[40]ると、構築途上にある近代社格制度における各神社の序列維持が先決とされたのである。

(二) 招魂社における菊紋使用許可

明治一一年(一八七八)九月二六日、福島県令山吉盛典から内務卿伊藤博文へ建設中の招魂社に「菊花御紋章ヲ彫鏤」したいとの伺書が提出された。それが許されれば、「於下民厚キ御仁典ノ程、一層感佩可仕」と菊紋の使用を願い出たのである。[41]

この伺いに対して伊藤は審議を行った上で、招魂社は一般の神社とは異なる性格の神社であり、「殉難忠魂御弔慰ノ為メ厚ク祭祀修繕等加」えられており、特に東京招魂社についてはは先にみたようにすでに菊紋の使用が認められていることからも、府県の招魂社であってもその使用を認めてよいと具申したのである。[42]これを受けて法制局では「東京招魂社々殿ニ菊章相用候上ハ、府県招魂社モ同様相用不苦義」とその伺いを認めた。[43]ここでもやはりまず現場である福島県からの伺いがあり、東京招魂社での使用が既成事実としてあることを根拠としながらその使用を認めるという態度がとられている。

（三）国幣社での菊紋使用許可

官幣社および招魂社での菊紋使用が認められていく中、社寺以外では紙幣局製造場[44]や県庁[45]、海軍兵学校[46]などの建物にも菊紋使用が認められていったのであるが、国幣社のみその使用許可が下されなかった。そのような状況は明治一二年（一八七九）一月二一日、和歌山県令神山郡廉から内務卿伊藤博文代理内務少輔林友幸に提出された熊野坐神社での菊紋使用伺書の提出により変化が現れた。

伊藤は伺書を検討した上で、「今日ニ在テハ官国幣社之間、為差々異モ無」く、府県招魂社にも使用許可を出したのであるから国幣社だけ使用禁止にすれば「官祭之神社ニシテ彼是不権衡」であるとしてその使用を三条実美に求めた[47]。これを受けて法制局では「官祭ニ列セラレ候程ノ神社」であり、官幣社、府県招魂社との整合性を取るためにも使用を認めるべきであると判断し、内務省へその許可を通牒した[48]。その結果、ようやく国幣社の社殿装飾、社頭の幕・提灯に限りその使用が認められることになった[49]。

（四）その他社寺での菊紋使用許可

先述したように、明治二年八月の太政官布告により菊紋の使用が禁止された際、それまで使用していた菊紋の付いた物品はすべて取り除かなければならなかった。幕や提灯、また什器類といった移動可能なものは寄附主へと返納するか、人目に触れないように「大切ニ収メ置[50]」けばよかったのだが、問題は建物に付けられた菊紋の取り扱いであった。その措置に関して明治一二年三月二七日付で宮内卿徳大寺實則から太政大臣三条実美に宛て、菊紋使用禁令緩和の上申がなされた。

菊紋使用禁令を受けて社寺では屋根瓦や門扉、あるいは灯篭など「社宇堂塔之粧飾[51]」のために付けられた菊紋

写真１　取り外された菊紋
京都府京都市　今宮神社（筆者撮影）

写真２　漆喰で塗り込められた菊紋付瓦
三重県志摩市　志摩国分寺（筆者撮影）

も、可能な限り取り外し、また人目につかないように塗りこめるなどの処置がとられた。しかしすべての社寺でそれを達成することはできず、「寺院之内ニハ宏大之堂宇等有之、数万之屋瓦ニ粧飾候分等、悉皆削除候儀ハ費額モ不尠」「難渋之趣」[52]を訴えるところもあった。それゆえ明治二年の太政官布告公布前に「建物ニ粧飾」したものに限り使用を認めるようにと訴えたのである。[53]この上申提出の日付は三月二七日であり、先にみた国幣社での菊紋使用許可伺書の提出前日ではあるが、法制局による審査がなされ達案が提出されたのは五月六日である。その際に参照資料として国幣社での使用許可を認めた例を挙げながら、「宮内省稟議社寺堂宇ニ旧来粧飾ノ菊御紋之件ハ事実尤之次第ニ候間、左按之通御達相成可然哉仰高裁候」[54]として、同年五月二二日付でその限定的な使用を認めることになった。[55]この法令により社寺全般における菊紋の使用に関わる方向性・態度が確立し、以後はこれまでみてきた法令を根拠としながら、使用伺が提出されるたびに個別に審査がなされ大多数は使用を認めないという方針が続くことになった。[56]

四　民俗社会の中の菊紋

本稿では社寺での菊紋使用をめぐり、明治元年から始まる菊紋使用禁令がどのように拡大され独占体制が確立し、その後使用禁令緩和がどのようになされたのかについて、その背景や論理を確認してきた。そこでは現場からの上申書、使用伺書などを審査する過程で使用実態を把握し、使用を認める社寺を取捨選択しながら社寺全体へと還元するという態度がとられていたことが明らかになった。また太政官布告で「社寺」とはしながら、寺院に関しては基本的にすべてが使用禁止を受け、門跡寺院など一部へ従前から使用のものに関し追加の許可があるものの、大多数は明治一二年の太政官達により使用できていたことが明らかになった。なお官幣社、国幣社、招魂社に関しては菊紋付物品の新調も許されたが、寺院にはそれが認められなかった。[57]

これまでみてきた菊紋の独占体制は昭和二二年（一九四七）の日本国憲法施行にともない、その根拠となる明治元年三月二八日、明治二年八月二五日、明治四年六月一七日の太政官布告が、同年一二月三一日付で失効することにより崩壊した。しかし約八〇年にわたり日本全国で使用管理がなされた結果、その使用が自由になり七〇年が過ぎた今日においても菊紋には天皇・皇室の象徴としての強固な意味が付与されている。その前提は究極的には明治元年から四年にかけての太政官布告だったのである。

本稿は菊紋を考える際の基礎的事項を確認したものであるが、菊紋を分析の中心に据えた研究展開にはどのような可能性があるのだろうか。この点を最後に整理しておきたい。

小松和彦は天皇制を民俗学的な視点からどのように捉えるべきかを検討した際、特殊イデオロギーに支えられた明治の天皇制国家観・天皇信仰を民俗社会が容易に受容した理由について、民俗社会にはそれを受け入れる土壌が存在していた、また反対に土壌は存在せず強制的に押し付けられた、という二つの結論が用意される中、近代天皇制の成立背景を民俗社会から探ろうとする民俗学的研究は前者の見解が主流であるとしながら、そこではどのような検討がなされてきたのかを整理したうえで、前近代の民俗のなかには天皇の姿をはっきりと認めることができないとした。そしてそこからこそ天皇制や王権に関するアプローチの視点を見いだせるのではないかと提起し、民俗学が、あるいは地方史や社会史が天皇制を検討する際にすべきことは「天皇不在の日本（民俗社会）」を描くことであり、それにより天皇制を照射しなおすことが可能になると主張した〔小松和彦　一九八九〕。

小松が鋭く指摘する通り、前近代の民俗社会の人びとは畿内近国など実在する天皇の権力が及ぶ範囲を除いては、その存在さえ知ることなく生活していたものであると考えられる。ではそのような中で菊紋はどのように捉えられていたと考えるべきだろうか。

前近代の民俗社会において菊紋は、神官や僧侶などを含む村落の上層知識人層以外の人びとにとっては何を象徴するのか曖昧でありながら、世俗権力から一定の管理がなされることでそこに権威が付与されるものの、その権威の主体がよくわからない存在であったが、菊紋の使用される場が主に社寺であった限り、その権威の質は宗教的なものとして捉えられていたと仮定することが可能である。

そのような菊紋が明治初年に一旦民俗社会から排除され、近代天皇制とともに世俗・宗教に亘る権力という明瞭な意味が付与され再び民俗社会の人びとの前に現れることになるのであるが、これは天皇制国家観・天皇信仰を民俗社会が容易に受容した理由に用意された二つの結論を接合することを可能にするものであろう。つまり受容の土壌でありながら強制されるものという視点である。民俗社会の中で、特にそこでの儀礼や儀式の中で、どのように菊紋が意味付けられているのかを捉えなおすことで、民俗社会が天皇制国家観・天皇信仰を受容した理由について改めて検討する道を拓くことが可能になるだろう。

注

（1）大正末年にはすでに法令運用を目的に編集されたものがある〔宮内大臣官房庶務課　一九二五〕〔種村一男　一九二九〕。また法令を列記したもの〔遠山茂樹校注　一九八八〕、社寺を含む菊御紋の使用禁令から緩和についての検討が行われたものとして〔佐野恵作　一九四四〕〔額田巖　一九九六〕〔大日方純夫　二〇〇八〕などがあげられる。

（2）例えば河内国茨田郡佐太村（現大阪府守口市）の来迎寺では寛保元年（一七四一）に寺社奉行山名豊就から、延享五年（一七四八）には京都所司代牧野貞通から菊紋改めを受けたとしている。（『公文録』明治二年一〇八号、国立公文書館デジタルアーカイブ。以下『公文録』はすべてデジタルアーカイブを参照）。

（3）菊紋付祭具の寄附から拝領に至るプロセスおよび幕府による監視については〔吉岡拓　二〇〇六〕および〔拙稿　二〇〇九〕、〔拙稿　二〇一三〕など。

（4）〔拙稿　二〇〇九〕、〔拙稿　二〇一三〕。

（5）『法令全書』慶應三年～明治元年、太政官布告第一九五号（国立国会図書館デジタルコレクション。以下法令はすべてデジタルコレクション『法令全書』を参照）。

（6）『太政類典』第一編　四七巻　儀制・徽章（国立公文書館デジタルアーカイブ。以下『太政類典』はすべてデジタルアーカイブを参照）。

（7）『法令全書』明治二年、太政官布告二一六号。

（8）『太政類典』第一編　一二四巻　教法・神社三。

（9）『公文録』明治二年　二巻　神祇官伺。

（10）明治二年、太政官布告八〇三号。

（11）明治二年、太政官布告八〇二号。

（12）一六弁とされるものの、明治元年の太政官布告七二三号で定められた諸官員提灯印には一六弁八重表菊紋が描かれていることから、それも当初から含めていたと考えられる。またこれに伴い桂御所、有栖川宮、嵯峨御所、仁和寺宮、などからも改紋の届が提出されている。（『公文録』明治二年　三五ノ二巻皇族伺）。

（13）明治元年、太政官布告五七号。

(14)『公文録』明治元年十二巻　諸侯伺（蜂須賀阿波守茂韶）等。
(15)明治元年、太政官布告八七号。
(16)明治元年、太政官布告八五一号。
(17)『太政類典』第一編一二四巻教法・神社三。
(18)『公文録』明治三年　八二巻　京都府伺。
(19)京都市歴史資料館架蔵「今宮神社」k四六-四。本史料は写しであるが、「書面御所ヨリ之御寄附ニ候得ハ、先従前之通相用候而不苦候事」という原本に付された京都府からの回答も記されている。また五桜町文書には明治五年五月六日付の「菊免許」の預覚が残されている。（京都市歴史資料館架蔵「五桜町文書」km一五六-六二）。
(20)また寄附主の確認もあり、門跡などから寄附されたものは使用停止指示が出されている。
(21)明治四年、太政官布告二八五号。
(22)明治四年、太政官布告二八六号および『公文録』明治四年　六一巻　京都府伺（二）
(23)『公文録』明治四年　六一巻　京都府伺（二）。
(24)太政類典　第二編　明治四年~明治十年・五一巻・儀制六・徽章二、『公文録』明治四年　一六一巻　京都府伺附華族。
(25)明治六年（一八七三）七月九日付で祭具の菊紋金具および菊紋付提灯を氏神である今宮神社へと預けた際の史料が五辻町に残っている（「五桜町文書」km一五六-六七）ことからも、この布告は厳密に運用されたと考えられる。また同年六月一七日には同時に泉涌寺、般舟院については「御陵并ニ御位牌殿限」（『公文録』明治四年六一巻　京都府伺二）、上・下賀茂神社、男山八幡宮、伊勢神宮に関しても「社頭限」（『公文録』明治四年　六一巻京都府伺二）（『公文録』明治四年　一一〇巻　度会県伺）と使用制限の確認がされている。
(26)『公文録』明治五年　八〇巻　京都府伺（六月、七月、八月）。
(27)明治七年、太政官達四月二日。
(28)『公文録』明治七年　一八一巻　教部省伺（布達並達）。
(29)『太政類典』第一編　一二四巻　教法・神社二。
(30)『公文録』明治四年　一二三巻　神祇省伺。

(31) 『太政類典』第二編　二五六巻　教法七・神社五。
(32) 『公文録』明治六年　六一巻　教部省伺（五月・六月）。
(33) 『公文録』明治六年　六四巻　教部省伺。
(34) 『公文録』明治三年　三五巻　兵部省伺。
(35) 前掲注（三四）同。
(36) 前掲注（二八）同。
(37) 前掲注（二八）同。
(38) 前掲注（二八）同。
(39) 『公文録』明治七年　一八七巻　教部省伺（達）。
(40) 前掲注（三九）同。
(41) 『公文録』明治一一年　五十八巻　内務省伺（一）。
(42) 前掲注（四一）同。
(43) 前掲注（四一）同。
(44) 『公文録』明治九年　一六三巻　大蔵省伺一。
(45) 『公文録』明治九年　一四六巻　内務省伺二。
(46) 『公文録』明治一一年　九七巻　海軍省伺。
(47) 『公文録』明治一二年　五三巻　内務省伺。
(48) 前掲注（四七）同。
(49) 明治一二年、太政官達二〇号。
(50) 『公文録』明治四年　一二七巻　大蔵省伺。
(51) 『公文録』明治一二年　一四七巻　宮内省。
(52) 前掲注（五一）同。
(53) 前掲注（五一）同。
(54) 前掲注（五一）同。

(55) 明治一二年、太政官達二三号。

(56) 門跡寺院については明治一三年（一八八〇）に従前使用の物品は継続使用が認められたとされるが、現在のところその根拠となる法令は見いだせていない。明治期以降の門跡の総合的な把握やその位置付けと共に検討する必要もあることから、今後の課題としたい。

(57) 昭和六年（一九三一）に提灯の新調を申し出た東大寺ですら「御縁故ヲタドリテ仮リニ東大寺ニ新調ヲ許ストセバ、全国夥多ニ亘ル之等ノ御縁故寺ニモ許サヾル可ラズ」と認められなかった。（国立公文書館所蔵『警保局長決裁書類』・昭和6年（上）「菊御紋章使用に関する件（奈良県）」）。

参考文献

大日方純夫　二〇〇八「菊の紋章」歴史科学協議会編『天皇・天皇制をよむ』東京大学出版会

宮内大臣官房庶務課　一九二五『菊御紋章に関する調査』（国立公文書館デジタルアーカイブ「警保局長決裁書類・大正14年（下）」）

小松和彦　一九八九「天皇制以前あるいは支配者の原像　民俗における「天皇」問題」『悪霊論』青土社

佐野恵作　一九四四『皇室の御紋章（改訂版）』桜菊書院

種村一男　一九二九『菊御紋取締に就いて』大学書房（国立公文書館デジタルアーカイブ「種村氏警察参考資料第一五集」）

遠山茂樹校注　一九八八『近代日本思想大系二　天皇と華族』岩波書店

額田巖　一九九六『菊と桐　高貴なる紋章の世界』東京美術

村山弘太郎　二〇〇九「近世京都における祭具拝領」『京都民俗』二六

村山弘太郎　二〇一三「貴所からの祭具拝領」京都の民俗文化総合活性化プロジェクト実行委員会編『京都剣鉾のまつり調査報告書二　論説編』

吉岡拓　二〇〇六「近世後期における京都町人と朝廷―祇園祭山鉾町を主な事例として」『日本歴史』七〇三

絵本における表象と影響
――現代における妖怪イメージの形成を中心に

松村薫子

一　絵本の表象と影響

現代における日本人の妖怪に対するイメージは、子供が大人に成長する過程で絵本や漫画を読むなかから形成されるのではなかろうか。もちろん周囲の人から妖怪伝承を聞いて育つ子供もいるかもしれないが、妖怪伝承を知る大人が少なくなっている現代においては多くの子供が絵本や漫画などから妖怪の情報を得ていると思われる。中でも幼い頃から触れることの多い絵本などの児童書は、出版事情が厳しい現状において売り上げが好調で、二〇一七年八月に上位一位から三位までを児童書が独占しているといい（朝日新聞社　online: ASK956TL6K95UCVL02D.html）、子供が絵本から受ける影響は大きいといえる。さらに、絵本や漫画といったものは、妖怪の話に「絵」がついているため、子供の妖怪イメージ形成の上で影響を与えていると考えられる。

柳田国男は、創作された妖怪には関心を示さなかったようだが、現代においては、創作された妖怪の影響を見過ごすことはできなくなっている。漫画『妖怪ウォッチ』に登場する「一反ゴメン」が、もともとは「一反木綿」という名称であることも現代の子供にはわからなくなってきており、「一反ゴメン」が正式名称だと思う子供もいる時代となってきているのである。ゆえに、現代の妖怪文化について考える際に、絵本や漫画といった現代の作家や画家がつくりだす創作妖怪もまた、日本人の妖怪文化の一つとして考察していく必要があるだろう。

これまで妖怪の絵本を分析したものとしては、横山泰子「現代の子供絵本とカッパ」(二〇〇七)がある。横山は、河童を題材とした絵本を分析し、一九七七年頃から人間と友達になる河童が登場し、河童の怖さがみられなくなっていることや、一九九〇年代以降から具体的な地名を挙げない本が目立つようになり地域性が喪失してきていることについて指摘している。横山の河童絵本の分析で見えてきたものは、現代日本の妖怪文化を考える上で非常に重要な点が多く、横山も「子供にオバケとは何かを伝える重要なメディアとして絵本を位置づけなければならない」(横山　二〇〇七　一七〇)と述べている。しかしながら、この研究において分析対象とした絵本は一九七三年から二〇〇六年までに刊行された十三点の河童の絵本に限られており、その前後の時代に刊行された絵本や、河童以外の妖怪を扱った絵本については分析対象に含まれていない。それゆえ、妖怪絵本が子供たちの妖怪イメージにどのような影響を与えているのかを考えるためには、他の時代や河童以外の妖怪の絵本についても詳しく分析する必要があると考える。そこで本稿では、一九二〇年から二〇一六年に刊行された約一三〇点の妖怪の絵本を研究対象として妖怪絵本を可能な限り網羅的に分析し、妖怪絵本を製作する作者や画家がどのようなメッセージを妖怪に託して描いているのかを考察する。これらの妖怪絵本における表象を通して、子供たちの妖怪イメージの形成への影響について考えてみたい。

二　妖怪絵本の芽生え

日本の子供たちが「妖怪の絵本」をいつから読み始めたのかについての具体的な年代は不明であるが、大人が好んでいた妖怪話を子供向けにし、話に挿絵をつけたものとして江戸時代中期ごろの赤本などの草双紙が挙げられる。日本における児童書の刊行は、寛文・延宝期（一六六一〜一六八一）頃、上方、江戸の双方ではじまったとされ〔川戸・榊原　二〇〇八　一六〕、とくに江戸時代中期頃に上方（関西）で出版された「上方絵本」と江戸（東京）で出版された「草双紙」は、子供たちが読んだと思われる作品群のようである〔叢の会、二〇〇六　二〕。赤本は江戸で出版された木版刷りの絵本で、内容は大人向けの部分も含んでいるが、さまざまな形に変容しながら明治初期まで続いたとされる〔叢の会編　二〇〇六　二〜三〕。

草双紙で妖怪が描かれるものには『化物義経記』（一七五〇）、『風流化物役者附』（一七六九）、『化物仲間別』（一七八三）、『正説河童呪』（一七八四）、『見たきもの化物楽屋異牒』（一七八七）、『夭怪着至牒』（一七八八）などがある。これらの草双紙に描かれた妖怪の考察を行ったアダム・カバットによれば、草双紙における妖怪は、化物の首がやたら伸びたり、狸が金玉を広げたりするなどの、化物の特性を使って笑いに導くことが行われていたという〔カバット　二〇一七　一七〕。しかしその一方で、『夭怪着至牒』のように河童が人間を川に沈めてしりこだまを抜くリアルな絵が描かれるなど、妖怪の怖い特性を表す絵も描かれている。

また、カバットは、黒本や青本などで化物退治の話が多いことに言及し、「豪傑による化物退治談という趣向が圧倒的に多い。化物がいかにも退治すべき存在であり、絶えず人間と対立する立場に置かれていることを物語っているように思われる」〔カバット　二〇一七　七八〕と指摘している。つまり、江戸時代の草双紙における化物は、ユニークに描かれつつも、人間と敵対する関係性のものであり、怖い特性も描かれているといえるだろう。

その後、明治に入ってしばらくの間は、引き続き草双紙が読まれていたようだが、大正時代になると鈴木三重吉が大正七（一九一八）年七月から刊行した『赤い鳥』や、鷹見久太郎が大正十一（一九二二）年一月から刊行した『コドモノクニ』のように、子供向けの童話に挿絵がついた児童雑誌が刊行されるようになる。『赤い鳥』は、童話や童謡、子供の書いた作文や大人の民間伝承の報告など、さまざまなものが掲載されており、中でも妖怪の童話は、管見の限り十六作品みられ、子供向けの妖怪童話が掲載されていたことがうかがえる。一方、『コドモノクニ』は、童謡や詩、童話が色鮮やかな絵とともに掲載されているが、妖怪の童話はほとんど掲載されなかったようで、童話二作品、童謡一作品がみられる程度である。太田黒克彦（作）・岡本帰一（画）『たぬきときつね』（一九二二）は、たぬきときつねが化ける話で、安泰（画）『キツネノヨメイリ』（一九三五）は、狐の嫁入りの様子が描かれているが、いずれも怖くない絵である。怖い妖怪を描いているのは、野口雨情による『お化の行列』（一九二七）という童謡の挿絵で、一つ目小僧、海坊主、ろくろ首、大入道、河童が暗闇の背景に様々な色の線で描かれている。

一方、『赤い鳥』に登場する妖怪の童話は、鬼が最も多く、ついで河童が多い。さらに、白狐、天狗、幽霊、キジムンなどが一作品ずつ登場する。いくつかの作品は外国の鬼を想定して描かれており、二條絹子『人くひ鬼』（一九一九）や江口渙『鬼が来た』（一九二四）、大木篤夫『鬼の兄弟分』（一九二七）がそれにあたる。なかでも『鬼の兄弟分』の鬼は黒い顔に鋭く尖った耳で洋服を着ており、日本の鬼とは異なった姿である。

『赤い鳥』で日本の鬼はどのように描かれているのだろうか。小野浩『鬼の指輪』（一九二四）は、お金持ちで苦労知らずの若者が旅にでて、鬼から追いかけられ、鬼がくれた指輪を指につけているために居所がわかることから指を切り落として逃げることができたという話である。この作品の挿絵の鬼は、角が生えた怖い表情で描かれており、子供がこれを見ると怖い鬼の姿として認識されると思われる。また、指を自ら切り落としてでも逃げなければならないほど鬼は怖い存在であるということもこの作品で認識することになるだろう。宇野浩二『鬼の草鞋』（一九二四）も挿絵の鬼はこん棒をもった怖い姿で描かれており、内容も包丁を持って現れるなど怖い存在として描かれている。いずれの作品も、鬼が人間を喰う怖い存在であることを認識させるものだといえるだろう。

次に河童はどうだろうか。山本純三『河童祭』（一九二八）は、二百年紙のなかに閉じ込められていた河童が和尚に呪文を解いてもらうかわりに金銀を持ってくるという内容で、鬼と比べると怖い存在としては書かれていない。挿絵は、人間の体つきに頭だけ河童という姿であり、怖い印象の絵ではない。堀歌子『河童』（一九三二）では、河童が子供のお尻から血を抜いて命を奪う特性が書かれる一方で、田んぼの守り神である河童は人間によいことをもたらすことが書かれている。挿絵は、怖い河童の絵ではなく、可愛い男の子風の河童が描かれている。

さらに他の妖怪はどのように描かれているだろうか。豊島與志雄『白狐の話』（一九二〇）は、白狐が漁師に鉄砲で撃たれる危険から逃れるために子供を人の家に預け、漁師を懲らしめて白狐を撃つのをやめさせた後、白狐がさまざまな術で村の人を救うようになったという話である。挿絵は預け先の家の中に白狐2匹がいる図が描かれたものである。白狐の挿絵は怖いものではなく、話の内容も白狐が悪い狐ではないことが記されている。大木篤夫『キジムンと若もの』（一九二七）では、挿絵のキジムンはいたずらっぽい男の子として描かれるが、内容は人間の魂をとる怖い存在として書かれている。

『赤い鳥』における妖怪は、角のある鬼が追いかけて人を喰う、河童が人間の尻から手を入れて子供を死なせるなどの怖い特性について書かれる一方で、河童や白狐が人間にお礼をすることも書かれている。挿絵は、鬼は角が生えており、怖そうな表情で描かれるが、河童や白狐は怖さは感じない。

昭和初期頃までの子供向け童話に描かれる妖怪の多くは怖い存在であることを表現しているが、なかには危害を加えない妖怪もいることが描かれているといえる。

三　昭和時代の妖怪絵本

『赤い鳥』は、鈴木三重吉が亡くなったことで昭和十一（一九三六）年十月に廃刊となり、『コドモノクニ』も昭和十九（一九四四）年三月に廃刊となった。『赤い鳥』『コドモノクニ』以降に刊行された妖怪の絵本も『赤い鳥』と同様に鬼と河童の本が多いようだ。赤羽末吉『鬼のうで』（一九七六）は、渡辺綱と源頼光の鬼退治の話がもとになっている。鬼の描き方に定評がある赤羽は、鬼の襲いかかるときの表情など、全体的に迫力のある鬼の姿を描いており、鬼の恐ろしさを全面的に表している。同じく赤羽が絵を描いた舟崎克彦『鬼ぞろぞろ』（一九七八）の鬼も、絵巻に出てくるような怖い鬼の表情が描かれている。内容は『今昔物語』の鬼につばをかけられる話をもとにしたものである。『鬼のうで』と『鬼ぞろぞろ』は、ともに昔から伝わる鬼の話をもとに描いているため、鬼の怖さを全面的に出した本といえるだろう。

しかし、その後、鬼の描き方に変化が見られるようになる。西本鶏介『おにとあかんぼう』（一九八七）では、村人に悪いことをする鬼も本当は寂しがり屋であることや、赤ん坊の表情を見て心を入れ替え悪いことをしなくなったという優しい心を持っていることを示す内容になっている。この本で梅田俊作の描く鬼は、怖い表情だけではなく、優しい表情やしょんぼりとする姿などもあり、それまでの鬼の描かれ方と比べると人間の表情やしぐさに近いものとして描かれているといえるだろう。

では河童はどのように描かれているのだろうか。小林純一（作）・茂田井武（絵）『カッパの国』（一九四八）は、人間の医者がカッパの国に往診へ行く話である。カッパの国は戦後の日本と同じ様子であり、医者が診察した大臣カッパは国民が貧しいのに自分だけぜいたくな暮らしをしていた。その大臣カッパに医者は大臣をやめて対抗する党の人に政権を譲ればあなたの病気はよくなりますと言う。作者の小林はまえがきで、この童話を書きおえた三月という月が海軍に召集された月であったこと、海軍ではとてもいじめられ、海軍という社会が人間をこんなにゆがませてしまうのかと驚きと憤りの目で見てきたことを述べている。「社会が人間をいがめるものなら、また社会が人間をまっすぐにもするはずです。社会の組みたてが人間をこんなにまっすぐにのばすものかと、おどろきとよろこびの目で見るような、そんな社会をつくるのに役立て！と思いながら、私はこの童話を書きました」（小林　一九四八　二）という。そのような小林の思いはカッパを通して、戦後の生活が厳しかった時代の日本社会のあり方を批判的に描く内容となっている。日本社会と同じ社会を生きるカッパの絵は怖いカッパというよりも愛嬌のあるカッパとして描かれている。

同じく河童の絵本として、さねとうあきら（作）・井上洋介（絵）『かっぱのめだま』（一九七三）がある。この本に出てくるかっぱは、かっぱの甲羅を狙う悪い人から岩の上で甲羅を干したら人間になれると騙され、岩の上でひからびてしまう。そして岩に目だけが残り、甲羅を取りにきた悪い人を岩から突き落としたという話である。絵は内容に沿った迫力のあるものであり、普段優しい表情をしている河童が、騙されたことがわかり復讐する場面は大変恐ろしい表情になっている。この絵本のような河童の怖い特性を椋鳩十（作）・赤羽末吉（絵）が『ほうまん池のカッパ』（一九七五）でも描いているが、横山が「現代の子供絵本とカッパ」で指摘していたように、その後、河童の怖さや特性が少なくなっていく。神沢利子（作）・田畑精一（絵）『キミちゃんとかっぱのはなし』（一九七七）は、キミちゃんという女の子がヨコハマの川で河童にであった話である。河童にキミちゃんは、「かっぱはキュウリが好きでキモをとるじゃないか」というと、「ハマの河童はピクルスにして食べるし、アスパラガスも食べるよ」といい、恐ろしい存在ではないということを言う。絵本には河童の水中の家の様子が描かれているが、おしゃれな若者の部屋といった感じで、今の河童は現代風の生活をしている存在であることが示されている。

また、天狗は、河童や鬼と比べると比較的早い時期から恐ろしい存在ではなく、可愛い存在として描かれており、加古里子『だるまちゃんとてんぐちゃん』（一九六七）に登場するてんぐちゃんは可愛い天狗である。

昭和時代の妖怪絵本における妖怪は、それまで伝えられてきた伝承に基づいて妖怪の特性が描かれる一方で、時代に合わせた新しい妖怪の姿も描かれるようになってきているといえるだろう。

四　平成時代の妖怪絵本

平成に入ってからの妖怪絵本は、これまでの鬼、河童、天狗に加え、扱う妖怪の種類が増えている。鬼は、峠兵太（作）・高田勲（絵）『鬼まつり』（一九九〇）で、千代という娘に助けられた鬼が村人のために働き、千代に恋をするが千代が嫁に行ってしまい涙するという様子が描かれている。この絵本では、鬼は良いことをする存在として描かれている。千代が嫁に行き、千代が織ってくれた着物を鬼が握りしめながら涙するという場面は、人間の姿そのものであり、読んでいる子供の共感を誘うのではないかと思われる。高橋忠治（作）・村上勉（絵）『鬼の子ダボラ』（一九九二）は、ダボラという鬼の子が、自分を育ててくれたおばあさんを救う話である。この絵本で描かれるダボラも、悲しいときは涙をながし、人間と同じ心を持った優しい鬼として描かれている。

また、河童は、瀬名恵子『ひゅるひゅる』（一九九二）で、助けてくれた侍には魚がたくさん集まる笛を、悪いことをした侍には化物がよってくる笛を渡すという河童が描かれる。たかしよいち（作）・茂利勝彦（絵）『河童（がわっぱ）』（二〇〇六）は、九千坊河童の話が不気味なタッチで描かれる。一方で、油野誠一『カッパのカールくん』（二〇〇二）のような人間と友人になる河童が盛んに描かれるようになる。なかがわちひろ『カッパのぬけがら』（二〇〇〇）は男の子と友達になる話である。さらに、おぐまこうじ『カッパのいちにち』（二〇〇七）のような、見た目も可愛い河童が描かれるようになり、人間の尻こだまを抜くなどといった怖さはまるで感じられなくなっている。

そして天狗は、長谷川義史が『おたすけてんぐ』（二〇〇四）という飛び出す絵本で、面白い方法で助けてくれる天狗を描いている。長谷川らしい力強い天狗の絵とユーモアあふれる内容で天狗が良い天狗として表されている。もりやまみやこ（文）・かわかみたかこ（絵）『てんぐちゃんのおまつり』（二〇〇六）では、縁日に行くてんぐちゃんという可愛い天狗が描かれている。

さらに内田麟太郎の『おばけでんしゃ』（二〇〇七）、『おばけの花見』（二〇〇八）、『おばけのきもだめし』（二〇一四）、広瀬克也の『妖怪遊園地』（二〇一一）、『妖怪温泉』（二〇一二）、『妖怪交通安全』（二〇一四）にみられるようにこれまでの絵本では見られなかった多くの種類の妖怪が楽しく出かけたり遊んだりする絵本が増えている。『おばけのきもだめし』は、自分たちもおばけという存在でありながらおばけにおびえる妖怪たちの姿がユーモラスに描かれている。

これらの可愛く愉快な仲間といった妖怪が描かれる一方で、妖怪とのリアルな出会いや怖さを子供たちに伝えることを意図した絵本も出版されている。京極夏彦作、東雅夫編『ことりぞ』、『あずきとぎ』（二〇一五）などの妖怪えほんシリーズがそれにあたる。

平成時代における妖怪絵本は、妖怪の種類が豊富である上に、妖怪が人間と同じ心を持ち、同じ生活をする存在として描かれ、怖い存在から人間の身近にいる親しい存在へと変化しているといえる。

五　妖怪絵本の文と絵に託されたもの

これまで見てきた妖怪絵本は、「昔からの伝承を伝える絵本」と「妖怪に作者の伝えたいものを託す絵本」に分かれていることがうかがえる。妖怪絵本が子供に与える影響を考えるために、ここでは「妖怪に作者の伝えたいものを託す絵本」についてさらに詳しく見ていきたい。

（一）人間の身近な存在としての妖怪

江戸時代以降から現代に至るまでの妖怪絵本の展開から、妖怪が怖くて遠い存在から人間と同じ心を持つ身近な存在へと徐々に変化を遂げていることがうかがえる。鬼や河童は『鬼の指輪』（一九二四）や『河童』（一九三二）、『鬼のうで』（一九七六）や『ほうまん池のカッパ』（一九七五）等にみえるように一九七〇年代まではいずれの妖怪も基本的には怖くて恐ろしい存在として描かれていた。その一方で、一九六〇年代頃から『だるまちゃんとてんぐちゃん』（一九六七）や『おにとあかんぼう』（一九八七）のように徐々に可愛い天狗や人間と友達になる河童、人間の心と同じ心を持つ鬼の姿が描かれるようになってくる。

特に注目すべきなのは、一九七〇年代ごろから『キミちゃんとかっぱのはなし』（一九七七）や長谷川摂子（作）・降矢奈々（絵）『おっきょちゃんとかっぱ』（一九九四）、油野誠一『カッパのカールくん』（二〇〇二）にみえるような妖怪と子供が友人になるという内容が増えてくることである。村上康成『カッパがついてる』（二〇〇六）は河童が女の子と友達になる話である。「カッパはいつもついている。おれはおまえのともだちだ（中略）カッパはみんなについている。あいつにもこいつにも。かわにくればいつもいる。きょうもいっしょにあそんでる」（村上　二〇〇二　三一〜三三）と書かれており、川にくればいつもカッパは人間のそばにいて、いつも一緒に遊んでくれる存在だということを示している。

さらに平成に入ってからの妖怪絵本は、これまでの鬼、河童、天狗に加え、登場する妖怪の種類が増えている。そして、それぞれの妖怪は人間に近い感情や表情を持った存在として描かれるようになる。白土あつこの『ようかいえんにいらっしゃい』（二〇一四）や『ようかいえんのかいすいよく』（二〇一六）は妖怪の幼稚園に通うタヌキのばけた楽しいエピソードが描かれた作品である。広瀬克也『妖怪バス旅行』は、妖怪横丁に住む妖怪たちのバス旅行の様子を描いた楽しい作品である。これらの本で描かれる妖怪は、共に楽しんだり、ときには力を合わせて困難を乗り越えたりする。また、江戸時代や昭和時代における妖怪絵本では、人間が妖怪退治をする話が描かれていたが、平成になると苅田澄子（作）・田中六大（絵）『へいきへいきのへのかっぱ！』（二〇一一）のように「へのかっぱ」という河童が困っている人を救うヒーロー的な存在として描かれている。もはや妖怪は退治したり排除したりする存在ではなく、人間と同じ心をもった人間を助けてくれる友達となっている。このような内容の妖怪絵本が増えたのは、絵本の作者たちが年代的に、水木しげる『ゲゲゲの鬼太郎』に登場する妖怪に少なからず影響を受けていることがあるためではないだろうか。

（二）子供の生活環境の変化に対する警鐘

また、妖怪絵本の展開で特徴的であるのは、子供の生活環境に関しての話が多いことである。阿部夏丸（作）・渡辺有一（絵）『かっぱのごちそう』（二〇〇四）は、男の子が川で溺れそうになったとき、河童が助ける話から始まる。河童は、川で楽しく遊ぶこどもたちの気持ちが「カッパのごちそう」で、おなかがいっぱいになるが、誰も川で遊ばなくなったらやせ細って消えてしまうという話をする。そこで男の子は、友達を連れて川に遊びに来ようと思うという話である。この作品が刊行された年はすでに川で子供が遊ぶということが少なくなっており、自然の中で遊ぶことの良さを妖怪の台詞に託していると考えられる。また、青山邦彦『てんぐのきのかくれが』（二〇一〇）は、学校の友達や家族とうまくいっていない主人公のしゅんくんが木に隠れ家をつくろうとしていると天狗や妖怪たちが手伝ってくれて大きな隠れ家が完成し、友人も一緒に妖怪たちと隠れ家で遊んだという話である。隠れ家が完成して天狗が「わしらはたいくつでしかたがないんじゃ。むかしはたくさんのこどもたちとここであそんだものじゃ。ところがいまはだれもこない。よっぽどまちにはおもしろいことがあるんじゃろうな。わしらはまたみんなといっしょにあそびたいんじゃ！」という部分や、しゅんくんが友達を連れてきて天狗が「ほれみんな、このままかえるともったいないぞ！　まちよりおもしろいことがいっぱいあるぞ！」という部分に都会化して自然の中で遊ばなくなった子供に対する作者の思いが表されているといえるだろう。ここでの妖怪たちは子供たちと楽しく交流する存在として描かれている。

また、家庭環境の変化にも妖怪絵本は警鐘を鳴らしているものが多い。『おっきょちゃんとかっぱ』（一九九四）は、主人公おっきょちゃんが川で赤いガータロ（河童）に会い、誘われるまま川にもぐり、家族を忘れ、ガータロの家の子になって過ごすが、ある日家族を思い出し、ガータロたちの助けを借りて帰る、という内容である。この絵本では、河童が人間と同様に仲良く家族で楽しく過ごす様子が描かれている。また、『へいきへいきのへのかっぱ！』（二〇一一）でも「へのかっぱ」の家族が仲良く家族団欒している様子が描かれている。「へのかっぱ」の家は川の中にあり、おじいちゃん、お父さん、お母さんと犬のペロと暮らしている。絵本では、家族がニコニコしながら丸い座卓を囲んできゅうりを食べている絵が描かれている。家電は現代と同様の薄型テレビがみられるものの、箪笥や円卓などが昭和風である。この絵本は二〇一一年に刊行されている絵本だが、平成の家庭内の様子ではなく、昭和四十年代頃の家族団欒の様子を想定して描いていると考えられる。河童の絵本で、家族団欒の様子が描かれている作品は、一九九〇年代頃からみられる。日本では一九五五年以降の高度経済成長にともない、父親は企業戦士として連日ハードに働いて夜遅く帰るという生活になり、家族で過ごす時間が減り、さらに母親も働く家庭が増えてきた。それにともない、一九八〇年頃から、「孤食（こしょく）」という、家で一人きりでご飯を食べる子どもの状態が社会問題とされるようになった。「家族がそろって食事をする」という「家族団欒」の姿に戻そうということが盛んに言われるようになった時期以降から河童の家族団欒の様子が絵本で描かれるようになっている。このように妖怪の絵本で家族団欒という姿を作者が描いたのは、昭和二七年（一九五二）に『かっぱ川太郎』で家族のカッパを描き、黄桜ＣＭにも起用された清水崑の家族河童キャラクターの影響も受けていることなども要因として考えられるのではないだろうか。

(三) 環境問題への警鐘

子供たちの生活だけではなく、自然環境問題への批判を込めた妖怪絵本も多々みられる。従来の妖怪伝承において、妖怪が良い自然環境をつくりだす伝承は本来無いが、妖怪の絵本では、盛んに自然環境保護を唱えるために妖怪が活用されている。ヒサクニヒコ『カッパの生活図鑑』（一九九三）は、河童の生活の様子が図鑑として描かれた絵本である。絵本の冒頭で、「日本の各地には、昔からカッパのいろいろなお話や言い伝えが残っています。（中略）でも、最近ではカッパの目撃談はほとんど聞きません」とあり、最後のページに、かっぱの数が減った理由について述べられる。「そんなかっぱたちの数がどんどん減るようになってきたのは、やはり人間たちの暮らしの発展と関係がふかいようです。（中略）とくに、明治になってからの日本は、どんどん近代化のために川を変えていきました。岸はコンクリートで固められ、川底はえぐられて平らにされ、いろいろな目的でほうぼうにダムができていきました。山奥の川まで、水力発電のためのダムがつくられました。水田の水のためや、都会の人が使う水のための大きな貯水池も、川をすっかり変えてしまったのです。おまけに、日本中の川辺につくられた町や工場からは、きたない水がどんどん川や湖に流れ込むようになってしまいました」（ヒサ　一九九三 三八〜三九）といい、「人間中心に川や水を考えてしまったのが原因」とまとめている。また、なかがわちひろ『カッパのぬけがら』（二〇〇〇）は、主人公ゲンタが遊泳禁止の川で泳いでいて河童に捕まえられ、一緒に数日間過ごす話である。河童は、ゲンタに百年前までは川に河童がたくさんいたのに今では「だんだんくらしにくくなった。まえは、闇夜にまぎれて畑のきゅうりを食べていたが、近頃はどこも明るくなり、キュウリも食べられないし、みな、よそへ行ってしまった。人間になった河童もいるそうだが川をすてるなんて河童のくずだ。たぶんおいらが最後の河童だ」ということを語る。その後ゲンタは、河童のぬけがらを着て河童に変身し、河童として過ごすことになる。台風のあと、川には人間の捨てたいろいろな物が流れてきて拾いながらゲンタは河童に物の名前や使い方を教える。この絵本においても、自然環境が悪くなったことにより河童が減ったという点、都会化して暗闇が減った点、人間が捨てたもので川が汚されているという点が作者のメッセージとして込められている。

立松和平の遺作となった『新・今昔物語絵本　鬼のかいぎ』（二〇一一）は、人間が田んぼを作るために多くの木を切ってしまったことに怒った百鬼たちが人間を滅ぼそうと会議をする話である。十二単の女や三つ目の鬼など多くの妖怪があつまり、様々な方法で木が怒っていることを人間に知らしめた。ようやく気が付いた人間が木に謝り、魂を慰めるお祓いをした。しかし、時がたち、懲りない人間は再び木をきり、川を汚し、生き物をたくさん殺している。自然破壊が進んだ現代、もし百鬼がみえたらあっちこっち百鬼でいっぱいに違いない、それらは皆が暮らす森や川や海や空をもうこれ以上こわさないでくれよと訴えているのだ、という内容の本である。よしながこうたくの迫力ある絵とともに、自然環境破壊を行ってきた人間への警鐘が強く感じられる本となっている。

高度経済成長の急速な流れのなかで、公害対策が後回しにされた結果、企業が垂れ流した汚染物質によって大気汚染や水質汚染の問題が深刻化し、昭和四十二年（一九六七）に公害対策基本法が制定され、公害が規制されるようになった。人間の生活の変化により発生した環境汚染で妖怪が棲めなくなったことなどを批判的に語る絵本は、自然環境破壊への批判を背景としてつくられているのではないかと思われる。

以上のように、妖怪の絵本は、子供の生活環境の変化や人間が自然を汚染してきたことに対して警鐘を鳴らす作者たちの様々な思いがメッセージとして妖怪に託されているのである。

六　妖怪絵本により形成される妖怪イメージ

日本の妖怪絵本を時代ごとに眺めてみると、内容と絵に時代ごとの特徴があり、その豊かさに驚く。妖怪文化というと、浮世絵などの絵画が注目されがちであるが、妖怪の絵本もこのようにして見てみると、文と絵のなかに興味深い視点がいくつもあることが見えてくる。妖怪絵本の展開は、近代化という大きな時代の変化のなかで人間の生活が変わっていったことと連動している。「近代化して変わっていった人間の生活」と「昔から変わらない妖怪」という対立構造で描くことで、妖怪を時代の変化をはかる「ものさし」として用いている作品も多い。

妖怪絵本は前の時代の妖怪伝承や絵本の影響を受けつぎながら新たな要素も加えて展開している。平成時代に入ってから刊行された妖怪の絵本は、平成以前の絵本に加え、水木しげるや清水崑の漫画、また、社会問題など様々な影響のもとで展開していると考えられる。平成時代に生まれ、平成時代に刊行された妖怪絵本を読んだ子供たちの多くは、妖怪が可愛く親しみやすい存在であり、自分を助けてくれる存在であるとイメージして育つ子供もいるかもしれない。しかし、伝承されてきた妖怪についても知ってもらいたい、怖いと思う心を大事にしてほしいと思う作者たちによって作られる絵本も刊行されているので、全ての子供が上記のようなイメージを持つわけではなさそうである。

作者たちの描く話と絵により、子供たちの妖怪イメージは形作られていく。現代の妖怪絵本を読んだ子供たちが妖怪絵本作家となって次世代の子供たちにどのような妖怪の姿を伝えていくのか、それを今後も継続して見ていきたい。

参考文献

青山邦彦　二〇一〇『てんぐのきのかくれが』教育画劇
赤羽末吉　一九七六『鬼のうで』偕成社
朝日新聞社　朝日新聞オンライン　http://www.asahi.com/articles/ASK956TL6K95UCVL02D.html（2017.9.12）
アダム・カバット　二〇一七『江戸化物の研究―草双紙に描かれた創作化物の誕生と展開』岩波書店
阿部夏丸（作）・渡辺有一（絵）　二〇〇四『かっぱのごちそう』童心社
安泰（画）　一九三五『キツネノヨメイリ』『コドモノクニ』十四巻十三号
内田麟太郎（作）・西村繁男（絵）　二〇〇七『おばけでんしゃ』童心社
内田麟太郎（作）・山本孝（絵）　二〇〇八『おばけの花見』岩崎書店
内田麟太郎（作）・山本孝（絵）　二〇一四『おばけのきもだめし』岩崎書店
宇野浩二　一九二四『鬼の草鞋』『赤い鳥』十三巻六号
江口渙　一九二四『鬼が来た』『赤い鳥』十三巻一号
大木篤夫　一九二七『鬼の兄弟分』『赤い鳥』十八巻六号
大木篤夫　一九二七『キジムンと若もの』『赤い鳥』十九巻四号
太田黒克彦（作）・岡本帰一（画）　一九二二『たぬきときつね』『コドモノクニ』一巻七号
おぐまこうじ　二〇〇七『カッパのいちにち』くもん出版

小野忠重　一九七八　『本の美術史―奈良絵本から草双紙まで』河出書房新社
小野浩　一九二四　『鬼の指輪』『赤い鳥』十三巻四号
加古里子　一九六七　『だるまちゃんとてんぐちゃん』福音館書店
苅田澄子（作）・田中六大（絵）　二〇一一　『へいきへいきのへのかっぱ！』教育画劇
神沢利子（作）・田畑精一（絵）　一九七七　『キミちゃんとかっぱのはなし』ポプラ社
川戸道昭・榊原貴教編　二〇〇八　『図説　絵本・挿絵大事典　第1巻　図説　日本の児童書四〇〇年』大空社
京極夏彦（作）・東雅夫（編）・山科理絵（絵）　二〇一五　『ことりぞ』岩崎書店
京極夏彦（作）・東雅夫（編）・町田尚子（絵）　二〇一五　『あずきとぎ』岩崎書店
小林純一（作）・茂田井武（絵）　一九四八　『カッパの国』桜井書店
さねとうあきら（作）・井上洋介（絵）　一九七三　『かっぱのめだま』理論社
白土あつこ　二〇一四　『ようかいえんにいらっしゃい』ひさかたチャイルド
白土あつこ　二〇一六　『ようかいえんのかいすいよく』ひさかたチャイルド
瀬名恵子　一九九三　『ひゅるひゅる』童心社
叢の会編　二〇〇六　『江戸の子どもの本――赤本と寺子屋の世界』笠間書院
たかしよいち（作）・茂利勝彦（絵）　二〇〇六　『河童（がわっぱ）』ポプラ社
高橋忠治（作）・村上勉（絵）　一九九二　『鬼の子ダボラ』佼成出版社
立松和平（作）・よしながこうたく（絵）　二〇一一　『新・今昔物語絵本　鬼のかいぎ』新樹社
峠兵太（作）・高田勲（絵）　一九九〇　『鬼まつり』佼成出版社
豊島與志雄　一九二〇　『白狐の話』『赤い鳥』四巻四号
なかがわちひろ　二〇〇〇　『カッパのぬけがら』理論社
西本鶏介（作）・梅田俊作（絵）　一九八七　『おにとあかんぼう』金の星社
二條絹子　一九一九　『人くひ鬼』『赤い鳥』三巻一号
野口雨情　一九二七　『お化の行列』『コドモノクニ』六巻五号
長谷川摂子（文）・降矢奈々（絵）　一九九四　『おっきょちゃんとかっぱ』福音館書店

長谷川義史　二〇〇四　『おたすけてんぐ』教育画劇
ヒサクニヒコ　一九九三　『カッパの生活図鑑』国土社
広瀬克也　二〇一一　『妖怪遊園地』絵本館
広瀬克也　二〇一二　『妖怪温泉』絵本館
広瀬克也　二〇一四　『妖怪交通安全』絵本館
広瀬克也　二〇一六　『妖怪バス旅行』絵本館
舟崎克彦（作）・赤羽末吉（絵）　一九七八　『鬼ぞろぞろ』偕成社
堀歌子　一九三二　『河童』『赤い鳥』三巻六号
椋鳩十（作）・赤羽末吉（絵）　一九七五　『ほうまん池のカッパ』銀河社
村上康成　二〇〇六　『カッパがついてる』ポプラ社
もりやまみやこ（文）・かわかみたかこ（絵）　二〇〇六　『てんぐちゃんのおまつり』理論社
山本純三　一九二八　『河童祭』『赤い鳥』二十一巻二号
油野誠一　二〇〇二　『カッパのカールくん』福音館書店
横山泰子　二〇〇七　「現代の子供絵本とカッパ」『小金井論集』第四号

Ⅳ フィールドワークからの視座

二一世紀の現在、自然科学の研究が重宝され、人文社会科学は役に立たない学問として切り捨てられようとしている。しかも世の中には、短時間で成果を求める効率主義がはびこっている。人文社会科学のなかでもとりわけフィールドワークに基づく研究は、時間と手間がかかるため非効率きわまりない。だからこそ、かえってというべきか、そうした研究は、新たな社会をどのように切り開いていけるか、時間をかけて検討し、これからの方向を示していくことができると考える。

小松和彦は『いざなぎ流の研究――歴史のなかのいざなぎ流太夫』と、刊行予定の姉妹編とをあわせて、次のように言及している。「二冊の本をとりあえず世に送り出すことで、自分が文化人類学者であり民俗学者であるという証しを、ようやく示すことができるのだと思っている」と。数多くの著作を世に送り出してきた小松が、文化人類学者、民俗学者としての証しと位置づけたのが、長年のフィールドワークに基づく民俗誌であったことは注目に値する。小松は、異人論や悪霊論といった独自の理論を打ち立て、また妖怪文化を広く日本文化の中で論じる視座を切り開く先駆的な研究を進めると同時に、優れたフィールドワーカーでもある。高知の山奥からミクロネシアの離島までフィールドは広く、また人々とのつきあいは長期にわたっている。過去を掘り下げるだけではなく、フィールドでは常に遠くを見据え、未来を描いてきたのだろう。

本章は、現代におけるフィールドワークの重要性を再度捉え直した上で、分析の枠組みや方法論を鍛え上げ、また現代社会への提言を意図した論考から成る。キーワードは「声」である。

手塚論文は、中国・広西壮族自治区のチワン族のうたの掛け合いを、その地域固有の「フォークソング」としてではなく、通文化的な比較の中で流通する概念として捉えようとする。壮大な射程は、西洋古典文学の叙事詩を生み出したホメロスから、日本の浪花節、さらにはラップミュージックまで広がり、世界中の口承文芸を比較検討し、なおかつその概念自体も鍛えていくという学問水準のレベルアップが目指される。

真鍋論文は、同じく「声」という、発語されたらすぐに消えてゆくものを研究対象とし、とくに声の臨場感に注目する。そして、これまでの口承文芸研究に人類学的な視覚を加え、大衆文化の声を、発語空間の性格、さらには歴史的社会的な条件のなかで論じる方法を模索する。この枠組みのなかで、「奇声」をもつ映画説明者・大辻司郎という、口承文芸研究ではあまり注目されてこなかった人物の魅力がより鮮やかに浮かび上がってくるのである。人類学的な研究成果を大衆文化へ応用させることによって、「声の力」の分析方法が鍛え上げられていくことが示される。

「声の力」は口承文芸の世界だけではなく、わたしたちの日常においてもつねに発動されている。川村論文は、自ら制作した映像作品に示された声と語りの再解釈を試みる。舞台は、石川県輪島市旧門前町七浦（しつら）地区の一集落・皆月の山王祭の曳山をめぐる、青年会に焦点をあてた語りと活動にある。川村論文は、映像民俗誌の可能性を具体的に示すだけでなく、映像公開後のフィードバックを射程に入れた、映像民俗誌をめぐる解釈の多様性についての議論にも一石を投じている。論文でも映像でも詳しくは触れられてはいないが、彼の優れた映像作品の背景には、自らも山王祭に参加し続け七浦の人びとと信頼関係を築き、四半世紀にわたって祭りを支えてきた重みがある。研究の枠に収まりきらない実践が、作品の魅力を産み出している。

安井論文は、これまで進めてきた妊娠・出産に関するフィールドワークを踏まえ、「出産の痛み」についての「声」を集めていく。自宅で産んでいた時代から、病院で出産するようになる時代へと、「痛み」の中身は大きく変わっていく。現代の痛みは、もはや出産に伴う陣痛ではないことが明らかとなる。痛みに関する多様な声を集めることは、新たな出産環境を創り出す際の貴重な手がかりになるばかりでなく、広く社会全体の問題として議論の場を開いくことにもつながる。

研究そのものの進展と同時に、よりよい社会を創り上げていくために次世代に何を伝えていくべきか――四本の研究が目指す地平は、この点にあると言える。

（安井眞奈美）

小松和彦　二〇一一年『いざなぎ流の研究――歴史のなかのいざなぎ流太夫』、角川学芸出版

オーラルナラティブ研究のバージョンアップ
——記紀歌謡からラップミュージックまで

手塚恵子

それが何かに似ているということ

旧暦の三月十三日、私とマーガレット・ミリケンは、路上でうたの掛け合いを見ていた。マーガレットはアメリカから壮（チワン）語の研究に武鳴県（中国・広西壮族自治区）に来ていた研究者である。激しく応酬されるうたを聴きながら、このうたに似ている他のうたはという話になった。二人揃って同時に出した答はラップミュージックだった。

その前年、私は壮族のうたの研究を日本国内で幾つかの学会や研究会で発表していた。関心を持って声をかけてくれたのは、主に日本文学の研究者だった。壮族のうたの掛け合いが日本の古代文学（和歌）を考える上で示唆に富むからということだった。

壮族のうたはラップミュージックに似ており、さらに和歌にも似ていた。ラップと和歌の類似性についてはこれまでも言及されている。例えばいとうせいこうは、「『源氏物語』の頃も、返歌って言って、フリースタイルみたいなことをしてたんだよ」（いとう　二〇一六　一四三）と述べている。

壮族のうたと和歌、和歌とラップ、ラップと壮族のうた、どちらか一方を知っている人がもう片方を見たときに、瞬時に「同じだ」と思うくらい似ているのだ。しかしそれを見たことのない人はそうは思わないのだということを、時々思い知らされる。

英語が得意ではない私は、英文のサマリーはネイティブチェックをかける。近年では英文添削の会社にお願いすることが多い。私は壮族のうたを掛け合いのうたという意味で、reciprocal songと書くのだが、おしなべてfolk songと修正される。そうでなければZhuang's songsである。旋律の作者はいないという意味ではfolk songという表現は間違ってはいない。しかし日本文化に親しんだ者なら和歌をfolk songということはない。またラッパーの人たちはそれをfolk songとは呼ばない。それと同様に、壮族のうたをfolk songということには違和感がある。一方で、壮族のうたはZhuang's songs、和歌はWaka、ラップはRapという、ある文化に根ざす固有の種として表記される。

folk songと固有名称の間に、バスケットを作り、和歌と壮族のうたとラップを放り込み、そこから何かを見いだせるかを考えてみたいというのが、この小考の趣旨である。この企てはそう荒唐無稽でもあるまいと思う。というのも、口承文芸研究には、オーラルコンポジションというグローバルスタンダードなバスケットが既に存在しているからである。

一　ホメロス問題

叙事詩はどのように始まったのだろうという問いは、長い間、西洋古典学の領域に属するものであった。西洋世界の古典中の古典である「イリアッド」「オデッセイア」はホメロスの作とされてきたが、そのホメロスとは何者か、彼（彼ら）はどのようにして物語を作り、伝承してきたのかという問題を、ギリシャ時代から近代に至るまで、繰り返し議論してきたのである。

十八世紀にヴォルフによって、「イリアッド」「オデッセイア」が、口承と書承の重層的なハイブリッドな形で形成されてきたという説が提出され、有力な説となった。それは文字のない時代にホメロスによって「イリアッド」「オデッセイア」の原型が作られ、口頭で伝承されていく過程で様々に変容していったものが、紀元前六世紀中頃にペイシストラトスによって収集、再編されたのち、さらに時を経て様々なテキストとして伝承されてきたものが、紀元前二世紀半ばに、アリスタルコス本としてまとめられ、それが現在まで写本として伝えられているというものである。

十九世紀までは「イリアッド」や「オデッセイア」についての議論は、伝承された文字資料を分析することによってなされてきたが、二十世紀の初頭、録音技術を手にしたひとりの研究者が、異なるアプローチをとった。ミルマン・パリーはホメロスの美を西洋世界に特徴的なものであるよりも、アフリカのトーテムやポリネシアの仮面の持つ美と共通するものであると考えていた。彼は西洋世界の辺境に位置する南ユーゴスラヴィアで、弟子のアルバート・ロードと共に、叙事詩の歌い手であるグスラルのうたう歌を数多く録音するとともに、それをタイプライターで書き起こした。

グスラルのうたう歌は、そのスタイルと長さにおいて、ホメロスの叙事詩を彷彿させるものであった。パリーはグスラルの歌を繰り返し聴くことによって、うたわれた個々の言葉は、単独で存在しているのではなく、フォーミュラとして、メトロニックなユニットとして、そしてそれが同時にストーリーを構成するユニットとして、存在していることに気づく。それはパリーが「イリアッド」や「オデッセイア」を分析する中で気づいた叙事詩の構造に通じるものであった。[1]

不慮の事故で亡くなったパリーの意志を継いだアルバート・ロードは、さらに資料の分析を進め、『シンガー・オブ・テイルズ』(The Singer of Tales 1960)において、叙事詩はどのように作られたのかという西洋世界の長年の問いに結論を出した。

叙事詩の作られ方

口頭で伝承されてきた語り物には音数律があり、詩の言葉はその音数律に従う。これが叙事詩の基礎であると『シンガー・オブ・テイルズ』はいう。この何らかの意味を示す、音数律のルールに従った言葉のまとまりを、同書はフォーミュラと定義する。さらにこのフォーミュラを複数組み合わせることによって、より複雑な意味を示したものを、テーマと定義する。[2]『シンガー・オブ・テイルズ』の出した結論は、叙事詩はフォーミュラとテーマによって作られているというシンプルなものだった。

語り手は小さい頃から数多くの叙事詩を聞きながら、その語りとリズムを身体に刻み込む。さらに歌と楽器のリズムとメロディを身につけ、フォーミュラとテーマの扱い方を身につける。このようにして始めて、状況に応じて語りを、短くしたり長くしたり、自在に扱うことができるようになる。

テキストを見ながらパフォーマンスすることでも、それを丸暗記することでもなく、繰り返し聴くことで身体に染みこんだ叙事詩を、自分なりに再構成しながらパフォーマンスすることが、叙事詩を語るという行為であり、それはユーゴスラヴィアのグスラルであっても古代ギリシャのホメロスであっても変わらないと、『シンガー・オブ・テイルズ』は結論づけた。

二　叙事詩から語り物へ

『シンガー・オブ・テイルズ』が提起した、叙事詩の構成法に関する理論は、古典研究の世界で、大きな関心を呼び起こした。ギリシャの古典詩だけではなく、英語、フランス語、スペイン語、アラビア語で、書承伝承されてきた様々な叙事詩が、パリー・ロード理論によって分析され、その有効性が確認された。アフリカ、アジアの口頭伝承の事例研究では、パリー・ロード理論はより有効に機能し、「オーラルコンポジション（口頭構成法）」は地域や民族の違いを超えて、世界的に通用するものと見なされるようになった。日本ではゴゼ歌を取り上げた山本吉左右、アイヌの神謡を取り上げた中川裕がその嚆矢であろう。

中川はアイヌの神謡はフォーミュラ、フォーミュラグループ、キーフレーズから構成されているという（中川二〇〇一年）。中川は、同じ歌い手が同じ題材で異なる時期にうたった二種類四曲の神謡を比較し、女神という同じ視点からうたわれた「火の神と水の神の戦い」の二曲における表現は、多少の違いはあるもののほぼ同一であるが、仔熊の飼育者と仔熊という視点を異にしてうたわれた「逃げ出した仔熊」の二曲では、描写が全く異なることを示しながら、神謡が歌い手のテキストの暗記による再現ではなく、フォーミュラ、フォーミュラグループを組み合わせながら、再創造されたものであることを明らかにした。

山本はゴゼたちが無意識のうちに使っている口頭構成法の成り立ちを、祭文松阪「山椒太夫船別れの段」の複数のバージョンを使いながら、明らかにしている。ゴゼ歌には国語的水準における単語のストックと、口語りの水準における決まり文句のストックがあり、各々の物語の荒筋にそった物語的場面にふさわしい決まり文句がストックから呼び出されるのだという。

山本（山本　一九八八）を経由して日本に紹介されたパリー・ロード理論は、平曲をはじめとする日本の語り物研究に影響を与えることになる。「オーラルコンポジション（口頭構成法）」は、日本の様々な語り物を対象とする研究にグローバルスタンダードな飛び道具を与えただけではなく、それまでバラバラに存在していた語り物のジャンルを、抽象度を上げて眺める視点をもたらした。

現在ではイリアスと平曲を同じカテゴリーのものだと言っても誰からも異端視されはしない。口頭伝承であっても書承伝承であっても、口頭構成法によって再創造されていく物語は、それぞれの文化に属する固有の文芸であるとともに、世界共通の同じジャンルに属する口承文芸なのである。

三　折口信夫

日本において、詩はどのように始まったのだろうという問いに執拗に向かったのは、折口信夫である。繰り返し書いた「国文学の発生」論のなかで、日本文学の軸に和歌を置き、その発生をうたの掛け合いに求めた。折口は、うたの掛け合いは、神が精霊に命ずる詞としてあるいは精霊がそれに抗う詞として始まり、ついで神に扮する者とそれを接待する処女の問答になったとする。古いうたの様式である片歌が二つ並んで一首となっているのが、この問答の名残だというのである。（折口　一九九五年）

折口の発生論は、日本の文化に一貫して和歌が重要な位置を占めている由縁を語るものとして、また資料の僅かしかない日本の古代の文学をモデルを立てて読み解くというお手本として、広く受け入れられていく。

古代のうたの掛け合いを日本の文学の発生とするモデルが確立すると、折口に続く人たちはその残照を求めて、辺境の地を旅した。発見されたのは沖縄と照葉樹林文化圏である。

その当時、奄美・沖縄には、うたの掛け合いをする風習が残っていた。実際にそれを見ることができるというインパクトは大きかった。多くの人々が奄美・沖縄を訪れ、優れた民俗誌が記述された。ただ残念なことに奄美・沖縄の近代化は急速に進み、掛け合ううたの詞は即興で作るものではなく、覚えている歌詞のストックを組み合わせてうたうものになっていた。

照葉樹林帯文化圏とは、中国雲南省を中心として、日本南西部から台湾、中国華南、ブータン、ヒマラヤに広がる照葉樹林の分布する地域において、植生の他に、根栽類の水さらし利用、焼畑農業、陸稲の栽培、モチ食、麹酒、納豆など発酵食品の利用、鵜飼い、漆器製作などの生活文化を共通してもっている地域のことをいう。歌垣（歌の掛け合い）もまたこれらの文化圏の重要な要素とされていた。

照葉樹林文化圏は日本の文化人類学が見いだした概念であるが、熱意を持ってそれに取り組んだのは、民俗学や文学の研究者たちであった。折口の発生論に比べると、植生と生活技術との文化的複合として、歌垣が取り上げられていることに、一定の学術的信頼感があったのかもしれない。照葉樹林文化圏は大いに持てはやされ、雲南省を中心とする中国西南部の少数民族の歌垣が一般の人々にも知られるようになった。

しかし日本文化の源流の地として照葉樹林文化圏を見た場合に、その構成要素として最重要であった稲の栽培の起源がこの地でないことが明らかになると、文化人類学では照葉樹林文化圏という概念を弊履のように捨ててしまった。それと共に文化人類学では歌垣を取り上げることはなくなった。困惑したのは文学の研究者だった。人類学者の論文や報告書を参考にしながら論を進めるという戦略がとれなくなった。共通の文化要素を持つとはいえ、西南中国やブータンは異文化であり、東アジアの辺境である。

私が壮族のうたの掛け合いの調査に通うようになったのは、ちょうどその頃である。

四　壮族のうた

壮族は中華人民共和国広西壮族自治区に居住するタイ系の民族である。中国の少数民族の中では最大の人口（一五〇〇万）を持つことと、うたのレベルが高いということの他は、これといった特徴もない、地味な民族である。

うたのレベルが高いというのは、近代以降の外部からの評価であり、地元では近年までそれに気づいてはいなかった。地元で根付いていたのは、金のある人より、腕力のある人より、うたの上手い人が偉いという評価基準であった。壮族のうたは、五言四句もしくは五言十二句の短詩型定型詩を、男と女が交互に一晩かけてうたいあうというものである。うたをうたう機会は、春と秋のうた掛け祭、冠婚葬祭、他の村の人に出会ったときである。一晩でだいたい百五十首ぐらいのうたをうたう。

うたの掛け合いが始まると、どこからともなく聴き手が現れる。名高い歌い手であれば百人以上の聴き手が集まることも珍しくはない。二十年ぐらい前までは、暗闇のなかでうた声だけが聞こえる、そういう時間を共に楽しむという遊びだった。

とはいうものの、うたの掛け合いはのんびりしたものではなかった。うたい手はうたの詞を即興で作らねばならない。しかも詞は使い回してはいけないのである。間を空けることなく、皆を感嘆させるうたを、繰り出さなければならない。間があいたり、うすぼんやりしたうたをうたっていると、聴き手のひとりが突然うたい出し、そのポジションを奪ってしまうのだ。そうなると、負けたうたい手は夜道を逃げ帰らなければならない。

山薯を人は食べるだろうか／ハリネズミに残しておいてやるのではないか／わたしたちのところではそうしてきたよ／苦楝樹の実は木の上に残っている
毎年たわわに実をつけても／四方いたるところで大きくなっても／山芋を人は食べるだろうか／ハリネズミに残しておいてやるのではないか
わたしたちのところでは／干ばつという言葉を口にしたことがない／わたしたちのところではそうしてきたよ／苦楝樹の実は木の上に残っている

（男）

薯の葉や茎も余しやしない／疱を直すことができる／医者なら調合できる／薬を貼ればたちまち（腫れ）がひく
（疱は）すでによくなっている／ばかにしてはいけない／薯の葉や茎も余しやしない／疱を直すことができる／
もしも疱が大きくなっているのなら／早く手当をしなければならない／医者なら調合できる／薬を貼ればたちまち（腫れ）がひく　（女）

この二首のうたは、春のうた掛け祭でうたわれた男女のうたである。男は山薯は食べることのできない無用な物だとうたい、女は薯は薬になるから有用だとうたう。聴いている人はこれを、あなたのうたは人にはいらないものだ（男）、わたしのうたは使えるうただ（女）と聞く。うたい手は「見たことをうたう、感じたことをうたう」としばしば語るが、感じたことをそのままに、あるいは目にしたものをそのままにはうたわない。

壮族のうたは鑑賞することも作ることも難しいように思える。しかしうたい手は日々百姓仕事に従事してきた人たちであり、うたの専業者ではない。うたは精進は必要だが、仕組みを理解すれば、誰でもうたえるものとみなされている。

五　音数律と韻

壮族において、うたがうたであると認められるためには、特定の旋律でうたうこと（音数律に従っていること）、また慣習に従った方法で韻を踏むことが必要である。壮族のうたは五言で一句、四句で一連である。十二句のう

フォンの韻の踏み方

nduj ndaek vunz ndaej gw
　　　　　　　　　　　　△
caemh mbaeuj lw dafengz cenh
　　　　　　　△　　　　▲
yaeuj lengq raeuz raen gvenq
　　　　　　　　　　　▲
mak henh venj gwnz go
　　　　　▲

このフォンは本文中の男歌の第一連である。△は w 音で、▲は en 音で韻を踏んでいる。表記は現代壮文による。なお h, q, j は声調記号である。

たはそれを三回繰り返すことになる。韻は一句目の五番目の言葉と二句目の三番目の言葉で一番目の韻を踏み、二句目の五番目の言葉と三句目の五番目の言葉と四句目の三番目の言葉で二番目の韻を踏む。十二連の場合は、単純に三回繰り返すのではなく、四種類の韻を踏むことになる（上表参照）。

次に必要なことは、慣習に沿った修辞法を使うことである。感じたことをそのままに、あるいは目にしたものをそのままにはうたってはいけないとされているので、比喩を使うということになる。さらに、相手に掛け合いをするに足る者として認められるためには、相手のうたの構造をよく理解して、それに対応するかたちで自分のうたを作らなければならない。先のうたでは、山薯の薯＝使い物ならない＝あなたのうたは下手だというたに対して、山薯の葉＝有用である＝私のうたは上手いと応えている。

六　掛け合いうた研究の広がり

筆者の調査が契機となって、雲南省のペー族、モソ族、ミャオ族、プイ族など西南中国の少数民族のうたの掛け合いに関する調査研究が進んだ。うたの掛け合いを原語表記もしくはＩＰＡ表記によって書き起こしたテキストが公表されるようになったのである。幾つかの民族の資料が揃ったところで、アジアのうた文化のなかで、音数律を考えてみようとする共同研究が企画され、日本の和歌短歌、沖縄の歌、中国の古典詩とともに、これらの少数民族のうたにおける音数律が検討された。少数民族にあってはうたは声に出してうたわれるものであるから、韻律とともに旋律を持っている。旋律は地域や民族ごとに固有であることによって、旋律がその社会を象徴しているようにみせる。このことによってうたの詞は共同性を獲得していく。文字で書かれたり、唱えたりすると、旋律は消え、韻律が明瞭になる。そこで共同性を担保するものとして、音数律が意識されるようになってくる。音数律は声による歌と文字による詩歌を繋ぐ要として考えることができる。

同様に修辞についても検討されてきた。これらの少数民族のうたにおいて、修辞とはうたを持続させるためのツールである。壮族の場合はうたの掛け合いは一晩続くのが定番である。他の民族であっても、なるべく長く掛け合いを続けることがうた上手の要件である。ペー族の場合は恋愛を楽しむというコンテクストの中で疑念を呈することが修辞となる。モソ族の場合は男女は共に生きてはいけないというコンテクストの中で悪口をいうのが修辞となる。壮族の場合はどちらのうたが素晴らしいかを決するというコンテクストの中で相手を否定するのが修辞となる。プイ族でもうたの表現のうまさを追求するというコンテクストであるが、謙遜して相手をたてるという修辞となる。どの民族の場合も修辞の技法として比喩が多用される。

うたは即興でうたわれる。壮族のように慣用的な表現を嫌う民族もあれば、それを容認する民族もある。しかしうたの掛け合いが二人以上で相互にうたい交わすものであり、それをある程度の時間続けるということになれば、ストックした表現の組み合わせだけでうたいつづけることは難しい。うたの掛け合いは相手との会話という側面も持っている。ストックした表現の組み合わせだけでは、相手と長時間にわたって会話することは困難である。

七　語り物との比較

うたの掛け合いは、西南中国以外でも見られる。タイ、ラオス、ブータンに関しては詳細な報告書が提出されている。これらは照葉樹林文化圏だと指摘されるかもしれない。が、他にも中央アジアや北東アジアでうたの掛け合いの存在が確認されている。うたの掛け合いの存在を、地域的枠組みのみで説明することはできない。

先にあげた口頭構成法による英雄叙事詩や語り物と対比させながら、掛け合い歌の特徴を考えてみよう。

叙事詩をはじめとする語り物は長大な作品が多い。掛け合い歌は一首ずつは短いが、それを交互に歌い続けるというスタイルをとることから、結果として長大なものになる。

叙事詩はフォーミュラ（何らかの意味を示す、音数律のルールに従った言葉のまとまり）とそれが集まったテーマによって作られている。掛け合い歌には地域や民族ごとに固有の旋律があり、音数律は普段は旋律の中に溶け込んでいて目立たないが、うたがとなえられたり、書かれたりすると音数律が明確になる。

叙事詩はテキストを見ながらパフォーマンスすることでも、それを丸暗記することでもなく、即興的に語られるものである。掛け合い歌も同様に即興的にうたわれる。

以上の三点が叙事詩と掛け合い歌に共通するところである。

語り物はひとりの語り手が語り、他の人々が聴き手として、それを聞く。掛け合い歌は、二人以上でうたを交互にうたう。聴き手はいた方がよいがいなくてもうたの掛け合いは成立する。また聴き手は場合によっては歌い手のポジションを奪うことがある。

叙事詩は物語の荒筋にそって語られる。うたの掛け合いに荒筋はない。あるのはコンテクストである。叙事詩は定型表現の使い回しによって成り立っている。掛け合い歌では定型表現に重きを置かない。

叙事詩のパフォーマンスを文字で記述すると物語テクストが現れる。叙事詩は物語を紡いでいるといえよう。一方、うたの掛け合いを文字で記述してもテクストは現れない。現れるのは、このうたがうたわれているコンテクストである。うたの掛け合いが終わる頃には、歌い手同士の間にも、歌い手と聴き手の間にも、共感が広がっている。掛け合い歌は合意形成を紡いでいるといえよう。

以上の四点が叙事詩と掛け合い歌の異なる点である。

叙事詩も掛け合い歌も「音数律に従って即興的につくられる」ものであるが、ひとりでパフォーマンスするか、二人以上でパフォーマンスするかによって、「物語」が紡がれていくものと、「合意形成」を紡いでいくものに分岐していく。そしてそれに従って両者の即興的パフォーマンスが意味するものが異なっていくのである。

語り物と掛け合い歌は同じであり、また異なってもいる。異なっている部分は、お互いに合わせ鏡に映る姿となっている。掛け合い歌は地域によって規定されるジャンルではなく、語り物と双子の関係にある口承文芸のジャンルなのである。この観点にたてば、記紀万葉のうたは、西南中国の、あるいはその他の地域の掛け合い歌と、同じカテゴリーの口承文芸であるとみなすことができる。

八　浪花節とラップミュージック

叙事詩も掛け合い歌も、文字が使用されるようになると、地域によっては、口承ではなく書承で享受されるようになり、その時代が長く続いた。二十世紀になると、音声技術が生まれ、それに上手く対応することのできた口承文芸が日本で一世を風靡する。浪花節である。

浪花節は語りとフシ（旋律がありうたわれる）から構成された語り物である。演者は講談などから聞き覚えた、あるいは読み覚えたネタから、聴衆の反応に応じて、語り口や出し物の長短を加減しながら、物語を語る。浪花節は江戸時代の祭文や説教節の影響のもと、明治時代に生まれた。明治時代後半にレコードが登場すると、レコード化され全国に広まった。また昭和初期にラジオの全国放送が始まると、全国を席巻した。浪花節は、声の力で人々に物語に誘い、浪花節で語られた物語によって、日本の人々が近世的な世界から近代的な国民国家に統合されていった。

ラップミュージックは、ごく最近日本に定着した口承文芸である。ラップは、一定の拍で、韻を踏みながら、詞をうたうものである。楽器による旋律を伴うものもあれば、ないものもある。一九六〇年代にアメリカで生まれ、一九八〇年代に日本でも、日本語によるラップが始まった。もともと歌い手と聴き手の間に詞をやり取りする（コール&レスポンス）場を曲の中に内包するという特徴を持っていたが、近年では、二人で即興的にラップを掛け合いながら、修辞の優劣を競うフリースタイルバトルが流行している。街角でバトルをする若者達を見ることもあるが、主たる活躍の場は、AbemaTVやユーチューブなど、ウエブ上にある。日本の詩歌では永らく顧みられなかった韻を踏む行為、五七五ではない音数律の確立など、ラップは韻律に自覚的である。

浪花節は近代に日本で生まれた口頭構成法による語りものである。ラップは近年、日本に定着した掛け合い歌とみることができる。共に「音数律に従って即興的につくられる」ものであるが、ひとりでパフォーマンスするか、二人以上でパフォーマンスするかによって、「物語」が紡がれていくものと、「合意形成」を紡いでいくものに分岐していく。

時代や地域を超えて「音数律に従って即興的につくられる」口承文芸は存在している。語り物と掛け合い歌は、人間の発話にモノローグとダイアローグがあるように、口承文芸におけるモノローグとダイアローグだと考えることができる。モノローグ型口承文芸が、固有名詞を持つ地域固有の口承文芸であるとともに、オーラルコンポジションいうバスケットに共に入ることによって、より抽象度をあげた研究がなされたように、ダイアローグ型口承文芸の研究も、そのような可能性を持っている。

付記

「急ぎ仕事はしない」は、小松先生の信念である。フィールドワークのベースを親族その他の社会組織におく、手堅い手法も、また先生の流儀である。

壮族の掛け合い歌の研究は、うたを録音してテクストを作ることから始まる。「急ぎ仕事」はできない。またテクストの大半は合意形成を作っていくためのコンテクストを記録しているものであり、語り物ほど荒筋がおもしろいものではない。けれどもそのテクストを、地域の社会構造や、暮らしの移り変わりと重ねてみたときに、テクストは豊かなものに変わる。急ぎ仕事をせず、基本に忠実にしたからこそ、得ることのできる豊穣である。

小松先生は、上の世代の先生方から学ばれた文化人類学の基本を、私たちに伝えてくれたのだと思う。

注

(1) ミルマン・パリーは「イリアッド」や「オデッセイア」を構成する音節が、長短短の三音節を五回繰り返した後に長短もしくは長長の二音節で終わるサイクルを持っていること、これに従うために、言葉と言葉の組み合わせが意味を表すことよりも、音の組み合わせを優先していることに気づいた。

(2) テーマについて同書の述べるところを概述する。①テーマは単なる単語の寄せ集めではなく、状況や概念を表現するためにグループ化された言葉である。叙事詩が伝承されている地域では、テーマのバリエーションは数多く伝承されている。②テーマはその構造が可変的であり、言葉の数を増やすことも減らすこともできるので、歌い手は、自分の能力や聴衆の反応あるいは目的によって、叙事詩の長短を自由にすることができる。③それぞれのテーマは、ある叙事詩にとって無くてはならない構成要素として存在するが、同時に他の叙事詩においても必須の構成要素として存在する。

参考文献

いとうせいこう 二〇一六「自転車に乗ってどこまでも」『ユリイカ』平成二八年六月号

遠藤耕太郎 二〇〇三『モソ人母系社会の歌世界調査記録』大修館書店

岡部隆志、工藤隆、西條勉編 二〇一一『七五調のアジア――音数律からみる日本短歌とアジアの歌』大修館書店

小川学夫 一九八九『歌謡（うた）の民俗 奄美の歌掛け』雄山閣出版

折口信夫 一九九五『折口信夫全集 一』中央公論新社

梶丸岳 二〇一三『山歌の民族誌 歌で詞藻を交わす』京都大学学術出版会

工藤隆、岡部隆志 二〇〇〇『中国少数民族歌垣調査全記録〈1998〉』大修館書店

酒井正子 一九九六『奄美歌掛けのディアローグ――あそび・ウワサ・死』第一書房

佐々木高明 一九八九『照葉樹林文化の道 ブータン・雲南から日本へ』日本放送出版協会

高津春繁 一九六六『ホメーロスの英雄叙事詩』（岩波新書）岩波書店

手塚恵子 二〇〇二『中国広西壮族歌垣調査記録』大修館書店

中川裕 二〇〇一「口承文芸のメカニズム アイヌの神謡を素材に」藤井貞和 エリス俊子編『創発的言語態』東京大学出版会

兵藤裕己 二〇〇九『〈声〉の国民国家 浪花節が創る日本近代』（講談社学術文庫）講談社

真鍋昌賢 二〇一七『浪花節 流動する語り芸――演者と聴衆の近代』せりか書房

山本吉左右 一九八八年『くつわの音がざざめいて――語りの文芸考』平凡社

『アジア遊学六三 特集少数民族とことば表現世界』二〇〇四 勉誠出版

John Miles Foley 1988 *The Theory of Oral Composition: History and Methodology*, Indiana University Press

Albert B. Lord 1981 (1960) *The Singer of Tales*, Harvard University Press
Adam Nicolson 2014 *The Mighty Dead: Why Homer Matters*, William Collins

声の力のつかまえ方——大辻司郎の映画説明を例として

真鍋昌賢

一　声の発語行為——死角からの問題提起

声の力は、どのように説明できるのだろう。声としての言葉を文字としての言葉に落としこんだとき、失われてしまう臨場感がある。ここでいう力とは、声量、声質、発語の技法、発語者の社会的な位置、場の性格などによって具現化され、人間の内面や行動に影響を与える要因を指している。民俗学・文学とそのほかの学問分野にまたがって構成され、生活に密着した声の文化を扱ってきた領域である口承文芸研究は、声の力をどこまでうまくすくい取れているだろうか。映像資料として記録されることで、精緻な分析がなされる可能性は大いにある。しかしながら、現場の直接対面が醸し出す感動、快感、不快感、圧迫感、そういったものは、そっくりそのまま伝わることはない。一方で、声の力についての解釈や説明は言葉によって活字化されてこそ、批判的な検討へと開かれていくだろう。声の力が活字のなかで説明されることの不可能性を認識しつつも、様々なメディアの効果を借りつつ、説明の言葉を磨いていくことが、声の文化の研究には求められている。それはこれまでも、これからも変わらない。

「ことばの民俗学」の可能性を問う立場から、関一敏は改めて、実践のなかの言葉を文脈とともにとらえる姿勢の大切さを記している。それは、語彙を蒐集してテクスト化する作業のもとで剥がれ落ちかねない「日常的実践のなかでの用法」[1]への凝視、傾聴の確認でもある。これは、口承文芸研究が基本的な作業としてきた採訪と語彙・説話の分類がかかえてきた問題点の指摘とも受け取れる。口承文芸研究は、旧来、発語の内容の分析を得意としてきた。採集された昔話、伝説、民謡、諺などは、文字化され、事例としてパッケージ化され、時代を越え、空間を越え、類比されてきた。類似の発見は比較研究の基本的営為であるのは疑い得ない事実だが、一方で個別の状況にも同様の関心をむける必要がある。つまり、言葉の「意味」は、「個々に採集されうるような語彙と発話内容にではなく、誰が誰にどのような状況で語ったかに支配されている」[2]のである。日本の口承文芸研究の場合、特に演じ方への注目はあとまわしになっていったことは否めない。

関の述べる「用法」の問題というのは、文字としてではなく、声としての言葉の「用法」を指しているだろう。つまり先に述べた「声の力」が理解されて、文脈のなかの発語の力への理解、あるいはコミュニケーションにおける発語行為の意味の理解が、より深まっていく。このような研究の構えは、口承文芸研究が設定してきた既存ジャンルの和集合の内側を見つめているだけでは、獲得できない。それは、現在におけるフィールドワークのみならず、歴史的な研究においても同様である。いずれにせよ、人間の声がつくってきた歴史的社会的な磁場の再構成は、口承文芸研究に託された根本的な課題である。

発語行為の解釈に取り組むための理論的、方法論的な整備の出発点を用意してくれるのは、川田順造の視点である。川田は、現実世界で生きている声としての言葉の性格を理解するために「声による言述」の三側面を論じている。一つ目は、「情報伝達性」である。述べられる内容に照準を合わせた情報の性格である。この側面においては、真／偽、新／旧といった区別が、情報のやりとりにおいて問題になってくる。一方で「情報伝達性」だけではすくい取れない側面が二つあるという。その一つは、「行為遂行性」である。これは神官の祝詞や僧侶の読経のような儀礼言語のなかに、象徴的にみてとれる。聴衆には意味が分からなくても、そこには有り難さがにじみ出てくる。何はさておき、場を共有する者にとって重要なのは、発語する者が誰かということと、その者の「言述がその場にふさわしいかどうか」ということによる「適格性」だという。ここで最も重視されるのは、発語者の資格だといえるだろう。ただし川田が述べるように、祝詞や読経に代表される「行為遂行性」が突出した例は、面子の所属意識や面識などの点で、場を共有する者の関係は限定的である。三つめは「演戯性」である。これは、もちろん情報を伝える上でも影響を及ぼすといえるのだが、必要条件ではない。巧／拙が問題になってくる側面であり、「言述の筋立てや構成要素相互の間のつながりの妥当性や面白さ」が要求される。また、声がもたらす中毒性は、ここでいう「演戯性」のもとで理解できるだろう。[3] それは、好みの落語家のはなしは何度聞いても面白い、というような、新しい内容の情報はないにも関わらず求められるという事態を説明するための用語でもあるのだ。

川田の「演戯性」という概念は、オースティンをはじめとした言語行為研究者があまり注目してこなかった声の超分節的な要素を、明確に意識させてくれる。[4] もちろんこれらの三側面は、「声による言述」においてどれか一つが認められるというのではなく、ニュースアナウンスにおいては、「情報伝達性」が重視され、唱え言では「行為遂行性」が重視され、「演戯性」は職業的な口頭芸において重視されるというように、局面に応じて、そのうちのどれかが際立つということになる。換言するならば、文脈のなかの発語行為は、三側面がどのような関係を結んでいるのかという視野のもとで多面的に検討されるべきである。

おそらく、日常的実践にくまなくひろがっている発語行為と声の力をつかまえるための方法論が練磨されていくために必要な研究領域として、口頭芸研究がある。[5] 川田自身は、古典落語を演じる演者の個性を挙げ、その比較から細部の改変、あるいは声の音質、調子、間などの韻律的特徴といった「演戯性」を論じている。言葉そのものについて、言葉が生まれる状況について、両面の解釈が密度をあげてなされるとき、「声の力」の記述方法について、またそれの文化的社会的意味についての議論が、より魅力的なものになっていくだろう。川田の指摘する三側面を念頭におきつつ、発語者としての個人というミクロな視点、歴史的社会的文脈のなかでの声といったマクロな視点の両面を意識した事例研究を積み重ねていくうえで、口頭芸研究はモデルとなる研究領域である。

本稿は、川田の三側面に対応させつつ、声の性質・演出への関心（「演戯性」に対応）、発語内容への関心（「情報伝達性」に対応）、声を発することそのものへの関心（「行為遂行性」に対応）を関連付けながら、不特定多数に開かれる大衆文化の声を、歴史的社会的な条件に支えられた発語空間の性格とともに論じる方法を勘案するための予備的考察である。これまで口承文芸研究の視野に入ってこなかったジャンルをとりあげて、ささやかな事例分析をおこない、声の力の意味づけを試みたい。視野に入れるのは「映画説明（活弁）」である。大辻司郎という映画説明者に焦点をあてるなかで、三つの関心を交差させ、プロフェッショナルな声の位置づけを論じてみたい。

映画史の文脈で、歴史記述の対象となったとしても、映画説明は口承文芸研究の対象としては、分析されてはこなかった。映画説明者（活動写真弁士）は、無声映画に寄り添う演者であり、トーキーの出現とともに徐々にその位置づけを後退させていった。メディア変遷史に応じて出現し衰退したジャンルである。伝承という観点から位置づけにくいということはもちろんのこと、映像に寄り添い単独で成立しないという印象からも、研究対象となる可能性自体が極めて低かった。つまり、物語分析など内容分析の意義が低く感じられるジャンルであり、口承文芸研究の死角に入り込んできた研究対象といっていいだろう

映画説明は、発語内容の分析（何を）という点を視野に入れつつも、それ以上に映画説明者の存在論（だれが）と映画説明の技術論（どのように）に目配せしてこそ位置づけができるジャンルである。プロフェッショナルな

口頭芸の連鎖、拮抗、共存を想定しつつ、近代日本の口頭芸の入り組んだ配置関係をえがきだそうとするときに、映画説明の系譜は無視できない(6)。映画説明は、それ以前の「語り物」の受容を念頭において考察されるべきだという指摘がこれまでにもなされているものの(7)、ジャンル間の関連性や比較というところには触手がなかなかのびていないというのが実情である。映画史や社会学の研究成果を受けとめながら、比較研究の議論の場として口承文芸研究が活用されていってよいのではないか(8)。

大辻司郎の説明の性格を三つの側面の連動から論じる前に、まずは彼のプロフィールを確認しておこう。

二　悩みと物足りなさ——喜劇説明者としての大辻司郎

大辻司郎（一八九六〜一九五二）は、喜劇映画専門の映画説明者（活動弁士）であり、のちに漫談家となった芸能人である。一九一〇年代後半あたりから活躍したと考えられ、無声映画時代の終了以降も、一九五〇年代初頭まで、舞台、ラジオ、映画、レコードなどで活動を続けていく。帝国館（浅草）、金春館（新橋）、芝園館（芝園橋）などを映画説明者として渡り歩き(9)、一九二〇年代の半ば、映画説明をおこなうかたわらで「漫談」をはじめた。また、古川緑波らとともに「笑の王国」の旗揚げに参加したり、映画に役者として出演したり、各種雑誌で記事を執筆したりと、活動範囲は漫談にとどまらず領域横断的だった。司郎の特徴は、一度聞いたら忘れない「奇声」にあったという。また、その声から発せられる映画説明は、工夫を凝らした奇抜なものとされた。以下では、大辻がどのように自らの言葉を運用し、客の期待をコントロールしたり、映画館を沸かせたりしたのかを確認し、その存在感を論じてみよう。

映画説明者であった司郎が、なぜのちに漫談をはじめたのか。その背景を理解するためにも、まずは司郎がかかえていた悩みを確認しておきたい。司郎が説明者になった当時、活動写真の主流は「活劇や人情劇」だったという。駆け出しの司郎はそれらの説明をやらせてもらえず、上映の一番手として登場し、もっぱら喜劇の説明をまかされていた。説明者仲間のあいだでは、喜劇を敬遠するむきがあり、司郎はそうしたなかで「二巻物の喜劇に憂身をやつしていた」という。しかし、本人自身は喜劇好きということもあって、喜劇を相性のいい出し物とも考えていたようである。その後、チャップリン、キートン、ロイドなどの喜劇映画が現れてきた。それまでの喜劇映画に比べて長編であったものの、司郎にしてみれば、説明をおこなう本数としては、まだ物足りない思いがあったという。一方で司郎は、「映画あっての説明」という点に弱点を感じていた。映画の出来栄えの良し悪しに、説明者のほうが足をひっぱられたり、助けられたりする。身体ひとつで口演ができるという点において、落語や講談の演者がうらやましかったという[10]。それは説明者時代に記した新聞記事からもうかがえる。司郎がいうには、映画説明者は、齢を重ねるほどに「金がとれなくなる」のだという。

> 説明者の芸が枯れて来たら、もうお仕舞だ。(句点筆者) 客に聞えないから、説明は独立した芸ぢやない、芸らしい修行をしない関係もある、僕のやつている説明なんか停車場の駅夫さんと同じ事だ、「メグロ」のタイトルの時に、「メグロ」とかけ声をするだけだ、説明なんてこんなものぢやないと俺自身があきれてゐる、こんな事を考へると急に寂しくなる[11]

説明が自分の体ひとつで成り立つ芸ではないという点が、自分を含めた説明者の将来的な不安にもつながっているという指摘がなされている。字幕を単に読みあげるという行為にこれでいいのかと自問自答する。説明者の人気で興行の入りが左右されることがある一方で、映画に従属しているという点での限界を感じ取っていた。実際には、この頃司郎はすでに、後述するような挑発的な工夫、コミュニケーションの攪乱に取り組んでいたのだが、まだ歴史の浅い説明者という職業の現状について、つまりは自らの活躍の場への将来的な見通しについて、問題を感じていたのは間違いないだろう。映画への従属という恒常的な悩みに対峙する工夫とはどのようなものだったのか。それはまた、のちに本腰を入れていく漫談への後押しとなった経験の蓄積でもあった。

三 「奇声」——ナンセンスを担保するテクスチャー

一九二七年（昭和二）に連載された映画説明者の評判記のなかで、司郎は「一風変つた人気者」としてとりあげられて、「ナンセンスが洋服を着て奇声を挙げているんだと思へばまづ間違ひの無い男」と評されている。[12]

風来坊のような格好をして—全く広い舞台なんかだと舞台のとつ端へ椅子を引きずつてい行つて、変な風に構え込んで一流の身体の何処から出るのだか知るのに苦しむやうな声をあげてしまふ男である。若し彼がしかつめらしい映画の説明者だつたら彼は彼自身の声に依つて失敗したに違ひ無いと誰しもファンは考へるであらう。事程左様に奇声である。[13]

「奇声」は、司郎の声質を評するときにしばしば用いられた表現だった。ここでいう「奇声」とは、トーンの高い風変わりで奇妙な声という意味でつかわれている。それはまた、厳粛なムードを漂わせるには似つかわしくない声だった。

司郎は、この「奇声」が、喜劇を説明するうえで、つまり笑いを生むうえで、大いに役立ったと述べている。[14]

耳に付くその声質は、イガグリ頭の髪型(のちにおかっぱ頭)とともに、司郎を指しめすキャッチーな特徴であった。しかしながら、大辻の「奇声」を単なる〝変った声〟という理解でとどめるべきではない。

映画説明の文句・表現技法などは、講談調、浪花節調などといった具合に、しばしば既存のジャンル名を用いて批評された。たとえば大辻自身、幼少の頃を回想し、都都逸、サノサ、義太夫、講釈、浪花節などからの文句・表現技法を流用した映画説明の様子を記している。[15]すなわち、「活動」の「説明」は、既存の寄席芸・座敷芸の類比で説明されることがあったわけだ。

こうしたことをふまえると、「奇声」と評される事情には、次のようなことがうかがえる。つまり、司郎の声は、××調という比喩でつかまえることが難しい声だった。劇場、寄席あるいは大道で発せられるプロフェッショナルな声のなかから、類比できる声を連想しがたい声だったと考えてよい。特に大道・門付けというオープンな空間から仮設小屋・席亭・劇場へと歩みを進めていった浪花節のようなしゃがれた声と比べると、対照的な印象をもたれる声だっただろう。つまり、通行人を引きとめ振り向かせ〝客〟に変えるために発せられるという源流をもつしゃがれ声の迫力と比べると、異質な声として聴きとられた。[16]「奇声」とは、発声そのもので(声そのものの振る舞いによって)聴衆の心をとらえる力をもっていながらも、既存のものとの類比が難しい——その意味で新鮮な——声に付与された呼称だったのだ。司郎は声そのもので、喜劇説明者としてのアドバンテージを得ていたといえるかもしれない。「奇声」といでたちの両面がむすびつき司郎のキャラクターは定着していった。

四　連射される警句——逸脱とナンセンスを引き出す発語行為

司郎の声質は、既成の口演空間になじまない新しさ/奇妙さゆえに、日常を異化する笑いを暗黙のうちに誘いだしたといっていいかもしれない。「奇声」は、次に述べるような言葉の選択とあいまって、映画の説明から離脱する可能性を秘めていた。先に挙げた評判記には、人をくったような「奇声」は、操る言葉の文句と「攻守同盟」したために、つまり手を結んで効力を発揮したために、司郎は「奇声ですっかり売りこんでしまった」のだという。

「そんなに独りでやるなよ。講義録みたいに」「変り易い物は女心とラジオのセット」さう云つたやうな奇智と頓智とナンセンスと語呂合せと等、等、等の混合物が瞬く間に口を突いて出て来る。だから彼の説明は実に愉快だ。時とすると映画以上に面白い。（句点筆者）映画なんかそつちのけで彼の説明を聞いてしまふことがある。こうした事の善悪は暫く問はないこと、して映画よりも彼の説明の故を以て引き附けられるフアンも多いことであらう。[17]

司郎の説明の特徴は、短い単位で面白おかしいフレーズを運用していく点にもあったことがわかる。つまり「はらく〵と落つる涙を――小脇に抱へ」、「汽車が着いた、駅夫は窓の外を停車場々々と呼んで行く」「郵便が着いた、取る手遅しと裏を見ると――差出人から来たのである」という「人を喰った文句」を「ぽつぽつと兎の糞のやうに言う」説明は、「とんちんかん」でありながら「陽気」だと評された。[18]瞬時に軽やかに投げかけられる印象のフレーズは、時として、客の意識を映画の内容から脱線させてしまう。つまり、説明に気を取られて飛び出す言葉そのものを期待してしまうという状況が生まれてくるのだった。

こうした「当意即妙の警句」を司郎は多用した。司郎も自分の説明方法の特徴を示すために、同時代の説明の「形式」の例を挙げている。

只今、画面に現れました煙草屋の娘スターは、花屋の息子カーネーション・フラワー君と、画面にありまする通り、手に手をたづさへて公園のベンチに腰をおろし、さも楽々と休んでをります。高く見えますのは崖でありまして、低い方から次第々々に昇つております……[19]

ここで記された文句が実際に口演されていたものかどうかはわからない。むしろ、司郎がさもありそうなサンプルをつくってみせた可能性も高いだろう。しかしながら、司郎が不満を感じていた「形式」をうかがい知ることは可能である。それは、「動作の説明」を中心に展開していく進行方法を意味していた。古川緑波にいわせれば、それが「ラヂオのアナウンサーみたいな実況放送」なのだった。緑波は学生時代から活動写真ファンであり、司郎の「非常に奇抜な説明」を耳にしていた。

その頃の一般の説明は、「ドアを開けました。座りました。泣いて居ります。」というように、ラヂオのアナウンサーみたいな実況放送をして居つたのが、大辻は、「ポケット型の子供。勝手知つたる人の家。胸に一物手に二モツ。」というやうな、当意即妙の警句を吐いて、ファンばかりでなく仲間をびっくりさした。[20]

司郎は、自分が目指したのは「簡単明瞭式」の説明であったと述べている。つまり、「見てわかる事は一切説明しない」ようにするなかで、「言葉数も少く」しつつ「可笑しみを現はす」ことに苦心し、説明形式を研究したという。「動作の説明」に慣れた客からは批判されることもあった。しかし説明回数を重ねていくうちに、野次も減っていったという。[21]

「奇声」にのせられた「当意即妙」の「警句」によって司郎は笑いを生んだ。緑波が、司郎の映画説明は「既に自分を発表する漫談」であり、「説明という点からいへば、邪道であった」[22]と言うように、大辻の言葉は、映像をヨム行為から積極的に逸脱していた。司郎の「奇声」は、映像に埋め込まれた笑いのコードを増幅させ、時に予期されていない新しいコードを埋め込んでいくのだった。身体の動き、モノの動きに対して、司郎の声は、映像の見え方を確認していくあり方から、積極的につくっていくあり方へ故意に踏み出すことにより、飄々とそれでいて強引に、〝説明〟の一線を踏み越えていったのである。「警句」で笑わせる経験の積み重ねは、スクリーンからの独立を後押ししたに違いない。

五　チャンスとしてのハプニング――説明者という資格の失効と復旧

映画説明の方法そのものにおいて笑いを引き出す技術が磨かれていった一方で、漫談の起源として繰り返し想起されたのは、客との直接的なコミュニケーションであった。

緑波は、司郎の「漫談」につながる芸として「停電の際のつなぎのお喋り」[23]を挙げている。司郎自身が述べているのは、「一度停電があったです。その時に停電の言い訳に、「今、電気が寝てゐますが、今に起きて来ますから……」といふやうなことを言ふと、それが説明よりも受けるですね」[24]と述べている。夢声も司郎を次のように評している。

> 停電などあつて、映画がダメになると、司郎君は自ら進んで舞台へ出て、電気がやつてくるまで、何かとツナギのお喋りをしたものである。それがまた、実に巧かった。（中略）何しろ、彼が一言いう度に、客がドッと

笑うのである。このくらい、頻繁に客を笑わせる話術は、一人の芸として、嘗ての柳家金語楼、アプレの三遊亭歌笑以外には、私は知らない（漫才は別である）。[25]

夢声は、自分と同時代を生きたピン芸人のなかで、爆発的な笑いをとったひとりとして司郎を挙げた。その笑いとは、本業の説明以外のところで遺憾なく発揮された。そこで求められたのは物語の再現技術ではなく、演者／客の対話のみとなる場のハプニングへの対応の技術であった。大道、仮設小屋が、通行人を客に変えることにまず声の力を投機する場である一方で、席亭・劇場といった常設小屋は、客という役割をすでに受け入れた人々を相手にできるようにする場であった。つまり、その仕切られた空間は、演者／客という関係を安定させる意義がある。[26]芸と貨幣の交換ポイントを操作することで、演者は役割の安定化を暗黙のうちにはかるのである。ところが、映画館は、映写機を媒介して成立している上映空間であり、フィルムに従属しているがゆえに、映画説明者という演者の資格、すなわち対価に見合った芸を提供する者という資格は、常に失効する危険性をかかえていた。機械・電気頼みの上映空間のなかで、警句とあだ名される気の利いた文句を、奇声とともに発し、客を直接イジルことにより、不満を笑いに変換し、演者としての資格を維持・復旧させる技術をもっている演者、それが大辻司郎だった。こうした対応技術は、不安定さをかかえた活動写真であればこそ錬磨されたといえるだろう。

補足しておきたいのは、こうした客とのかけひきは、停電というハプニング時に象徴的に見出されたにせよ、その時のみに見出されたわけではなかった。たとえば「活動写真大会」の際に、客が「ベンシなまけるな！もっと喋れ」と野次をとばすと、大辻は「活動というものは、見るものであって、聞くものではないデス」というようなことを返したという。[27]おそらくは、映画上映の進行中でも、なかば意図的に、客に直接対峙する局面が瞬時につくられる——いわばハプニング工作を仕掛けるとも言えるような——こともあっただろう。停電にせよ、上映中にせよ、演者／客という関係性が揺らぐ状況に積極的に関わるなかで、司郎は客とのかけひきを試していった。

六　発語行為の解釈にむけて

ここまでみてきたのは、映像を忠実にヨム行為に満足せず、説明主導でワライを増幅させんがために、スクリーンに「奇声」とともに警句をあてがおうとする行為であった。一方では、演者という役割、客という役割がリセットされたときにその役割を復旧させる軽妙な発語であった。映画館という新しい上映／口演空間に適応する声を、司郎は錬磨していった。奇声だけでなく、警句だけでなく、それらが一体となって、人気喜劇説明者の資格を客に承認させていたということだろう。司郎の説明は、映画説明のあり方として普遍的ではない。むしろ司郎が数多の映画説明者を念頭におきつつ人気者にのしあがるための工夫である。演者の工夫は、別のかたちで他の演者のなかにも様々に見いだせるにちがいない。

口承文芸研究の視野は、発語行為の解釈という方向性のもとに、ぐんと広がっていく。

川田がもたらした人類学的な成果は、口承文芸研究全般に有益な比較研究の可能性を切り開くだろう。活字化できる発語内容、活字化が難しい声の声質、そして発語者の社会的な性格、この三つ声の特徴をつかむための原理的な物差しだといえる。その一方で重要と思われるのは、それらのあいだにある関係性そのものの分析へと視野がひろがっていくことである。近現代の情報産業下の声を論じるうえでは、それらの三側面の結びつきの緊密性（あるいは弛緩性）をひとつひとつ丁寧に論じて、ジャンルの特徴を可視化していく必要があるだろう。人気者、カリスマ性をもつ者、信頼感を得ている者、好感度の高い者、そうした不特定多数の前に現前する演者たちの価値が暴落したり、高騰したりする。何を言うか、どのように言うかで資格そのものが変容する、そうした不安定さを抱えている。近現代の大衆文化を視野にいれる口頭芸研究のなかでは、お笑い芸人の面白さ、政治家の信頼感、キャスターの安定感などが、情報産業下の複雑な要因のからまりあいのなかに投げ出されているということを念頭においた発語行為の解釈学が求められるのではないか。おそらく口承文芸研究は、その比較研究のアリーナとして可能性を胚胎している。

スクリーンへの従属、そして物語と意味への従属に抵抗した大辻司郎のナンセンスの痕跡は、口承文芸研究の器量をはかりにかけているように思えてならない。

付記

日本文化史をこれまで注目されてこなかった「死角」から語り直す工夫にこだわりたいという意識の原点は、大学院時代、つまり小松先生のもとでの研究活動にあると思っている。浪花節という研究対象の掘り起し、学問領域の交差をもとにした研究方法の工夫は、小松ゼミだからこそ自由に試せたのだろう。漫談への注目も、若い頃に培われたそうした構えの延長線上にある。

現在から地続きになっている近現代の大衆文化史を身近なものとして語り直すうえで、口承文芸研究はどのような視点を提供できるのだろう。おそらく学問領域の交差は、文化事象を複眼的にとらえる色あせない基本的な工夫である。人類学的な理論が歴史研究にもちこまれるとき、事例の問題点がくっきり可視化されることがある。一方で、その際に重要なのは、その理論の応用について、様々な注意書きが、厚みをもって記されていくことではないか。理論はあくまでも文化を語るきっかけである。理論の効果を上回る文脈の記述力があってこそ、大衆文化史の記述は、リアリティをかもしだすだろう。

注

（1）関一敏「ことばの民俗学は可能か」同編『現代民俗学の視点2　民俗のことば』朝倉書店、一九九八年、二三頁。

（2）前掲関「ことばの民俗学は可能か」、二四頁。

（3）川田順造「叙事詩と年代記」『口頭伝承論　下』平凡社、二〇〇一年、二二四―二二七頁。三つの側面については、本書全体を通して論じられている。声の「中毒現象」については、「はなしの演戯性」（同書所収）を参照。

（4）川田順造「口頭伝承論」『口頭伝承論　上』平凡社、二〇〇一年、一八七頁。

（5）真鍋昌賢「「語り物」から〈口頭芸〉へ」『日本民俗学』二七〇、二〇一二年。

（6）真鍋昌賢「特集について（特集　口頭芸研究の可能性）」『比較日本文化研究』一八、二〇一六年。

（7）渡辺裕「レコード・メディアと「語り」の近代――「映画説明」レコードとその周辺」『美学芸術学研究』二四、二〇〇六年。

（8）具体的な演者論は、映画史や社会学において地道に進められてきた。たとえば、北田暁大の徳川夢声論（「誘惑する声／映画（館）の誘惑――戦前期日本映画における声の編成」『岩波講座　近代日本の文化史六　拡大するモダニティ』岩波書店、二〇〇二年）、藤木秀朗のスターダム論（「スターとしての弁士」『増殖するペルソナ――映画スターダムの成立と日本近代』名古屋大学出版会、二〇〇七年）、成田雄太の声色弁士論（「日本映画と声色弁士――活動弁士を通した日本映画史再考の試み」岩本憲児編『日本映画史叢書一五　日本映画の誕生』森話社、二〇一一年）、小林貞弘による地方映画史料をもとにした言説分析（「名古屋で展開した弁士に関する言説」岩本憲児編『日本映画史叢書一五　日本映画の誕生』森話社、二〇一一年）、上田学の系譜論（「弁士の系譜――政治演説から無声映画へ」『比較日本文化研究』一八、二〇一六年）をはじめとした議論を参照しつつ、研究方法の勘案を続けていく必要があるだろう。

（9）大辻司郎の説明者としての経歴については、未詳の部分が多いが、資料から以下の痕跡がうかがえる。業界に飛び込んだ当初は、牛込館で見習い弁士になったといわれ、その後帝国館に出演するようになり、名前を売ったのちに金春館に移籍し、一九二二年（大正一一）春には東洋キネマに移籍している（月旦子「本邦映画界の人々大辻司郎」『キネマ旬報』九一、一九二二年、六頁）。また古川緑波は、大辻が京橋にあった豊玉館に出ていたところを見いだされ、有楽座という大舞台に引っ張り出され、その後先述した帝国館、さらには富士館でだんだん人気者になっていったと述べている（古川緑波「漫談の歴史――新漫談論、漫談の将来」『漫談競演集』〈『日の出』一九三三年一二月号別冊付録〉一九三三年、一三四―一三五頁）。一九二三年（大正一二）春には、それまで所属していた浅草千代田館から目黒キネマに移籍している（『カツキチ』二、一九六五年）。また、一九二四年（大正一三）一月には、目黒キネマから広尾不二館へと移籍していることが広告記事からわかる（「広告」『東京朝日新聞』夕刊一九二四年一月五日、一面）。同年夏頃には、銀座シネマにも「応援」というかたちで口演していた形跡がある（プログラム掲載パンフレット『CINEMA銀座』二五、一九二四年）。また一九二八年（昭和三）初頭には、芝園館に所属していたことがインタビュー記事からうかがえる（大辻司郎・図書室係「漫談でない漫談――芝園館弁士控室の一隅　下」『読売新聞』、一九二八年二月一日、四面）。

（10）大辻司郎「漫談の生立」『キング』五―三、一九二九年、二七七―二七九頁。

（11）大辻司郎「映画漫談（下）」『時事新報』一九二六年三月七日付、五面。

（12）「映画説明者評判記（5）大辻司郎君」『読売新聞』一九二七年七月一〇日付、朝刊五面。

（13）同右。

（14）前掲大辻「漫談の生立」、二七七頁。

（15）大辻司郎「納涼漫談　昔今のキネマ」『現代』七―八、一九二六年、三四一頁。

（16）真鍋昌賢「人はいかにして〈客〉になるのか」小松和彦・還暦記念論集刊行会編『日本の文化人類学／異文化の民俗学』法蔵館、二〇〇八年。

（17）前掲「映画説明者評判記（5）大辻司郎君」、五面。

（18）前掲月旦子「本邦映画界の人々　大辻司郎」、六頁。「雑巾をさくような女の悲鳴」「草木も眠る蜂蜜の頃」なども司郎が用いた「迷文句」だと言われる（御園京平『活辯時代』岩波書店、一九九〇年、五九頁）。

（19）前掲大辻「漫談の生立」、二七八頁。

（20）前掲古川「漫談の歴史――新漫談論、漫談の将来」、一三五頁。

（21）同右。

（22）前掲古川「漫談の歴史――新漫談論、漫談の将来」、一三六頁。

（23）同右。

(24) 徳川夢声・大辻司郎・松井翠声・古川緑波「漫談四人男漫談会」『漫談競演集』(『日の出』一九三三年一二月号別冊付録)一九三三年、一二〇頁。
(25) 徳川夢声『いろは交友録』鱒書房、一九五三年、一〇一頁。
(26) 前掲真鍋「人はいかにして〈客〉になるのか」での考察を参照。
(27) 前掲御園『活辯時代』、六〇頁。

＊引用文中における漢字の旧字体は、できるだけ新字体に改めた。

映像民俗誌における語りとその背景

――『明日に向かって曳け――石川県輪島市皆月山王祭の現在』より

川村清志

はじめに　映像民俗誌の再解釈

近年、多くの研究者が映像メディアを用いた研究を行うようになった。調査の現場と完成した映像作品の両面から、映像の課題を論じる議論も活発になりつつある[1]。その前提には、映像作品が公開をもって収束するものではないという視点がある。東アフリカを中心に鮮烈なフィルムを撮り続ける川瀬慈は「作品の公開は最終ゴールではなく、研究対象を理解する、また新たな旅の始まり」〔川瀬　二〇一五　一一二〕と語る。確かに作品の公開とその応答によって生じた新たな課題を引き受けつつ、更新をはかることも可能だろう。映像では表現しにくい背景やテーマを、文字などの媒体を併用することで、補完する試みがあってもいい〔小林　一九九四、柴崎　二〇一七〕。

本稿は、このような視点から、映像作品に示された声と語りの再解釈を試みる。そこに表象された人びとの主張や価値観が、どのような意図で構成されたものかを確認する。映像表現では省略された背景を挿入することによって、どのような潜在的な意味が含まれているのかを明らかにしたい。これらの作業が映像の編集や撮影の課題を浮き彫りにするとともに、映像メディアの解釈の多様性についての議論へと広がることを期待している。

一　映像作品と地域の概要

ここで紹介する映像作品『明日に向かって曳け――石川県輪島市皆月山王祭の現在』のテーマは、石川県輪島市門前町皆月の山王祭りである。皆月は、戸数約一〇〇軒の日本海に面した入江の村で、旧門前町七浦（しつら）地区に属していた。明治期に成立した七浦村は、戦後の町村合併で門前町に編入され、さらに平成の大合併を機に輪島市に編入された。市域となっても地域の過疎化と高齢化に歯止めはかからず、独居世帯や実質的に居住していない世帯も年ごとに増えている。その皆月が唯一賑わうのが、八月一〇日、一一日の山王祭の日である。祭りの二日間、村落内を舟形の曳山と神輿の行列が巡行する。映像では、山王祭の曳山の運営を担う青年会に焦点をあて、二〇一五年度の祭りをめぐる一連の活動を中心に作品を構成している。[2] 皆月青年会には、中学を卒業後、満三七歳までの皆月出身の男子が所属する。しかし、現在、皆月に在住する青年会員はわずか三名である。

作品の概要は表にまとめた通りである。この中で本稿は、三章に焦点を当てて議論を行う。この章は他の章と異なり、二〇一四年度の祭り前後の様子を紹介している。この年、台風一一号が日本列島を縦断するとの予測から、皆月の区内で会合が持たれ、祭りの四日前の八月六日に祭りの中止が決定された。ちなみに皆月は地区が一〇の組に分かれ、各組親と全体をまとめる区長によって様々な話し合いが行われる。映像は、中止に納得できない青年会員たちの声に始まり、日吉神社の拝殿で行われた神事、曳山の限定的な運行の様子が描かれる。その後、祭りの反省会の語りとともに後片付けの様子、さらに皆月の盆踊りの様子を挿入した。

以下では、この三章で交わされた二つの討論の場面に注目したい。最初の場面は、八月八日の夜、地区の集落

表　『明日に向かって曳け』の概要

章	章のタイトル	映像の概要
1章	祭りの準備の始まり	導入部、皆月の概要、青年会の概要の説明、日吉神社での祭りの準備、ヤマタテの様子。かつての子供たちによる準備の様子
2章	祭りを支える人と組織	祭りでの曳山と神輿の運行の仕方についての説明、祭りの概括的な組織の構成。、祭りのスペシャルリストとして、テブリ、音頭取り、大太鼓の紹介→具体的な場面とインタビュー
3章	危機のなかの祭り（2014年）	2014年度の祭りの前後の様子。台風による祭りの中止の決定、青年会と区との会話、宮での神事の様子、曳山の部分的な曳行、青年会による反省会、祭りの後片付け、盆踊りの準備と踊りの様子
4章	祭りの準備の大詰め	2015年の祭りの準備段階の後半、人足が参加する浜掃除や宮の片付け、曳山に縄をかけて固定するネジンカキやダシオコシの様子の紹介、青年会員とそのOBによる祭りについてのインタビュー
5章	宵祭り	宵祭り：午前5時半から始まるヤマ飾り、ヤマの引き始め、海岸道路でのテブリの指導、午神輿の神事の様子、後のデムラの曳行、夜の提灯を灯しての曳行、御仮屋前での神事
6章	本祭り	本祭りの様子　午後2時からの曳山の運行。神輿の行列の渡御、宮の坂の曳行、宮の中での最後のヤッサーと御輿の遷宮
7章	祭りの始末と存続に向けての取り組み	祭りの後片付け、8月末の運営委員会、2016年の正月の青年会の総会、役員たちへのインタビュー、アマメハギの様子と青年会の新年会、エンディング

センターでの青年会有志と区長との議論の様子である。午後八時過ぎから、祭りの実行を望む青年会員とそのOB（多くは会長経験者）と区長との話し合いが行われた。この場面には、当初からカメラを持ち込んでいたが、撮影することが難しい雰囲気もあった。しかし、その際に元会長で学校教員を務める斯波安夫さんから、「この場面を全部、記録しとかっし」という一言をもらった。そこから撮影されたのがこの章で紹介している一連の映像である。以下で焦点化したいのは、これらの議論を通して青年会員たちが、祭りをどのように受け止め、どのように価値づけていったのか、という点である。

二　集落センターでの語り

中止っていう言葉を変えれんですか。・・・中止っていう紙を今、全軒、配っとるじゃないですか、あれを変えれないですか。

慎重に言葉を選びながら語られる副会長の升本一理（かずみち）の言葉から現場の映像は始まる。(3) この後、区長から答えがあり、いくつかのやりとりがあったが、映像では省略している。実際、この話し合いの間には、かなり感情的な言葉も交わされた。中止の決定に至るプロセスを詰問する場面も見られた。しかし、それは、祭りをめぐる議論とはやや異質であり、個人的な評価に関わるものであったため、作品には含めないことにした。

感情的ではないが、撮影を後押ししてくれた斯波さんの言葉には力があった。当時、五〇代前半で輪島市内の中学校教頭を務めていた斯波さんは、自らのこだわりとともに青年会の思いを代弁している。

斯波安夫：何があるかっていうたら、祭りがあるから帰ってくるんです。今年は中止です。三日前に中止、決まりました。多分、みんなそれぞれの家で、はや、今年は祭りはできんぞって連絡しとると思うけども、みんな、電話でも携帯（ごし）でも、みんな思うとる、「何、そんなダラなことあるかい、ま、とりあえず来てみるわ」っていうとるもんが、いっぱいおると思うんです。こんな思いで、今でも、こんな風に諦めんとやっとるんですよ、ね。そういう思いも、ちょっと汲んでもらいたい・・。

沖浮雄二郎：会として成立していない場で、こういう重大な、皆月の一世一代のイベントを簡単に決めてしまったということは、やっぱりこれ、絶対、誰も納得できんと思う。納得しとるんは、その会に参加しとった組親だけやって。・うん、正直な話、僕ら、何しにここまで頑張ってきたわいね。

若者が帰省するのは、祭りがあるからだと斯波さんは語る。そんな彼らが、突然、中止の連絡を受けても、納得できるはずがない。「そんなダラな」のダラとはアホやバカに当たる能登の言葉である。そんな理不尽な状況に抗い、まだ、諦めずに祭りの準備を続ける者がいる。その若い衆の気持ちを少しは汲み取ってもらえないか、と彼は語っている。

もう一人の沖汗雄二郎さんも中学の教員として地元に残り、長年、青年会長を務めてきた。一九六七（昭和四二）年生まれで、撮影当時は四七歳である。彼は青年会を退会したのちも、祭りの準備に携わり、先細りしていく青年会を陰から支えてきた一人である。沖汗さんが、会長を退いた時期、皆月とその近隣に住む青年会員がほとんどいなかった。このままでは祭りの準備作業を続けられないかもしれない。そのような危機感は、一〇年以上前から胸にしまってきた。彼もまた、中止という決定には、到底、納得できない。彼の「僕ら、何しにここまで頑張ってきたわいね」という言葉は、決して、この年の準備作業に限定されたものではない。青年会の有志たちがこれまで積みあげてきた努力を踏まえた言葉に他ならない。

別の場面で斯波さんは、もう一つ、重要な視点を指し示していた。

曳山だけじゃないわ。神輿もあるし、太鼓もあるし、こういう準備もあるし、てんでんの祭りがあるんですよ。それをみんなやりたくて、楽しみにしとるんやから、・・まあ、聞きゃ聞くほど本当に・・今年だけじゃないわ。・・・・・・考えとる人は、はや、一週間前から、ほんで祭りすんで三日後まで、はや先まで考えて休み取ったり計画的にやっとるんや。

青年会の花形である曳山だけが祭りではない、と彼はいう。神輿の行列に参加する者、大太鼓の係、さらには準備段階もまた、「てんでんの祭り」である。斯波さんは、青年会を退会した後は、主に大太鼓を担当していた。祭りの中で大太鼓は、神輿の行列に随行する。曳山とは異なる時間に宮を出発し、村の中の神事の場所を巡り、やがて曳山の一行と合流する。彼は曳山から少し距離を持ちつつ、祭りを見守ってきた(4)。

彼らに続いて、現役の青年会役員も自らの思いを声にしていく。

川島大和：皆月には、本当、誰も来んし、今でさえもおらんけども、ただ集まってくるのは祭りがあるさけやからさけえ。いかにこうやるかという考えで、どうにかしてやろう、やって結束して皆月の、このなんちゅうんかな、団結力っていうんか、そういうのって祭りって試されるかなと思うんです。

升本一理：しかも、こんだけ、門前の中でも、やっぱ、こんだけ熱い団結力というのはなかなかないと思うんで、俺の嫁なんか、実際、ついていけんと言うとるぐらいやし。やっぱ、そういうのってバカやけど、一番大事なことなんじゃないかな。・・俺も今、もちろんここ（皆月）に帰ってきたのも、子供らにまだ（祭りを）やらせたいと言う希望を捨ててないですし、今終わらせることも嫌やし、どんだけできるかやっぱ、やってみんな、わからんじゃないですか。

川島大和（ひろかず）（当時三二歳）もまた、皆月に住む数少ない青年会員であり、一理とともに副会長を務めている。彼がかなりの早口で語る冒頭の内容は、青年会の置かれた厳しい現状の一端を示している。皆月には「誰も来ん」という言葉は、先ほどの斯波さんの言葉とは少しギャップがあるが、こちらの方が事実に近い。実際、青年会員たちの中には、祭りになっても帰らない者がかなりの数にのぼる。帰りたくても仕事の都合がつかない者もいれば、祭りの当日だけ来て盛り上がる者、全く関心を示さない者と温度差は大きい。村に在住していながら、一切、行事に関与しない青年会員もいるくらいである。笛吹けども踊らず、といった思いがそこには滲みでている。そのような現実を踏まえつつも、彼は青年会の、さらには村としての団結力が試されるのではないか、と述べる。

それを受けて一理（当時、二九歳）は、祭りへの深い思いを吐露している。彼は皆月の人びとの祭りへのこだわりが門前町の中でも一段と強いことを、大和の言葉を受けて「団結力」と表現する。門前町内出身の妻の言葉も引き合いに出しながら、それが「バカやけど、一番大事なことなんじゃないかな」と語る。さらに彼は、自分が皆月に帰って来たのは、自分の息子たちに祭りをやらせたいからだと、まだ、その希望を捨ててはいないと続ける。

彼は高校卒業後に皆月を離れ、金沢で建設業に従事していた時期がある。二二歳で現在の妻と結婚し、今では二男一女にめぐまれている。その彼が皆月に帰ることを決意したのは二六歳の時だった。かつて、別の場所で一理から聞いたことがある。祭りが終わり、金沢に帰らないといけない日が一番嫌だった。皆月を車で離れ、海が見えなくなり、一ノ坂の峠を越えていく時の気持ちが我慢できなかった、と。自分たちがヤマを立て、幕を飾り、竹を縛り、提灯を灯し、そして、気がすむまで暴れた祭りを、子どもたちにも体験させたい。その思い（モチベーション）が、この危機的な場で表出されている。

写真１　2014 年の曳山の運行

しかし、結論からいえば、彼らの意見や思いは事態を動かすことはなかった。翌日、改めて開かれた組親たちとの会合では、青年会の意見が通ることはなかった。映像では、ナレーションで中止の決定は覆らなかったこと、台風が去った後の日（例年では本祭りの日）に曳山を海岸近くに下ろすことだけが、許可されたことを伝えることにした。こうして、一一日の宮での神事の場面と神主の番場政晴さんの挨拶、限定的に行われた曳行の様子を示した。

曳山の作業は、一一日の午後二時過ぎから始められた。はだかの曳山を宮から下ろし、集落センターの前まで出した。センターの前で幕を飾り、ハタ竹を立て、アテの葉を取りつけた。見栄えとしては、通年の曳山と変わらない姿である。この後、曳山は、通常のルートとは逆に村の北に向けて海岸道路沿いを曳行した（写真1）。村の南のデムラに向かう道には電線が張ってあり（通年では祭りの期間だけ外してもらう）、移動できないためである。[5]村の北の端で提灯を灯し、再び、集落センターの前まで戻る。実際の運行は、二時間足らずであり、巡った距離も地区のごく一部である。その後、神輿も御仮屋もないため、御幣キリコを担ぎ出して、センターの前と本来は木製の鳥居が立てられる場所との間を往復して、この年の祭りを終えることになる。

三　青年会の「反省会」

祭りを紹介した後のパートでは、再び、青年会員たちの語りの場面を紹介した。映像では場所も時も示していないが、祭りの三日後の八月一四日の夜、前会長の島本真吾宅に青年会員たちが集った場面である。この場には撮影者の川村のほか、真吾と升本一理、その他二人の会員の計五人がいた。[6]語りの出だしは、前会長の島本真吾から始まる。撮影当時、三八歳の真吾は、金沢で家電関連の会社に勤務している。祭りへの思いは強く、皆月の外に住みながら、会長を三年に渡って務めてきた。

ぶっちゃけ、今日、親父と、来て帰ってからもめたんや。結果、良かったけど、あれで責任とれたんか、もし、人が怪我したら。青年会、責任取るって言うとるやろ、じゃ、青年会だけで責任とれんやろ。人が死んだら、青年会だけの話やねえやろ（笑）。

ここでは間接話法が織り交ぜられ、父親と真吾との会話が再現されている。[7]そのため文字に直して見るとかえって分かりにくい。「人が怪我したら」までが父親の言葉の引用であり、それは青年会が責任を取るとかえしたのが真吾の語りである。再び父親の言葉として、怪我だけでは済まず、「人が死んだら、青年会だけの話やねえ」という引用で笑いが起きる。

最後の笑いは本人だけでなく、それを聞いていた青年会員からも聞こえてくる。これは、売り言葉に対する買い言葉とやや大人気ない仮定に対する失笑とも受け止められる。祭りの場で人が怪我したり、最悪、死亡する危険性は、毎年の祭りの中にも潜在している。そこまで想定していては、祭りの執行そのものが不可能に等しい。そういうギャップもあったのだろう。ただし、毎年の祭りでは曳山の運行が青年会の管轄であっても、祭り全体の運営は皆月区が取り仕切っている。万が一の場合の最終的な責任は、地区が負うことになるのは暗黙の了解である。しかし、今回の運行に関しては、そのようなバックアップが存在しない。真吾の父の危惧が、青年会の独断による運行を指摘している点では、決して笑いごとで済む問題ではない。そのことを彼ら自身も自覚しており、この後の会話によって、それが、逆説的に示されていく。[8]

今回、ほんと思ったんは、ヤッちゃん（斯波安夫）先生やユウボ（沖泙雄二郎）先生が、最後の宮上がって、組親とかと喋る時に俺らは人足でもなければ青年会でもない立場やから、だから、何もいえないと言われた。壮年会のような何らかの形で作った方が言えるし、（組織を）作れば発言もできるし、（祭りの）運営委員の会にも参加できるし、言い分っていうか、道を作ってあげれば、今後も成り立つんじゃないかな。

ここで一理は、より革新的な問題を提起している。現状では、青年会と組親たちとの会合の中に、斯波さんや沖泙さんら青年会のOBが参加するすべがない。そこで彼は、祭りの保存会や壮年会といった組織を別に作ればいいのではないかという。祭りの実務を担っている人たちの声を運営に生かしていく新たな方法を彼は提案している。ちなみにここで語られる「人足」とは、祭りの準備や片付けに際して、地区の世帯ごとに一人ずつ参加が義務付けられる働き手のことである。この後、真吾と別の会員の語りが入り、それを引き継いで、もう一度、真吾が祭りへの思いを語る。

だから、人の考えって別々で、俺は、例えばこの祭り、四〇〇年続いとるこの祭りっていうのは、祭りの主としたら、五穀豊穣とか漁師の（大漁祈願）とかで、そこに地元の人間がいなくなったら祭りの意味がないやろう、やめてしまえばいいがいや、その意見も間違いじゃないと思うけど、ただ、ヤッちゃん先生も言っていたけれど、若者が集まる準備、若者が集まってやる前段階から含めて全部祭りねんて。考え方次第では。今まででこれで四〇〇年続いてきた歴史って、・俺は続ければいいと思うんだけどね。

ここで真吾は、祭りの趣旨が民俗信仰に起因するものならば、休止するという立場があり得ることを認めている。しかし、それだけが祭りの全てだろうか。先の斯波さんの語りを引き継ぎ、「若者が集まってやる前段階から含めて全部祭り」という視座が再度、示される。彼はここで、クラシックな民俗学が語ってきた視点を完全に相対化してしまっている。かつての祭りは、日々の生業に裏打ちされた信仰を基盤としたものだったのかもしれない。しかし、祭りそのものを目的とし、生きがいとして生活している者も確かにいる。そのような視点を村出身ではあるけれど村には住まず、一次産業にも従事していない青年が、客体化している。(9) ちなみに彼が繰り返す「四〇〇年続いてきた歴史」の典拠についてはよく分からない。しかし、それを単なる古さ自慢に帰するべきではない。これほど長きに渡って続けられてきた祭りもまた、その時々の人びとの様々な思い、一見地味な個別の作業の積み重ねと繰り返しによって続けられてきた。おそらく、彼はそのことを語っている。だから、それを引き継いだ自分たちもまた、祭りを「続ければいい」のである。

しかし、この後に続く会話は、ある意味でこれまでの議論の枠組みから逸脱するように聞こえる。

島本真吾：区があって初めて（祭りが）できるんやって。区がないとなんだかんだ今年、文句は一杯言ったけれど、区がないとうちらはできんげって。

升本一理：本当に、青年会もやったはやったけど、結果オーライやったんですね。

島本真吾：結果オーライやったけど、でも、改めて考えたら区長がおって、組親がおって初めてうちらがおるんげって。

升本一理：区長も最終的にあの、集会所で言ってましたよね、やっぱ、みんなが一つになって、区長も組親も青年会も合わせて、みんなで一緒になってやっていけば、やっぱ、一番いい理想やし。（中略）

升本一理：俺らの目線つったら、もう全部祭り目線で動いとるから、そうじゃない。年間で色んな行事があって、組親とかも祭りだけじゃなくてやっとるんやし、俺らは、俺もそうやけど、区の行事といえば、祭りを標準に合わせてやっているけれど、みんなはそれだけじゃないから、だから、・・簡単な問題じゃなかったんや。

島本真吾：だから、区長は絶対っていうのは、正しい。

この一連の会話は、一見したところは、前半の語りとは矛盾するように聞こえる。少なくとも、祭りの中止をめぐる先の議論では、区長や組親と青年会たちは、大きく意見が対立していたはずだった。祭りの決行を望む彼らは、区長たちに対して、批判的にならざるを得なかった。しかし、ここでは一転して「区長がおって、組親が

写真２　青年会による後片付けの様子

おって初めて」自分たちがいると位置づけられ、最後には「区長は絶対」とまで断言される。

果たして彼らの後半の語りは、酒の席でのたわいのない話に過ぎないのだろうか。それとも、状況に迎合した妥協の産物と捉えるべきなのだろうか。しかし、青年会員しかいない飲み会で、区に対する妥協や迎合など必要ないはずである。ここで思いおこされるのは、祭りの存続を望む青年会員たちが置かれた深刻な状況である。

すでに部分的には示したが、青年会自体の先細りと温度差の問題がある。青年会の会員の中にも、祭りの準備に参加しないものは数多い。もちろん各々の仕事があり、帰りたくても帰れない者がいることも、役員たちは承知している。各々の家族があり、生活がある。たとえ村の行事であれ、村をでた者たちには強く参加を促せないのが現在の皆月である。裏返して言えば、地区への依存によって祭りが成り立っている現実がある。しかし、村の人口も減り続け、平均年齢も上がり続けている。自分の家族や親戚、近所の者たちの声から、祭りの準備の大変さ、人足仕事のツラさが漏れ聞こえることも日常的である。皆月で生活している一理が、噛みしめるように語る「簡単な問題じゃなかった」は、彼らが客体化した皆月の現実に他ならない[10]。

だからここでの議論は、一見矛盾や妥協に見えながら、何とかして現状を調整し、打開しようとする試みとして捉えられるべきである。彼らが語る区長や組親との協調関係は、決してきれいごとではない。今後、祭りを続けていくうえでは、組織の改革とともに地区の人々との連携と協力を欠くことはできない。共に祭りを行っていくという意思こそが、ここで彼らが再確認したことだったのである。映像では、その実践的な場面として、八月一二日の祭りの後片付けに参加する青年会員の姿を挿入した（写真２）。別の章のナレーションでは説明したが、この作業は、それ以前は人足たちの仕事であった。そこに青年会が加わったということが、人足、ひいては皆月区と協調していこうとする会員たちの実践にほかならないと考えたわけである。

おわりに　青年会員たちの意識の変革

祭りの中止をめぐる一連の動きの中で、紹介した二つの語りから何が見えてくるのだろうか。最初に述べたように、ここでは彼らの語りを通して、青年会員たちの祭りに対する価値観、あるいはモチベーションの所在を明らかにしようと試みた。同時に祭りが置かれている危機的な状況を彼ら自身の言葉から炙り出したいと考えた。それは、当初の予想を超えた視座を作品にもたらした。

映像では、青年会（とそのＯＢ）たちの立場にこだわって、祭りへの思いを切り取っている。両論併記の原則で言えば、ここで組親や区長の声を紹介するべきだったかもしれない。しかし、ここでは、限定された立場の視線から、祭りや村の運営を捉え直す視点を明確にしたいと考え、あえて青年会に焦点化した。確認しておくと、ここで彼らは次のような視点を確立していった。まず、祭りの中心は曳山だけでなく、神輿や太鼓、さらにはあらゆる場面に内在することが提起され、共有されていった。次に地区との話し合いを通じて祭りを執行する組織の改変、ないしは新たな枠組みの可能性が模索されることになった。最後に、祭りを続けていくうえでの地域との連携、世代や立場を超えた協力関係の必要性が示され、地域の負担軽減に向けての実践が行われた。こうして三章は、青年会員たちが祭りを通してより広い視野と価値観、そして自らの変革を目指す過程として編集されることになったわけである。

以上の編集の意図は、この作品を通底するものである。しかし、それがどの程度、オーディエンスに伝わったのか、あるいは、違った解釈があり得たのかを吟味することは、全く別の問題である。他方ではカメラを向けられた話者たちが、自らの語りに込めた意図を映像上から再検討する必要もあるだろう。ここで省略したナレーションは、編集の意図に合致したものだろうか。視覚化された風景は、異なる解釈を誘発してはいないか。それら全ての映像民俗誌に関わる疑問は、今後の課題としておく。

付記

小松ゼミナールの一員として訪れた皆月で最初に与えられたタスクが、夏祭りの映像撮影だった。それ以来、この調査地に三〇年、居座っている。ゼミナールが成果を出し、一区切りつけた場所だからこそこだわった、と言えないこともない。

「異人殺し」をめぐる対談で小松先生は、「落穂拾い」という表現を用いた。文化の両義性をめぐる山口昌男先生の議論を下敷きにしながら、異人のネガティブな伝承に潜む日本文化の闇を掘り起こす。その各論にこだわる姿勢は、民俗文化という融通無碍な存在に新たな意味と構造を見出そうとする視座と連動する。

既存の理論やテーマに安住せず、常に調査地の現実から見えてくる風景、聞こえてくる声に向かいあう。たとえその声がデジタルの響きを奏で、風景の向こうに近代が透けてみえても、歩みをとめるべきではない。このような「姿勢」こそが、私がはじまりの地で多くの人々から学び、自らの研究の指針としてきたものである。この拙い歩みが、落ち穂拾いにこだわり、各論の向こうに新たな視座を築きあげた小松先生の営みに連なるものであればいいと願うだけである。

注

（1）もっとも文字による民族（俗）誌自体、著者による批判的な更新ということをほとんど聞かない。芸術作品と同様に一旦、完成した作品には手を触れないという、暗黙の強制力が働いているかのようである。しかし、このような強制力こそが、基礎的な資料の更新を阻むだけでなく、文化についてのステレオタイプを再生産する遠因となっていたのではないだろうか。

（2）この作品は、二〇一六年度に国立歴史民俗博物館の「歴博研究映像」として制作、発表された。本作では、映像の企画・立案はもちろん、現地調査、撮影から、映像の編集、加工までのほぼ全ての工程を研究者自身が行った。

（3）以下の会話表現においては、できるだけ本人たちの言葉を編集せずに文字化している。中黒点一つが一秒間の沈黙に相当するが、会話分析ほど厳密に文字を起こしているわけではない。なお、本論での呼称は、著者（＝撮影者）の現場での人間関係をそのまま示すために、年長者と年下のもので呼称の表現が異なっている。敬称を略したものは、著者よりも若い者と考えてもらっていい。

（4）もう一つ補足しておくと、映像では、斯波さんの語りの間に複数の声が入っている。その中で「祭りの準備が祭りやわいね」と言う声と笑い声が入る。それを受けて雄二郎さんが「これが祭りやわいね」と呟く。最初の言葉を発しているのは、雄二郎さんの兄の広一郎さんである。彼は年齢的にはすでに六〇歳近く、彼自身が組親の立場にある。しかし、船員として皆月を離れた年以外は、いつも青年会の準備に参加し、必要な機材も貸与してくれていた。しかし、航海中の怪我がもとで数年前に右足の膝から下を切断する手術を受けていた。曳山の運行に加わることが難しくなった彼が選び取ったのが、祭りの準備に加わり続けることであった。広一郎さんにとってそれが「祭り」なのである。

（5）この曳行自体が、ギリギリの選択である。当初の予定は、ヤマを集落センターの駐車場において飾り付けをするだけ、のはずだったからだ。しかし、一旦、宮から下ろした延長で、動かしてはいけないという約束をしなかった点をついて、彼らは、移動可能な場所を引き回すという「戦術」にうってでたのである。

（6）二人のうちの一人は沖汗勝人で、厳密には皆月の出身ではない。彼の父が皆月出身のため、祭りに参加するようになった。発話は少ないが、皆月の祭りに対する重要な視点を共有している。もう一人は、画面にはあまり映らず、発言もないが、一理と同い歳の菅芳樹である。彼も皆月出身者ではなく、現在も三重県に住んでいる。彼の母の郷里が皆月のため、小学校の頃から夏休みを皆月で過ごしてきた経験をもつ。

（7）真吾だけでなく一理や斯波先生の発話でも、引用を含めた間接話法が登場する。それらが一連の談話の中で果たす効果や文脈の広がりについては、改めて考察を加えたいと考えている。

（8）実はもう少しアイロニカルな背景もある。他ならない真吾自身が、かつて曳山から落ちて、あごの骨を折り、瀕死の重傷を負った経験があるのである。父親が想定するような事態を身をもって経験していたのは、語り手の真吾自身である。もちろん周囲の青年会員たちもそのことを熟知している。よってここでの笑いは、彼ら自身の責任の所在とその重みを反省的に受け止めた者たちの苦笑いとしても理解できる。もちろん映像でそこまでの背景を示すことができない。ここでは世代間の考え方に大きなギャップがあること、あるいは地域の外で生活する者と中で生活する者との相違点を示すことを目指していた。

（9）このような準備過程を含めた祭りを重視するという視点は、かつて私自身が主に参与観察を通して行った、子供たちによる山王祭りの準備過程についての考察を後付けてくれるものだった〔川村二〇一〇〕。

（10）もっとシビアな現実もある。皆月の隣村で同じ七浦地区に属する五十洲では、すでに一〇数年前から祭りの曳山が途絶している。同様に皆月の北側に位置する集落、大沢でも曳山の運行が休止を止むなくされている。近年、NHKの朝のドラマの舞台となり、撮影のために一度だけ曳山が出されたが、その後、ヤマが復活する予定はないという。祭りの存廃は対岸の火事ではない。今、そこにある危機なのである。

参考文献

川瀬慈　二〇一五「音楽・芸能を対象にした民族誌映画の制作と公開をめぐって――エチオピアの音楽職能集団の事例より」『フィールド映像術』分藤大翼・川瀬慈・村尾静二編、古今書院、一〇二―一一二

川村清志　二〇一〇「祭りの習得と実践――子どもによる準備過程を中心に」『比較文化論叢：札幌大学文化学部紀要』二五、七―五四

小林忠雄　一九九四「都市の民俗誌研究のあり方をめぐって――民俗研究映像『金沢七連区民俗誌』の製作プロセスから」『国立歴史民俗博物館研究報告』五七、二二五―二六三

柴崎茂光　二〇一七「映像で論文を創る――民俗研究映像「屋久島の森に眠る人々の記憶」を制作して」『山林』一六〇一号、二八―三七

出産の「痛み」を語る声——陣痛から医療処置の痛みへ

安井眞奈美

一　「出産が怖い」

現代では、九九・八パーセントの出産が病院や診療所などの医療施設で行われており、病院で出産すれば安全だと、当然のように捉えられている[1]。しかし松岡悦子は、近代における出産は、医療によって死亡率の低下がもたらされたと言われてきた反面、その負の側面にも注目する必要があると主張する。そして、「近代出産のマイナス面を考える発想は、医学の中からはほとんど生まれてこないとするならば、出産を文化人類学や社会学の視点から研究を進めていく意義は、まさにそこにこそあると言えるだろう」と指摘する〔松岡　二〇一四　一二五〕。近代出産のマイナス面とは、「一つは出産への恐怖が大きくなったこと、二つ目は正常な出産が増えるのとは逆に帝王切開が増えたこと、三つ目はマタニティー・ブルーズや産後うつ病などの産後の問題が増えていること」である〔松岡　二〇一四　一二五〕。

病院での出産が安全だと人々が意識するようになったにもかかわらず、女性たちの出産への恐怖が増しているのは、確かに皮肉なことである。松岡がそのように分析した根拠には、たとえば出産へのイメージを問うアンケート〔「ぐるーぷ・きりん」による一〇代から三〇代の女性たち二二〇〇人に行った、一九九九年に公表されたアンケート結果〕がある。これによると、出産から連想することばとして断然トップであったのは「痛い、痛み」であった〔松岡　二〇一四　一二六〕。

出産の痛みとは陣痛のことなのか、それとも他の要因による痛みなのだろうか。これまで産むこと、産まないこと、また女性のからだについての研究は、女性史の分野を中心に精力的に進められてきた。民俗学や文化人類学のように、フィールドワークを行う分野では、聞き取りと参与観察によって、たとえば村でお産を支えていた産婆（助産婦）の活動や、地域で伝承されてきた産む姿勢、出産を支える人々、出産に医療が関わっていく過程などを明らかにしてきた。さらに、民俗学や文化人類学が出産の研究に寄与できる点は、主流とされているもの、中心に位置づけられているものに代わって周縁のもの、辺境のもの、オールターナティヴなもの（代わりのもの）を示していくことが挙げられる。たとえば、現代〇・六パーセントにすぎない開業助産所での出産の現状を明らかにしていく、といった研究などである。[2]さらに、身体についてのさまざまな声を示していくことも考えられる。たとえば人類学者のエミリー・マーチンは、身体に関して「多くの声のなかで科学だけに語る声が与えられている」と指摘し、「さまざまな言説のおおいを剝がしていこうとする動きによって、豊かな多様性が明るみに出てきている」と、月経についての女性たちの声を集めている〔マーチン　二〇〇三　一二四〕。月経は、産科医が語るような科学的な語り、つまり「古くなった子宮内膜の残骸の放出だの、壊死した血管の出血だのではなく、女であることを示す生命物質をつくること、妊娠していないことの告知などとみることだってできるはずである」と、医学的な語りから身体の語りを解放する道筋を示し、身体に関する文化人類学の研究意義を説いている〔マーチン　二〇〇三　一二四〕。

これらの点を念頭に置いて、本稿では出産の痛みに対する声を集め、「近代出産のマイナス面」を具体的に描き出していきたい。そうすることで、近代出産のマイナス面を克服していく次の展開を考えたいからだ。近代の出産を特徴づける要因の一つは「病院で産む」ことであり、自宅での出産から病院への出産へ移行する際に、妊娠・出産の経験は劇的に変容した。そのため、この時代の様子を筆者のフィールドワークに基づいて記述し、「痛み」の要因が変容していったことを明らかにしたい。

二　自宅で出産していた頃

慣用句に「産みの苦しみ」という表現はあるが、「産みの痛み」という表現はない。ちなみに「産みの苦しみ」とは、出産のときの陣痛、ものを作りだすときの苦しみなどを指す。陣痛は「分娩の際に規則的に反復して起こる、子宮の収縮およびそれに伴う痛み」であり、胎児を娩出するために必要な身体のはたらきである。まずは陣痛を手掛かりに、出産の痛みを考えてみたい。

かつて陣痛は、どのような言葉で表現されたのだろうか。近代の妊娠・出産習俗を全国的に集めた資料集である『日本産育習俗資料集成』によると、「陣痛をもよおすことをウメキガクルという」（長崎県壱岐郡）、「陣痛のことをハラガツメル、ハラガセクともいう。曲部落ではウミキともいう」（対馬厳原付近）などが挙げられている（恩賜財団母子愛育会編　一九七五　二四〇）。ウメキガクル、ウミキなどは、いずれも陣痛を感じて妊婦が「呻く」ところから来ていると考えられる。ハラガツメル、ハラガセクも、お腹への感覚の変化を表しているのだろう。筆者も、奈良県天理市の山間部の集落で陣痛のことを「シキリ」と呼ぶと聞いた。これらの言葉で女性たちは、出産が近いことを周りの人々に伝えたのだろう。

次に筆者がかつて、奈良県吉野郡十津川村の集落で聞き取りをした事例を紹介したい。十津川村の詳細についてはすでに『出産環境の民俗学――〈第三次お産革命〉にむけて』にて紹介しているので、そちらを参照されたい〔安井　二〇一三〕。当地には昭和初期頃、免許をもった産婆と、助産の経験を積んだトリアゲバアサンと呼ばれる産婆役の女性がいた。しかし山深い集落では、谷を越えて産婆を呼びに行ってもお産に間に合わないので、妊婦の実母や姑、夫、近所の女性たちで助産することが、戦後になってもしばらく続いた。

十津川村山天集落に住む一九三三年生まれの女性は、一九五五年に結婚してすぐに妊娠し、一九五六年から一九六五年までに五人の子ども全員を自宅で産んでいる。妊娠中は、陣痛がくるまで農作業を行っていた。強い陣痛を感じ自宅に戻って、布団の上に自分で油紙を敷いてお産の準備をした。夫は湯を沸かしたり、部屋に布団を用意したり、テキパキ準備した後に、出産の部屋から出て行った。その代り姑がつきそい、出産の進み具合を看ながら声をかけ、助産をしたという。背後に積んだ布団によりかかって陣痛が強くなるのを待ったが、姑が腰をさすったりはしなかったという。当初、彼女は「子どもは全部夫が取り上げた」と説明してくれたが、実際はその場にいた姑が取り上げたようだ。夫は、無事に子どもが生まれ、後産（胎盤）が出てから部屋に入って、胎盤の処理を行った。その後、臍の緒を縛った同じ紐で産婦の足の指を結んだという。これは、胎盤が子宮内に残らず、すべて排出されるための呪い（まじな）いであった。胎盤が残ると、産後の肥立ちが悪かったり、次の妊娠・出産に支障をきたしたりするからであった。産婆を呼ばずに済んだのは、夫が近くにいるという信頼感、姑が腰をさすったりしないものの、経過を看てくれているという安心感、何より出産は自分でするもの、という強い思いがあったから、と考えられる。

産後一二日間は部屋でじっと休養し、置き薬の「実母散」を飲んだ。彼女にとって陣痛は出産の始まりを示す重要なサインであり、また出産の痛みは「産んだら忘れる」ものであった。むしろ一二日間部屋で休んだ後に、日常の農作業に戻る方がつらかったという。

同じ頃に出産した同じ集落の女性（一九三五年生まれ）によると、出産がどのように進むのかは、だいたい母や伯母、姑から予め教えられ、「障子の桟が見えなくなるくらい苦しんで産む」と言われたという。これまでみなそうして産んできたのだから、そんなものなのだろう、と納得したという。お産は「ふつうにしていたら産まれるもの」と認識されており、とりたてて「出産の痛み」が語られることはなかった。

一九五〇年代、国の奨励する産児調節により、女性たちは避妊をしようとしたが、夫の協力が得られず、妊娠してしまう場合も多かった。そのため十津川村においても、人工妊娠中絶をする女性が多かった。早朝、十津川村をバスで出発して険しい山道を揺られ、昼前に奈良県五條市の病院に着いて手術を受け、夕方帰宅するという過酷な行程であった。途中、バスがあまりに揺れるので気分が悪くなって途中下車し、駆け込んだ親戚の家で卒倒して流産した、と語る女性もいた。

この時代、十津川村の女性たちにとって、出産に際しての陣痛よりも、人工妊娠中絶の手術の方がはるかにつらく、女性の身体に大きな負担を強いるものであった。

三　病院で産む

病院などでの施設出産が、自宅出産を上回るのは一九六〇年代のことである。この時期、出産のあり方が根本的に変わっていく。それまでは自宅で助産婦の介助により、坐産や仰臥位の姿勢でお産していたが、病院では産科医の介助により、分娩台に乗って仰臥位の姿勢で産むようになった。

十津川村では、一九六五年頃から病院での出産が主流となる。産婆やトリアゲバアサンでは異常出産に対応できないので、万一の時には医者に助けてもらいたいという意識が強くなってきたからであった。とはいえ十津川村の診療所には産科医はおらず出産できなかったため、村外の病院まで行く必要があった。

同じ奈良県でも、町の助産所や病院にアクセスしやすい地域では、一九五〇年代から病院で出産するようになっていた。たとえば当時の天理市福住村では、病院や助産所、助産婦が介助する母子健康センターなどの施設で出産することは、自宅での出産に比べて、ステータスが高いとみなされるようになっていた。自宅出産は「貧しく」、病院での出産が「進んでいる」「経済的に豊か」と考えられるようになったという。助産所や母子健康センターは病院で出産するよりも経済的であったので、より高いステータスを示すために、あえて病院出産を選ぶ女性たちが増えていった。

しかし、そのようにして選んだ病院で、胎児が生まれやすいようにと、産科医が会陰（えいん）切開と称して外陰部と肛門の間のやわらかい部分を予め切ったり、陣痛で苦しんでいても、助産婦や看護婦は部屋に来てくれず一人放置されたり、分娩台の上で足を開けて固定され、うまくいきめずに医者や看護婦に罵られたりすることもあった。けれども当時、女性たちがそれを誰かに話したりすることはほとんどなかったという。病院での出産を選んだことが誤っていたかのようで言いづらかったのである。病院で産むとはこういうことだ、と納得するようにしていたと言う。

次に出産の姿勢について見ていきたい。自宅で出産していた頃は、しゃがんで布団や米俵にもたれたり、産室の天井からつるされた縄につかまったりして産んだ。いわゆる坐産である。胎児は、陣痛として知覚される子宮の収縮作用によって、頭をゆっくり回転させながら産道を下りてくるため、産婦自らが会陰保護を行うことができた。たとえば産婦がキビス（かかと）を尻に充て圧力を調整して会陰保護をしたという事例も報告されている〔西川　一九九七　一二七〕。また会陰保護は、明治時代に医学知識を身に付けた産婆たちから、戦後の助産婦へと受け継がれた手の技であった。助産婦は会陰を抑えながら、胎児が少し顎を引いて屈位で出てくるようにうまく誘導したのであった〔安井　二〇一三　一七五〕。

ところが病院では、妊婦は分娩台の上に仰向け〔仰臥位〕になり、産科医が当たり前のように会陰切開を行った。当時の産科医は、会陰が伸びるのを待つよりは、先に会陰を切開しておいた方が胎児を取り上げるには安全だと考えたからであった〔安井　二〇一三　一七六〕。また、介助者がお産の進み具合をもっとも観察しやすい仰臥位の姿勢は、妊婦にとっては「骨盤軸が重力方向に逆らう上、仙腸関節の動きが制限されるため、胎児の娩出には不利な体位」であった〔中根　二〇〇六（一九九九）一五四〕。病院で産む場合の仰臥位の姿勢が、いきみの具合と身体の構造からしても、「胎児の娩出には不利な体位」であったことは注目される。もっとも、近代に専門知識を身に付けた産婆たちも、自宅でお産に臨む妊婦に、いざお産になると仰臥位の姿勢をとるよう指示することがあったので、仰臥位は必ずしも病院で出産するようになってから新しく始まった姿勢とは言えない。

分娩台の上で両足を固定されて緊張したままでは、妊婦がうまく力を抜いてリラックスすることは難しい。さらに、分娩台で同じ姿勢を続けていると、気を紛らわすこともできず、痛みを真正面から感じ続けなければならない。明治時代に登場した脚置き台付き分娩台は、産科医にとっては診やすいが、妊産婦にとってはきわめて産みにくい装置であったことは覚えておきたい〔安井　二〇一四　一九七～一九八〕。

また病院で出産するようになり、介助者が産婆〔助産婦〕や近親者から産科医に変わったことも大きな変化であった。吉村典子によると、愛媛県の山村では、分娩中の妻に夫が積極的に助力する方法が、病院で産むようになったときに消滅したという〔吉村　二〇〇八〕。かつて父親が母の腰のあたりを一生懸命マッサージしているのを思い出した夫が、病院で妻をマッサージしていたら、看護婦に「男は廊下に出て下さい！早く、早くっ！」と言われ、夫たちは「病院でするお産は、男の自分がおったら怒られると知った」と語ったという〔吉村　二〇〇八　五四四〕。

四　病院出産に対する女性達の声

奈良県での聞き取りの事例では、病院での出産の際に妊産婦が医者や看護師から理不尽な扱いを受けたとしても、女性たちはあえてそれを語ることはなく、「病院での出産はこんなものだ」と納得するようにしていたことがわかる。しかし、病院でのつらさは彼女達だけに限らず、広くこの時代に共有されていた経験でもあった。

それを示すかのように、一九七〇年には、たとえば大阪消費者友の会が、医療の現状をより的確に把握した上で、その声を基礎に医療改善のための活動をしていこうと「医療110番」運動を始めている。この運動は東京を含む一一都道府県に及び、医療に対する市民運動がさかんになっていった〔杉山・堀江　一九九六　八～一一〕。

また一九七五年一月には、四二の婦人団体・労働団体・市民団体の連絡組織として国際婦人年大阪連絡会が発足し、出産の現状を知るために一九七七年に一万人に対して「妊娠・出産に関するアンケート調査〈第一次調査〉」を行った。その成果は一九七九年に『出産白書　3361人の出産アンケートより―母性の社会的保障とすこやかに生まれる権利のために』として刊行された〔国際婦人年大阪連絡会編　一九七九〕。三三六一人の回答によると、たとえば三人に一人が分娩時に陣痛誘発をするなどの計画分娩を受けており、また八七．六パーセントが誘発を自分から申し出たわけではないこと、四人に一人は誘発の説明を受けていなかったこと、さらに四人に一人が誘発分娩に不満を持っていることなどが明らかとなった〔国際婦人年大阪連絡会編　一九七九　八～九〕。出産の痛みはもはや陣痛そのものではなく、陣痛促進剤などの誘発による痛みとなっていた。

一九六〇年以降、第二波フェミニズムが大きな盛り上がりを見せたアメリカでは、女のからだとその健康にかかわる諸問題に重点的に取り組もうとする「女の健康運動（women's health movement）」が国際的に大きな影響力を及ぼした〔荻野 二〇一四 一三～一四〕。一九六九年春、ボストンで開かれた女性会議の分科会の一つ「私たちとそのからだ」という討論から発した女性グループが、「患者に十分な情報を与えようとしない医者たち」に対して失望や怒りを感じ、「いかに自分自身のからだについて無知であるか」という点に気づいて活動を開始したのであった〔ディスキン、サンフォード 一九八八 三〕。

日本でも女のからだをめぐる諸問題は、一九七〇年代のウーマン・リブの旗揚げの時点から運動の中心的な課題であった。その大きな理由は、人工妊娠中絶を合法化していた優生保護法（現・母体保護法）を改定して事実上禁止しようとする政治的な動きを阻止するために戦うことが、日本のリブ運動にとっての最初の課題となったからである〔荻野 二〇一四 一四～一五〕。

ボストンでの「女の健康運動」の成果である『私たちのからだ・私たち自身(Our Bodies, Ourselves)』は一九七〇年の初版本に改定が加えられて商業出版され、一九七六年までに二五〇万部近くを売り上げて大成功をおさめた〔荻野 二〇一四 七二〕。日本でも大勢の女性たちによって翻訳がなされ、『からだ・私たち自身』として出版された。翻訳者の一人である荻野美穂は、日本語版にあたって工夫した点として、第一にことばの問題を挙げている〔荻野 一九八八 八〕。「日本では性器を表わす語には「陰」や「恥」の字がつきもので、そのため性や性器は汚ない恥ずかしいものという否定的イメージが助長されている」ことを遺憾に思い、陰唇→性唇、外陰・内陰→外性器・内性器、恥毛→性毛、恥骨→性骨、恥丘→性丘と言いかえ、従来の用語は（　）に入れて示すという方法を採用している。ただし「会陰」だけはよりよい表現が見つからなかったので、そのまま残したという。女性が自身のからだについて語るときに、まずはことばから変えていこうという、画期的な取り組みであった。

また一九七〇年代前半にアメリカから日本に伝えられたラマーズ法は、女性たちの強い支持を受けて普及した。日本でのラマーズ法の普及に尽力した杉山次子は、日本人の手で日本人のために改良されたラマーズ法を広めたいと、産前教育と呼吸法を取り入れた日本式ラマーズ法を考案し、それを学ぶ場として一九八〇年に東京で「お産の学校」を立ち上げた。呼吸法だけではなく、ラマーズ法出産の準備教育に力を入れたのは、「心身の変化についてよく知ることによって、今後おこる事態を容易に受け入れ、対応できるように知的に理解してもらう。分娩時の子宮収縮の意味がよくわかれば、陣痛を恐れて不安にならずに乗り切る工夫と勇気が生まれる」という目的からであった〔杉山　一九八五　九九〕。「陣痛を恐れて不安にならずに乗り切る工夫と勇気」は、かつて自宅で出産していた頃であれば、母や姑、近親の女性たちから予め教わり、出産の際はその場でも教えてもらえるものであったが、一九七〇年代には自ら学習し、反復によって身に付ける身体技法となっていったのである。

五　自らの妊娠・出産を語る

一九八〇年頃から、妊娠・出産経験を綴ったエッセイやノンフィクション、漫画などが数多く出版されるようになる[3]。また同じ頃、一般の女性たちの妊娠・出産経験を集めたインタビューやアンケートの記録なども出された。清水ちなみは一九九六年、「ＯＬ委員会」のメンバーと、二三歳から三三歳までの「フツーの女性」たちの出産体験を集めて『大出産。』を出版した〔清水　一九九六〕。編者の清水は意図していなかったであろうが、はからずも出産のさまざまな痛みが記された本となった。

冒頭の「執筆当時二八歳、二三歳初産」の女性の「陣痛促進剤投与」を紹介しよう。彼女は朝、腹が張るので受診したところ、即入院となった。一九九〇年代初頭の事例である。

午後になって、「痛くないし、いったん帰ろうかな」と思ってたら看護婦が点滴を持って部屋に入ってきた。

点滴を私の腕に刺したあと、何か小さなガラス容器から注射器で吸い取り点滴の中へ入れてるので、何なのか尋ねたら「陣痛促進剤です」という返事だった。

その2～3分後、生まれてこのかた体験したことないほどの激しい痛みが襲ってきた。痛みと痛みの間隔はわずか3～5秒で、痛みが襲っているあいだは呼吸もできないほどだった。

看護婦を呼んで「痛すぎる」と訴えると「大袈裟やねぇ」と鼻で笑われてしまった。しまいには「先日出産した人はお産まで40時間ぐらいかかったけど、痛いなんてひと言も言わなかったわよ！」と怒られ、その挙げ句「私忙しいんだからね！」と行ってしまった。（後略）

（清水　一九九六　一五～一六）。

何の説明もなく、看護師によって陣痛促進剤が投与されている。本人も点滴の針が自分の腕に刺される前に、看護師に何も尋ねていない。当時すでに、陣痛促進剤によって人工的にお産を早めた結果、母親や胎児が死亡したり、後遺症が残ったりする被害が増えていた。一九八八年には「陣痛促進剤による被害を考える会」が発足し、厚労省、行政への働きかけを行ったり、医療側に陣痛促進剤の安易な使用に警鐘を鳴らしたり、産む側には危険性・副作用を含めた正しい知識や情報を提供するなどの活動を行っていた。[4]また日本でも注目を集めるようになった、鎮痛剤などを用いた「無痛分娩」について、WHO（世界保健機関）は、一九九六年に「正常産のケア」についてのガイドラインを設け、「薬剤を使って痛みを取り除く（薬理学的鎮痛）方法は、とくに先進国において、非常に多く用いられるようになっています。（中略）鎮痛のメリットは明らかにされていますが、母子へ悪影響が及ぶ可能性についてはあまり目が向けられていません」と注意を喚起している（戸田　一九九七、七九）。

先述の女性は、陣痛促進剤の投与後に激痛を感じたが、なんとか無事に出産した。そして、陣痛促進剤による激痛に比べれば「自然分娩の痛みなんて大したことないと思った」と最後に記している。ここでの「自然分娩」

とは陣痛促進剤などを用いずに産むことを指している。彼女にとっての出産の痛みは、陣痛促進剤により急激に襲った激痛と、看護婦の対応である。

次に紹介するのは、一九九〇年代半ばにラマーズ法で夫の立ち会いのもと出産した二三歳の女性である。彼女は、「胎盤が出てきてお産は無事完了したかのように思われましたが、最後に思いもしない衝撃的な出来事がありました」と記している。夫と幸せに浸っていたところ、産科医が子宮の中を処置するため「ちょっと痛いですよ！」と言って、夫の目の前で突然内診を開始した。「右腕をひじまでズボッと一気に突っ込んだのです。お産とはまったく違うショックでした。痛いのとビックリしたせいで声も出ませんでした。夫も相当な衝撃を受けたようです」と記している〔清水 一九九六 一〇〕。何の説明もなしに夫の目の前で内診をするというのは、人としての尊厳が踏みにじられていると言ってもよいだろう。「ちょっと痛いですよ！」ではなく説明が必要であるし、夫には少し退室してもらうなどの配慮があってもよかっただろう。今日では、予め医者の説明を受けて患者が納得して治療を行うインフォームドコンセントが普及しているので、このようなことは起きていないと願いたいが、実際のところはさまざまな声を集めなければわからないだろう。

六　これからの出産環境を創り出すために必要な声

本稿では、自宅出産から病院出産の時代へ移行した際の「出産の痛み」を筆者のフィールドワークの成果から紹介してきた。自宅出産の頃は、陣痛は出産の経過のなかで経験すべきものであり、ことさら大きく取り上げられてはいない。陣痛はもちろん痛いが、長期的に継続するわけではなく、出産が終われば忘れてしまうものと伝えられていた。お産が無事に進むよう、産む姿勢や力の入れ加減に工夫がなされ、それが母や姑、叔母などの近親者から娘へと、出産の場で伝えられていた。また吉村典子が紹介したように、出産中に夫が積極的に協力する地域では、妊産婦に大きな安心感を与えるだけでなく、夫婦での共同作業という意識を強める場合もあった。すでに「夫の立ち会い出産」が先取りされていたと言えるだろう。

病院出産になってからの「出産の痛み」は、病室に一人で放置されたり、看護婦や助産婦に冷たくされたり、いきなり会陰切開をされたり、陣痛促進剤の痛みを経験したり、病院での孤独感や医療処置によるつらさとして、認識されていることがわかった。松岡悦子も「ぐるーぷ・きりん」のアンケートから同様の点を指摘しているが〔松岡 二〇一四 二一八〕、これは一九九〇年よりさらに遡って、病院で出産し始めた一九六〇年代からすでに始まっていたと言える。

病院出産における「痛み」は、医療機関によって、また医療処置によっても異なってくる。そこで、一九七〇年代に医療を批判的に検討し直し、女性自身の身体について知るための活動として、『出産白書』や『からだ・私たち自身』の刊行、またラマーズ法の広まりなどを紹介した。女性のからだを自分たちで学び、自分たちの声で語ること、また医療の現状や医療機関について評価していくことが、一九七〇年前後から行われていたことを確認した。その後、一九九〇年代の事例として、『大出産。』より、病院での不適切な措置と理不尽な対応が記述された事例を紹介した。

では、現在の出産の痛みとは、いったい何なのだろうか。麻酔による無痛分娩のリスクがどの程度理解されているかは不明であるが、人気の高さは、なるべく痛みを無くしたいという表れかもしれない。またさまざまな不安により、マタニティー・ブルーズが増えていることなどを鑑みると、痛みの要因は精神的なものも含め、さらに多様化していると言えるだろう。近年では、「産まれる前に赤ちゃんの健康状態を知ること」である出生前検査〔山中 二〇一七、三三〕について、柘植あづみ、菅野摂子、石黒眞里などが出生前検査の経験を聞き書きし、多くの声を集めている〔柘植他　二〇〇九〕。まずは出生前検査を受けるのかどうかも含めて、当事者の不安の大きいことがわかる。

そうした状況を踏まえ、現代日本に生きる人々の声を集める研究は引き続き重要であると言えるだろう。UCLA人類学教授の玉野井麻利子が一九九〇年に、文化人類学海外の日本研究に、日本人女性の視点は活かされていない、と指摘した点は現代にもあてはまる〔Tamanoi 1990〕。文化人類学、民俗学の研究は、フィールドワークを通して、現代に生きる数多くの人々の声に耳を傾け、それらさまざまな声を記録し続け、現代に対して問題提起をしていく研究を、これまで以上に進めて行く必要がある。本稿のテーマに即して言えば、出産の痛みに対する多様な声を集め、これから産もうとする女性達の漠然とした出産への不安を和らげること、さらに今後どのような出産環境を創り上げていけばよいかを考えていく研究につなげていきたい。

病院での出産が、痛みやつらさをもたらしてきたとすれば、病院出産以外の方法を考えることもできる。たとえば助産師がより一層自律的な存在となり、開業助産所や自宅などでも産める選択肢が確保された出産環境を目指せないだろうか。病院の世紀は終わり、次の時代は新たな医療の形が到来するとも言われている〔猪飼二〇一〇〕。また現在では、どこでどのように産むかは、その人の生き方にかかわる問題とされる。そうだとすれば、どのように産みたいのか、また産みたかったのか、何が痛くてつらかったのか、という多様な声を記録し続けることにより、さまざまな生き方が可能な社会の実現にむけて、引き続き尽力していきたい。

付記

小松先生の研究姿勢から学んだ中に、フィールドワークで集めたさまざまな声を、たとえフィールドの人々が好ましく思わない声であってもきちんと記録し、時間がかかっても時期をみて発表するということがある。

そうしたことを念頭において、本稿では女性の身体が近代医療の対象となることによっていったい何が生じてきたのか、あえて負の面に焦点をあてて分析を試みた。

さまざまな声の中には、フィールドの人々にとって都合の悪い声、隠しておきたい声もある。しかし、そうしたものも含めて記録し、分析を進めることが、全体を視野に入れた文化人類学の研究には欠かせない。またそれは、フィールドの人々と長くつきあう中で築かれた信頼関係によって、初めて可能となる。全体を視野に入れ、負の面にも踏み込んだ研究は、次の社会を創り上げていく時の重要な参照資料となる。小松先生から学んだことを、少しでも実現できるよう、フィールドワークを続けていきたい。

注

（1）厚生労働省人口動態・保健社会統計室　平成28年度「人口動態調査」（上巻・出生）第4—8表「市部—郡部・出生の場所別にみた年次別出生数百分率」による。政府統計の総合窓口 e-Stat（https://www.e-stat.go.jp/）より。

（2）（注1）に同じ。

（3）Seaman. Amanda は、*Writing Pregnancy in Low-Fertility Japan*〔Seaman 2017〕の中で、小説や漫画などの妊娠体験を文学の立場から分析している。これまでの「妊娠・出産本」の研究も含めて、別稿にて分析したい。

（4）「陣痛促進剤による被害を考える会」ホームページ（http://hkr.o.oo7.jp/higai/index.htm）参照。会は二〇一七年に創立三〇周年を迎えた。

引用文献

猪飼周平　二〇一〇『病院の世紀の論理』有斐閣
荻野美穂　一九八八「日本語版について」ボストン女の健康の本集団編著・『からだ・私たち自身』日本語版翻訳グル

ープ訳『からだ・私たち自身　普及版』松香堂書店
二〇〇八『「家族計画」への道──近代日本の生殖をめぐる政治』岩波書店
二〇一四『女のからだ──フェミニズム以後』岩波書店
恩賜財団母子愛育会編　一九七五『日本産育習俗資料集成』第一法規
ぐるーぷ・きりん編　一九九七『私たちのお産からあなたのお産へ──アンケート493人の声より』メディカ出版
国際婦人年大阪連絡会　一九七九『出産白書──3361人の出産アンケートより　母性の社会的保障とすこやかに生まれる権利のために』
清水ちなみ　一九九六『大出産。』扶桑社
杉山次子　一九八五「「お産の学校」産前教育と和痛効果」お産の学校杉山次子編『ラマーズ式分娩とその指導法』鳳鳴堂書店
杉山次子・堀江優子　一九九六『自然なお産を求めて──産む側からみた日本ラマーズ法小史』勁草書房
柘植あづみ、菅野摂子、石黒眞里（共著）二〇〇九『妊娠──あなたの妊娠と出生前検査の経験をおしえてください』洛北出版
ディスキン、ヴィルーニャ　サンフォード、ウェンディ　一九八八「序文」ボストン女の健康の本集団編著『からだ・私たち自身』日本語版翻訳グループ訳『からだ・私たち自身　普及版』松香堂書店
戸田律子（訳）一九九七『WHOの59ヵ条　お産のケア　実践ガイド』農山漁村文化協会
中根直子　二〇〇六（一九九九）「産婦にやさしい分娩体位　テクニックの解説と、テクニックを離れて思うこと」『助産雑誌』六〇─一
西川麦子　一九九七『ある近代産婆の物語─能登・竹島みいの語りより』桂書房
マーチン、エミリー　二〇〇三「科学と女の身体──人類学的知識の形態」M・ジャコーバス／E・F・ケラー／S・シャトルワース編、田間泰子・美馬達哉・山本祥子監訳『ボディー・ポリティクス──女と科学言説』世界思想社
松岡悦子　二〇一四『妊娠と出産の人類学──リプロダクションを問い直す』世界思想社
安井眞奈美　二〇一二「出産　産む場所はどこなのか?」山泰幸・足立重和編著『現代文化のフィールドワーク入門──日常と出会う、生活を見つめる』ミネルヴァ書房

二〇一三『出産環境の民俗学――〈第三次お産革命〉にむけて』昭和堂
二〇一四『怪異と身体の民俗学――異界から出産と子育てを問い直す』せりか書房
山中美智子・玉井真理子・坂井律子（共著）　二〇一七『出生前診断受ける受けない誰が決めるの？――遺伝相談の歴史に学ぶ』生活書院
吉村典子　二〇〇八「四国山地・上須戒の出産民俗史：夫婦共同型出産習俗にみる安産への視線」『国立歴史民俗博物館研究報告』一四一
Seaman, Amanda 2017 *Writing Pregnancy in Low-Fertility Japan*, University of Hawai'i Press
Tamanoi, Mariko 1990 Women's voices: Their critique of the Anthropology of Japan. *Annual Review of Anthropology*, 19

あとがき——小松和彦先生の思い出

手塚恵子

この本が編まれることになった経緯については、すでに「まえがき」で述べられているので、ここではその反復を避け、さまざまな機会を通じて小松和彦先生から学んだ者たちが、多かれ少なかれ共有していると思われる思い出話を、私なりに語ることで「あとがき」に代えさせていただきたい。

私が小松先生の講義をはじめて受講したのは、先生が大阪大学文学部に着任された二年後、非常勤講師として、私が在学していた立命館大学文学部に出講されたときである。この年（一九八五）に『異人論』を上梓された先生は新進気鋭の研究者として、急速に名が知られるようになっていた。事情通の友人が週刊誌を手に、「来年度、小松和彦が、この大学に非常勤講師で来る」と、興奮気味に教えてくれたとき、にわかには信じられなかった。

そのころ、私は中国文学を専攻する三年生で、学部を卒業したら、留学という名で、フィールドワークをしに、中国へ行くことを考えていた。中国には一〇〇年近くの民俗学の歴史があった。柳田国男的な人たちが居て、実際に柳田国男の弟子筋にもあたるのだった。それとは別にマリノフスキーの直弟子を首領とする民族学の人たちもいた。民俗学の伝統の強いところで、口承文芸をテーマとして、文化人類学的な手法で調査・考察することの可能性について、生意気にも、私はひとり考えあぐねていた。

新年度になって、小松先生の講義が始まった。大教室には卒業要件としてこの授業を受ける学生に混じって、明らかに小松和彦狙いの他学部、他大学の学生がいた。『神々の精神史』『憑霊信仰論』『経済の誕生』といった小松本を読破してきた読者代表たちである。そういう人たちは、熱量が他の学生と違うので、すぐにわかる。彼らの熱い視線を背に、小松先生は要卒単位組の私たちにも、わかるように授業をしてくださった。先生のファンが教室に増えていった頃、小松先生は突然、講義を休講にして、数ヶ月間、ポンナップ島（ミクロネシア）に行ってしまわれた。フィールドワークのためである。そういう形の休講に慣れていない私たちは、いささか狼狽しながら、いや憤慨しながら、代行の先生のいかにも柳田的な授業を受けつつ、小松先生の帰りを待った。

帰国後の授業では、ポンナップの親族構造と挨拶行動の関係や、婚姻関係と説話の関連を、映像資料を交えながら、話された。時々出てくる、魚を自分で捕ってさばいて食べるんだといった、先生のフィールド地での日常生活の話が楽しかった。このころ、小松先生は集中的に、ポンナップでフィールドワークをされていた。社会の全体を一人で見渡せるような、小さな異文化社会に身を置いて、その社会の仕組みを調べて、それを通じて、日本文化を「外」から眺めてみたいと考えられていたからである。ポンナップは人口五百人程度の太平洋上の小さな島である。そこで先生は、口承文芸に重点を置きながら、社会人類学の定石通りの調査をされていた。先生の講義を聴いていると、社会の中から説話や歌が立ち上がってくる瞬間が見えるようであった。

中国に留学した私は、先生みたいなフィールドワークをしたいと思い、留学先の民間文学研究室の先生方の困惑を背に、村に出かけては親族や通婚関係をノートにとった。そして壁にぶつかる。考察の対象として扱うべき地域の大きさは人口二十万人、孤島ではなく、長い歴史をもつ中国大陸の中にあり、研究の集積も民俗学を中心に相当量あった。帰国後、私は大阪大学大学院日本文化学講座に進学した。小松先生はミクロネシアの研究者でもあったが、歴史の国・日本の民俗文化を研究する研究者であったからである。

小松先生の研究室には、例の熱量の高い人が集っていた。あたかも流浪時代の孔子集団のように、荒波を突き進む（舌鋒鋭い少壮の研究者であった先生は全方位的に好かれているわけではなかった！）師に従う弟子たちだった。演習が終わると皆で通学路の坂を下り、阪急線石橋駅前の居酒屋で先生を囲んで深夜まであれこれ話をした。先生はどんなに呑んだ後でも、原稿を書いているという噂だった。

やがて小松先生の調査地である物部村に、院生が揃って調査のお手伝いに行くことになった。先生が学生時代から通っていたところなので、その時は補遺的な調査ではあったが、実際に祭文や儀礼、またそれらに対する大夫の解釈を目にすることができた。不思議なもので、先生の書かれたものを道案内にすると、目の前の事象が古い時代の、あるいは他の地域の事象と繋がっていることが実感できた。しかもその一方で、物部村の社会全体も見えてくる。先生の方法は、これまでとは別の形の、歴史の国・日本の民俗文化のフィールドワークの仕方だと思った

その頃、時々他大学の先生から「小松先生はフィールドワークなんかはされないでしょ」と言われることがあった。優れた理論的考察をすることはできてもフィールドワークはできないという揶揄である。本格的な小松和彦デビューが先生のポンナップ研究の講義であった私には思いもよらないコメントだった。物部での先生は、何気ない会話をしながら、相手の話したくなさそうな話をいつの間にか聞き出している、したたかなフィールドワーカーだったからだ。

当時、先生はいざなぎ流の祭文についての考察を続けて発表されていた。しかしそれを民俗誌にまとめられるということはなかった。にもかかわらず、私の心の中では、先生のいざなぎ流の民俗誌は、既に古書店の書棚に

並んでいた。

その後私は中国でのフィールドワークを民族誌として上梓した。社会の中から説話や歌が立ち上がってくる瞬間が見えるように心がけて書いたつもりである。でもそれは歴史の国・中国の民族誌としては、半分の出来である。その後、私は口承と書承・歴史の関係、さらには他地域との繋がりについて、考えるようになった。そうして初めて、民俗学の研究を、心して読むようになった。

二〇一一年、小松先生は『いざなぎ流の研究』を上梓された。先生が初めて物部村を訪ねられてから、四〇年が経っていた。他の仕事を抱えながらも、途絶えることなくフィールドワークを続けられた成果である。フィールド地は変えてはいけないという先生の言葉を改めて噛みしめた。私は届いた『いざなぎ流の研究』をそっと抱きしめた。

現在、先生は『いざなぎ流の研究』の後半部と、ポンナップについての著作を準備されている。もちろん、その二冊も、私の心の中の古書店の書棚に並んでいる。読み継がれていく大切な本として。

二〇一八年七月　小松先生の七十一歳の誕生日に

民俗学。著書に『日本の妖怪』（監修、宝島SUGOI文庫、2015）、『皿屋敷―幽霊お菊と皿と井戸』（共著、白澤社、2015）、『47都道府県・妖怪伝承百科』（共著、丸善出版、2017）など。

徳永誓子（とくなが　せいこ）
1971年生まれ。岡山大学文学部准教授。専攻は日本中世史。主な論文に「日本中世生霊私論」（『日本的時空観の形成』思文閣出版、2017）、「修験道の成立」（『修験道史入門』岩田書院、2015）、「「庶民の出産図」の陥穽―「融通念仏縁起」をめぐって」（『比較日本文化研究』第15号、2012）など。

木場貴俊（きば　たかとし）
1979年生まれ。国際日本文化研究センタープロジェクト研究員。専攻は、日本近世文化史。著書に『怪異学入門』（共著、岩田書院、2012）など。論文に「体系化される「妖怪」」（『ユリイカ』48-9、2016）、「近世社会と学知―古賀侗庵と怪異から」（『ヒストリア』253、2015）など。

村山弘太郎（むらやま　こうたろう）
1975年生まれ。京都外国語大学国際貢献学部グローバル観光学科講師。専攻は歴史学（日本近世史）。主な論文に「近世の今宮祭と巡幸路」（『京都民俗』23号、2006）、「今宮祭をめぐる争論――祭礼運営秩序の維持」（『国際言語文化学会日本学研究』2号、2017）。著書に『加悦町史』資料編第2巻（共著、与謝野町、2008）など。

松村薫子（まつむら　かおるこ）。
1972年生まれ。大阪大学日本語日本文化教育センター准教授。専門は民俗学。著書に『糞掃衣の研究－その歴史と聖性』（法蔵館、2006）、『河童とはなにか』（共著、岩田書院、2014）、『ニッポンの河童の正体』（共著、新人物往来社、2010）、『妖怪文化の伝統と創造』（共著、せりか書房、2010）など。

手塚恵子（てづか　けいこ）
1962年生まれ。京都学園大学人文学部教授。専攻は文化人類学、民俗学。著書に『中国広西壮族歌垣調査記録』（大修館書店、2002）、『歌を掛け合う人々：東アジアの歌文化』（共著、三弥井書店、2017）、『京の筏：コモンズとしての保津川』（編著、ナカニシヤ出版、2016）など。

真鍋昌賢（まなべ　まさよし）
1969年生まれ。北九州市立大学文学部比較文化学科教授。専攻はメディア文化論、口承文芸研究、民俗学。著書に『浪花節 流動する語り芸―演者と聴衆の近代』（せりか書房、2017）、『民俗学的想像力』（共著、せりか書房、2009）など。

川村清志（かわむら　きよし）
1968年生まれ。国立歴史民俗博物館准教授。専攻は、文化人類学、民俗学。著書に『クリスチャン女性の生活史―「琴」が歩んだ日本の近・現代』（青弓社、2011）、『民俗学的想像力』（共著、せりか書房、2009）など。

安井眞奈美（やすい　まなみ）
1967年生まれ。国際日本文化研究センター教授。専門は民俗学、文化人類学。著書に『グリーフケアを身近に――大切な子どもを失った哀しみを抱いて』（編著、勉誠出版、2018）、『怪異と身体の民俗学――異界から出産と子育てを問い直す』（せりか書房、2014）、『出産環境の民俗学――〈第三次お産革命〉にむけて』（昭和堂、2013）など。

執筆者紹介

山 泰幸（やま　よしゆき）
1970年生まれ。関西学院大学教授。専攻は、民俗学、思想史、社会文化理論。著書に『追憶する社会―神と死霊の表象史』（新曜社、2009）、『異人論とは何か―ストレンジャーの時代を生きる』（編著、ミネルヴァ書房、2015）、『環境民俗学―新しいフィールド学へ』（編著、昭和堂、2008）。

川上郁雄（かわかみ　いくお）
早稲田大学国際学術院教授。専攻は、文化人類学、「移動する子ども」学。著書に『「移動する子どもたち」のことばの教育学』（くろしお出版、2011）、『「移動する子ども」という記憶と力―ことばとアイデンティティ』（編著、くろしお出版、2011）など。

橘 弘文（たちばな　ひろふみ）
1957年生まれ。大阪観光大学観光学部教授。専攻は、民俗学。著書に『異人論とは何か』（共著、ミネルヴァ書房、2015）、『日本人の異界観』（共著、せりか書房、2006）など。

村上和弘（むらかみ　かずひろ）
1965年生まれ。愛媛大学国際連携推進機構　教授。専攻は、文化人類学・民俗学、日本語日本事情教育。著書・訳書に『境域の人類学』（共著、風響社、2017）、訳書に『北朝鮮の博物館』（共訳、同成社、2018）など。

魯成煥（の　そんふぁん）
1955生まれ。韓国蔚山大学校人文大学日本学科教授。神話、歴史、民俗を通して韓国比較文化研究。著書に『古事記』（ソウル民俗苑、2009）、『日本神話と古代韓国』（ソウル民俗苑、2010）など

マティアス・ハイエク（Matthias HAYEK）
1980年生まれ。パリ・ディドロ（第7）大学准教授。専攻は信仰社会学、知識社会学。占い書や類書などの書物を中心に近世日本の方技・術数の実践とその知的背景を研究。著書に *Listen, Copy, Read: Popular Learning in Early Modern Japan*（共編著、Brill、2014）など。論文に「『安倍晴明物語』の中の占術と占い師像―江戸前期占書の視点から」（『説話文学研究』52、2017）、「算置考―中世から近世初期までの占い師の実態を探って」（『京都民俗』27、2010）など。

香川雅信（かがわ　まさのぶ）
1969年生まれ。兵庫県立歴史博物館学芸課長。専攻は日本民俗学。著書に『江戸の妖怪革命』（角川ソフィア文庫、2013）、『立体妖怪図鑑　モノノケハイ』（KADOKAWA、2016）、『47都道府県・妖怪伝承百科』（共著、丸善出版、2017）など。

今井秀和（いまい　ひでかず）
1979年生。蓮花寺佛教研究所研究員、大東文化大学非常勤講師。専門は日本近世文学、民俗学、比較文化論。共編著に『怪異を歩く』（青弓社、2016）、共著に『江戸怪談を読む　猫の怪』（白澤社、2017）、『妖怪・憑依・擬人化の文化史』（笠間書院、2016）、『怪異を媒介するもの』（勉誠出版、2015）など。

飯倉義之（いいくら　よしゆき）
1975年生まれ。國學院大學文学部日本文学科准教授。専攻は口承文芸学、

文化を映す鏡を磨く――異人・妖怪・フィールドワーク

2018年7月20日　第1刷発行

編　者　橘 弘文・手塚恵子
発行者　船橋純一郎
発行所　株式会社 せりか書房
〒112-0011　東京都文京区千石1-29-12 深沢ビル
電話 03-5940-4700　振替 00150-6-143601　http://www.serica.co.jp
印　刷　中央精版印刷株式会社
装　幀　工藤強勝＋勝田亜加里

ISBN978-4-7967-0375-8